高职高专"十三五"规划教材
辽宁省职业教育改革发展示范校建设成果

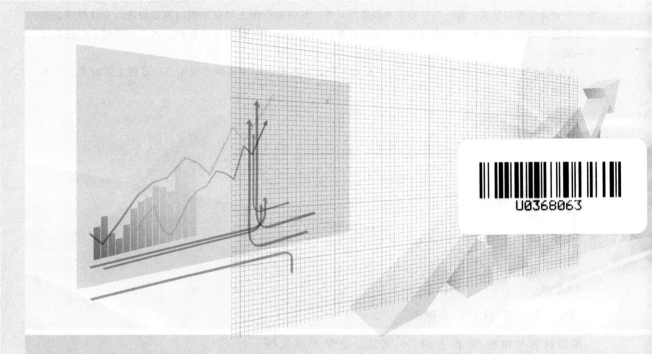

税费计算与申报

安 彬 主编　　房艳文　刘玉华　副主编

化学工业出版社
·北京·

《税费计算与申报》教材按照高职院校以"培养高技能人才"为主的教学目标，以完成企业涉税业务工作任务为导向，以全新的税收法规政策和《企业会计准则》为编写依据，整合了原有的税法和税务会计两门课程，形成了本教材的框架。全书共分为七大项目，包括税务会计入门、增值税计算申报与核算、消费税计算申报与核算、关税计算申报与核算、企业所得税计算申报与核算、个人所得税计算扣缴与核算、其他税种计算申报与核算。每一项目分别从税额的计算、如何进行网上纳税申报以及如何进行会计处理三大部分来进行阐述，每一项目又分为若干个工作任务，与实际会计工作岗位的税务会计工作岗位工作任务完全一致。

《税费计算与申报》不仅适用于高职高专会计专业及财务管理专业教学使用，也可供企业财务人员系统培训使用。

图书在版编目（CIP）数据

税费计算与申报/安彬主编. —北京：化学工业出版社，2018.10（2021.7重印）
高职高专"十三五"规划教材
ISBN 978-7-122-32954-7

Ⅰ. ①税… Ⅱ. ①安… Ⅲ. ①税费-计算-高等职业教育-教材②纳税-税收管理-中国-高等职业教育-教材
Ⅳ. ①F810.423②F812.42

中国版本图书馆 CIP 数据核字（2018）第 200892 号

责任编辑：满悦芝 王淑燕　　　　　　　　　文字编辑：李 曦
责任校对：秦 姣　　　　　　　　　　　　装帧设计：张 辉

出版发行：化学工业出版社（北京市东城区青年湖南街 13 号　邮政编码 100011）
印　　装：北京科印技术咨询服务有限公司数码印刷分部
787mm×1092mm　1/16　印张 13¼　字数 323 千字　2021 年 7 月北京第 1 版第 3 次印刷

购书咨询：010-64518888　　　　　　　　售后服务：010-64518899
网　　址：http://www.cip.com.cn
凡购买本书，如有缺损质量问题，本社销售中心负责调换。

定　　价：45.00 元

序

世界职业教育发展的经验和我国职业教育的历程都表明，职业教育是提高国家核心竞争力的要素之一。近年来，我国高等职业教育发展迅猛，成为我国高等教育的重要组成部分。《国务院关于加快发展现代职业教育的决定》、教育部《关于全面提高高等职业教育教学质量的若干意见》中都明确要大力发展职业教育，并指出职业教育要以服务发展为宗旨，以促进就业为导向，积极推进教育教学改革，通过课程、教材、教学模式和评价方式的创新，促进人才培养质量的提高。

盘锦职业技术学院依托于省示范校建设，近几年大力推进以能力为本位的项目化课程改革，教学中以学生为主体，以教师为主导，以典型工作任务为载体，对接德国双元制职业教育培训的国际轨道，教学内容和教学方法以及课程建设的思路都发生了很大的变化。因此开发一套满足现代职业教育教学改革需要、适应现代高职院校学生特点的项目化课程教材迫在眉睫。

为此学院成立专门机构，组成课程教材开发小组。教材开发小组实行项目管理，经过企业走访与市场调研、校企合作制定人才培养方案及课程计划、校企合作制定课程标准、自编讲义、试运行、后期修改完善等一系列环节，通过两年多的努力，顺利完成了四个专业类别20本教材的编写工作。其中，职业文化与创新类教材4本，化工类教材5本，石油类教材6本，财经类教材5本。本套教材内容涵盖较广，充分体现了现代高职院校的教学改革思路，充分考虑了高职院校现有教学资源、企业需求和学生的实际情况。

职业文化类教材突出职业文化实践育人建设项目成果；旨在推动校园文化与企业文化的有机结合，实现产教深度融合、校企紧密合作。教师在深入企业调研的基础上，与合作企业专家共同围绕工作过程系统化的理论原则，按照项目化课程设计教材内容，力图满足学生职业核心能力和职业迁移能力提升的需要。

化工类教材在项目化教学改革背景下，采用德国双元培育的教学理念，通过对化工企业的工作岗位及典型工作任务的调研、分析，将真实的工作任务转化为学习任务，建立基于工作过程系统化的项目化课程内容，以"工学结合"为出发点，根据实训环境模拟工作情境，尽量采用图表、图片等形式展示，对技能和技术理论做全面分析，力图体现实用性、综合性、典型性和先进性的特色。

石油类教材涵盖了石油钻探、油气层评价、油气井生产、维修和石油设备操作使用等领域，拓展发展项目化教学与情境教学，以利于提高学生学习的积极性、改善课堂教学效果，对高职石油类特色教材的建设做出积极探索。

财经类教材采用理实一体的教学设计模式，具有实战性；融合了国家全新的财经法律法规，具有前瞻性；注重了与其他课程之间的联系与区别，具有逻辑性；内容精准、图文并茂、通俗易懂，具有可读性。

在此，衷心感谢为本套教材策划、编写、出版付出辛勤劳动的广大教师、相关企业人员以及化学工业出版社的编辑们。尽管我们对教材的编写怀抱敬畏之心，坚持一丝不苟的专业态度，但囿于自己的水平和能力，疏漏之处在所难免。敬请学界同仁和读者不吝指正。

周铭

盘锦职业技术学院　院长

2018 年 9 月

前　言

为了培养能满足一线需要的高等技术应用型人才，按照高职高专会计专业的"以就业为导向，以能力培养为本位"的培养目标，我们以校企合作开发为纽带，与行业、企业专家共同编制了本教材。教材将学生职业能力培养的基本规律与教学内容系统化，较为妥善地处理了能力、知识、素质等方向的协调发展，突出"理实一体"的设计理念。教材理论内容以应用为目的，岗位实训以项目为载体，着重加强职业能力和职业素质的培养。本教材具有以下特点：

1. 整合"税法"与"税务会计"两门课程，体现教材内容的系统性

"税法"与"税务会计"课程是高职会计专业必修的两门主干课程，长期以来，大多院校都将两门课程分别开设。本教材将两门课程整合，合二为一，一可以体现教材内容的完整性，二可以体现知识的连续性和系统性。同时，将两门课程进行整合，也节省了教学时间。

2. 改变传统模式，体现工学结合，具有实战性

教材的编写从高职高专"以就业为导向"的办学目标出发，以税务会计实际工作过程为主线，根据税务会计岗位对会计人员知识、能力和素质的要求整合、序化教材内容，设计教学情景项目。教材从框架构建、内容筛选、深广度定位和体例编排等方面都倾力以"工学结合"为纽带创新建设。

3. 教材设计体现"理实一体化"的理念

本教材的编排适应项目教学法，针对税务会计实际工作岗位，体现了实际工作岗位的技能要求，每个教学项目都给出知识目标、能力目标，并配有岗位技能实训内容，重点突出了纳税申报的岗位技能，并结合实际工作的网上电子报税，设置了相应的能力训练，做到理论与实践零距离对接，增强学生的职业能力。

4. 知识内容安排与前沿法律法规结合

本教材以全新《企业会计准则》《小企业会计准则》及国家全新税收法律制度规定为编写依据，特别是结合了国家颁布的关于营改增的系列法律规定，并且以实时市场数据和案例完善教材内容，使其更接近我国税务会计工作的实际，既强调教材内容的整体优化性，又注重教材内容的时效性。

5. 教材内容注重与其他学科的联系与区别

教材内容详略得当，避免了课程之间的重复，使学生在掌握了财务会计的理论和技能方

法之后，能够更轻松地掌握税务会计课程内容及技能。

6. 内容精准，图文并茂，通俗易懂

教材吸收整合了经典内容，避繁就简，循序渐进，使教材内容更加精练、准确，且贴近教学对象。每一部分内容的讲解都配备了大量的图表，图文并茂，使复杂问题简单化，易于理解、可读性强、便于记忆、易学易懂。

本教材既可以作为高等职业院校财经类专业的教学用书，也可以作为成人教育及社会经济领域工作人员的参考用书。

本书在编写过程中，融合了高职一线教师多年的教学经验和体会，并得到盘锦市国家税务局稽查分局王兴臣、盘锦盛隆税务师事务所注册税务师安寿军的大力支持，在此对他们表示衷心的感谢。

本教材由盘锦职业技术学院安彬任主编，盘锦职业技术学院房艳文、刘玉华任副主编，王利娜参编。其中安彬负责项目一、项目二、项目三、项目五、项目六的编写，刘玉华负责项目四的编写，房艳文和王利娜负责项目七的编写。全书由安彬负责统稿。

尽管我们在本教材的特色建设方面做出了许多努力，但书中不足之处恐在所难免，恳切希望各相关高职院校教师和学生在使用本教材的过程中给予关注，并将意见及时反馈给我们，以便修订时完善。

编　者
2018 年 8 月

目 录

项目一　税务会计入门 ………………………………………………………… 1

　知识铺垫 ………………………………………………………………………… 1

　　任务一　涉税登记 ……………………………………………………………… 13

　　任务二　账证管理 ……………………………………………………………… 14

　　任务三　纳税申报 ……………………………………………………………… 17

　　任务四　税款缴纳 ……………………………………………………………… 19

　　实战演练 ………………………………………………………………………… 23

项目二　增值税计算申报与核算 …………………………………………… 25

　知识铺垫 ………………………………………………………………………… 25

　　任务一　增值税专用发票的使用 ……………………………………………… 31

　　任务二　增值税应纳税额的计算 ……………………………………………… 34

　　任务三　增值税的纳税申报 …………………………………………………… 41

　　任务四　增值税的会计核算 …………………………………………………… 50

　　实战演练 ………………………………………………………………………… 57

项目三　消费税计算申报与核算 …………………………………………… 61

　知识铺垫 ………………………………………………………………………… 61

　　任务一　消费税应纳税额的计算 ……………………………………………… 65

　　任务二　消费税的纳税申报 …………………………………………………… 72

　　任务三　消费税的会计核算 …………………………………………………… 78

　　任务四　消费税出口退（免）税的处理 ……………………………………… 83

　　实战演练 ………………………………………………………………………… 83

项目四　关税计算申报与核算 ……………………………………………… 88

　知识铺垫 ………………………………………………………………………… 88

　　任务一　关税完税价格的确定 ………………………………………………… 91

　　任务二　关税应纳税额的计算 ………………………………………………… 93

　　任务三　关税的征收管理 ……………………………………………………… 95

　　任务四　关税的会计核算 ……………………………………………………… 98

　　实战演练 ………………………………………………………………………… 101

项目五　企业所得税计算申报与核算 ·· 104

  知识铺垫 ··· 104

    任务一　企业所得税计税依据的确定 ··· 108

    任务二　资产的税务处理 ··· 113

    任务三　企业所得税应纳税额的计算 ··· 116

    任务四　企业所得税的会计核算 ··· 117

    任务五　企业所得税的申报与缴纳 ··· 125

  实战演练 ··· 133

项目六　个人所得税计算扣缴与核算 ·· 140

  知识铺垫 ··· 140

    任务一　个人所得税应纳税额计算及会计核算 ····································· 146

    任务二　个人所得税纳税申报 ··· 157

  实战演练 ··· 161

项目七　其他税种计算申报与核算 ·· 166

    任务一　资源税计算申报与核算 ··· 166

    任务二　土地增值税计算申报与核算 ··· 171

    任务三　城镇土地使用税计算申报与核算 ··· 176

    任务四　耕地占用税计算申报与核算 ··· 178

    任务五　房产税计算申报与核算 ··· 181

    任务六　契税计算申报与核算 ··· 183

    任务七　车船税计算申报与核算 ··· 185

    任务八　印花税计算缴纳与核算 ··· 187

    任务九　城市维护建设税计算申报与核算 ··· 191

    任务十　教育费附加计算申报与核算 ··· 193

    任务十一　车辆购置税计算申报与核算 ··· 194

    任务十二　环境保护税计算申报与核算 ··· 194

  实战演练 ··· 195

参考文献 ··· 202

项目一
税务会计入门

知识目标

1. 税收的概念、特征及作用；
2. 税收制度的制定机关；
3. 税收制度的构成要素及征收管理体系；
4. 税务会计概念、特征、目标、任务及税务会计的方法。

能力目标

1. 能够办理税务登记；
2. 能够利用防伪税控系统填开发票。

素质目标

1. 培养学生主动纳税的意识；
2. 培养学生养成遵纪守法的习惯。

情境导入

辽宁美联化妆品有限公司 2019 年 3 月注册成立，公司会计人员到国家税务局以及地方税务局办理税务登记。该如何办理呢？

 知识铺垫

一、税收概述

（一）税收的概念与特征及作用

1. 税收的概念

税收是国家为了实现其职能，凭借政治权力，按照法律规定的标准和程序，参与社会产品或国民收入的分配，强制、无偿地取得财政收入的一种分配形式。它是人类社会经济发展到一定历史阶段的产物。

税收的基本含义包含以下四个方面的内容。

（1）税收是国家取得财政收入的一种基本形式　世界上的大多数国家，财政收入的主要形式都是税收收入。在我国，税收也是国家财政收入的重要支柱，占国家财政收入的 95％以上。

（2）国家征税的目的是履行其社会公共职能　国家和代表国家行使职能的政府是履行公共职能的机构，要执行公共事务，满足公共需要。而国家本身属于非物质生产部门，不创造社会财富，因而只能通过征税来满足公共需要。因此，可以这样说：一方面，税收体现了国家存在的经济形式和物质基础；另一方面，在国家职能中，满足公共需要的物质基础只能依靠税收，而不能依靠私人主体各种财富收入。

（3）国家征税凭借的是政治权力而非财产权力　它是一种超经济的分配，体现了政治权力凌驾于财产权力之上的经济关系。税收的实现是具有强制性的，它是凭借国家的政治权力征收的，不是凭借生产资料所有制而得到的。税收的实现受到法律的保护，是依法征收的。

（4）税收是借助于法律形式进行的　法律具有公正性、普遍的适用性和权威的强制性，能被社会组织和个人所接受，因此将税收以法律形式预先固定下来，便于提供征税的依据，也便于征收管理。

2. 税收的特征

税收具有强制性、无偿性和固定性三个特征。

（1）强制性　也就是税收的法律性，是指纳税义务的形成与履行的法定约束性，对居民和社会组织来说，税收是一种非自愿的、强制的缴纳形式，一切存在纳税义务的单位和个人都必须依法纳税，否则就要受到法律的制裁。

（2）无偿性　也称不直接偿还性，是指国家征税后，税款即成为财政收入，不再归还给纳税人，也不支付任何报酬。而且纳税多少与取得政府提供的公共服务的多少没有直接关系。在理解税收无偿性时应注意，税收的无偿性是就具体的纳税人而言的，但就纳税人整体而言是有偿的，因为国家政府取得的税款最终还是要用于满足人民群众的公共需要，社会主义税收"取之于民，用之于民"也正是这一特征的体现。

（3）固定性　税收的固定性是指国家在征税之前，以法律的形式预先规定了纳税人、征税对象、征税标准及征收方法等，保证了国家征税的连续性和稳定性。

税收的固定性对征纳双方都有约束性。一方面，纳税人只要存在应税行为，就应当承担纳税义务，按照法定的标准缴纳税款；另一方面，国家对纳税人征税也只能按照预定的标准进行，不能够随意提高征收标准。

税收的三个特征是互相联系、缺一不可的。强制性决定了征收的无偿性，而强制性和无偿性又决定和要求征收的固定性。税收的特征是税收区别于其他财政收入的主要标志，其他财政收入不同时具有这三个特征。

3. 税收的作用

（1）税收是国家组织财政收入的主要形式和工具　由于税收具有强制性、无偿性和固定性的特征，同时税收的来源十分广泛，因而税收在筹集财政资金、实现财政收入和保证财政收入的稳定性方面起着重要的作用。组织财政收入是税收的基本作用。

（2）税收是调控国家经济的重要杠杆之一　政府可以通过制定符合国家宏观经济政策的税法，调节国家与纳税义务人之间的利益分配关系、收入分配水平、产业结构，实现资源的优化配置，平衡纳税人的税收负担，促进平等竞争，为市场经济的发展创造良好的条件。税收调节经济的具体做法可以通过改变税率、减免税、开征新税种以及改变征税范围等方法进行。

（3）税收可以维护国家经济权益，促进对外经济交往　在国际交往中，充分运用国家的税收管辖权，在平等互利的基础上，适应国际经济组织所规定的基本原则，利用国际税收协议等规范性手段，加强同各国、各地区的经济交流与合作，不断扩大、发展引进外资技术的规模形式和渠道，建立和完善涉外税收制度，在维护国家权益的同时发展国家间的经济技术合作关系。

（4）税收为国家的各项经济管理提供经济信息，对各项经济活动实行监督　税收涉及国民经济的各个方面，税收收入的结构可以反映国民经济的状况及其发展趋势。同时税收深入到企业核算的各个环节，可以监督经营单位和个人依法经营，加强经济核算，提高经营管理水平。

（二）税收制度基础

税收制度，是税收法律制度的简称，也称税法。税收制度是调整国家与纳税义务人之间税收征纳关系的法律规范，是国家根据税收政策，通过法律程序确定的征税依据和工作程序。它具体包括国家各种税收法律、法规、条例、实施细则和征收管理制度等。税收制度具有广义税收制度和狭义税收制度之分。广义税收制度是指税收体系及各种税收征收管理制度；狭义税收制度是指各税种的税收制度要素。

1. 税收制度的制定机关

税收制度的制定是指具有税收立法权的机关依据一定的程序，遵循一定的原则，运用一定的技术，制定、公布、修改、补充和废止有关税收法律、法规、规章的活动。

税收制度的主要立法机关如下。

（1）全国人民代表大会及其常务委员会制定税收法律　根据《中华人民共和国宪法》（以下简称《宪法》）规定，全国人民代表大会及其常务委员会行使国家立法权。因此，在税收制度中，税收法律的立法权由全国人民代表大会及其常务委员会行使，其他任何机关都没有制定税收法律的权力。在税收法律体系中，税收法律具有最高法律效力。在我国现行税法体系中，《中华人民共和国企业所得税法》《中华人民共和国个人所得税法》《中华人民共和国环境保护税法》《中华人民共和国车船税法》和《中华人民共和国税收征收管理法》属于税收法律。

（2）全国人大或全国人大常委会授权国务院制定暂行规定及条例　授权立法是指全国人民代表大会及其常务委员会根据需要授权国务院制定的某些具有法律效力的暂行规定或条例。国务院经授权立法所制定的规定或条例等，具有国家法律的性质和地位，它的法律效力高于行政法规，在立法程序上还须报全国人大常委会备案。在我国现行税法体系中，《中华人民共和国增值税暂行条例》《中华人民共和国消费税暂行条例》等属于该层次的法规。

（3）国务院制定税收行政法规　国务院作为最高国家权力机关的执行机关，是最高的国家行政机关，拥有行政立法权。行政法规地位低于宪法、法律，高于地方法规、部门规章、地方规章等，在全国范围内普遍适用，目的在于保证宪法和法律的实施，并不得与宪法、法律相抵触，否则无效。在我国现行税法体系中，《中华人民共和国企业所得税法实施条例》《中华人民共和国个人所得税法实施条例》及《中华人民共和国税收征收管理法实施细则》等都属于税收行政法规。

（4）地方人大及其常务委员会制定地方性税收行政法规　省、自治区、直辖市的人民代表大会以及省、自治区的人民政府所在地的市和经国务院批准的较大的市的人民代表大会有制定地方性税收行政法规的权力。

（5）国务院主管部门制定税收部门规章　国务院各部门、各委员会根据法律和国务院的行政法规、决定、命令等，在本部门的权限内发布命令、指示和规章。其制定的规章的内容包括对有关税收法律、法规的解释，税收征收管理的具体规定、办法等，在全国范围内普遍适用，但不得与法律法规相抵触。在我国现行税法体系中，财政部颁发的《中华人民共和国增值税暂行条例实施细则》、国家税务总局颁发的《税务代理试行办法》等都属于税收部门规章。

（6）地方政府制定地方性税收规章　省、自治区、直辖市以及省、自治区的人民政府所在地的市和经国务院批准的较大的市的人民政府，可以根据法律和国务院的行政法规，制定地方性税收规章。

2. 税收制度的构成要素

按照制定法律"要素不缺"的原则，任何一个税种的法律制度规定都应具备必不可少的因素，这些因素成为税收制度的构成要素。具体包括：纳税义务人、征税对象、税率、纳税环节、纳税期限、纳税地点、减免税优惠、违章处理等要素。

（1）纳税义务人　纳税义务人简称纳税人，是指税法中规定的直接负有纳税义务的单位和个人，纳税义务人是税收制度最基本的构成要素之一。任何税种都存在着纳税义务人。纳税人包括两类：自然人和法人。自然人是指享有民事权利，并承担民事义务的公民个人，如个体工商户、有应税收入或有应税财产的个人等。法人是指依法成立，能够独立支配财产，并能以自己的名义享有民事权利和承担民事义务的社会组织。作为纳税义务人的法人，一般是经工商行政管理部门审查批准和登记成立的、实行独立核算并能够依法行使权利和承担义务的企业单位、事业单位及社会团体等。

与纳税义务人相关的概念还有以下几个：负税人、代扣代缴义务人、代收代缴义务人和代征代缴义务人。

① 负税人。负税人是指实际负担税款的单位和个人。在税负不能发生转嫁的情况下，纳税人与负税人是一致的，而在税负可以发生转嫁的情况下，纳税人与负税人则是分离的。

② 代扣代缴义务人。代扣代缴义务人是指有义务从依法持有的纳税人收入中扣除其应纳税款并代为缴纳的企业、单位或个人。既然是义务人，代扣代缴人必须严格履行扣缴义务，对拒不履行扣缴义务的单位和个人，税务机关有权根据情节轻重予以处罚，并责令补缴税款。如《中华人民共和国个人所得税法》规定，个人所得税以支付单位和个人为扣缴义务人。

③ 代收代缴义务人。代收代缴义务人是指有义务借助与纳税人的经济交往而向纳税人收取应纳税款并代为缴纳的单位，主要有受托加工单位等。代收代缴义务人不同于代扣代缴义务人。代扣代缴义务人直接持有纳税人的收入，可以从中扣除纳税人的应纳税款；代收代缴义务人不直接持有纳税人的收入，只能在与纳税人的经济交往中收取纳税人的应纳税款并代为缴纳。如在委托加工应税消费品业务中，受托方为委托方应该缴纳的消费税的代收代缴义务人。

④ 代征代缴义务人。代征代缴义务人是指因税法规定，受税务机关委托而代征税款的单位和个人。由代征代缴义务人代征税款，方便了纳税人缴纳税款，强化了税收征管，有效地防止了税款的流失。

（2）征税对象　征税对象又称课税对象，是税法中规定的征税的目的物，是征税的客体，解决对什么征税的问题。每一个税种都有自己的征税对象，所以征税对象是一种税区别于另一种税的主要标志，是税收制度的基本构成要素之一。例如，增值税的征税对象是销售货物、提供应税劳务及服务产生的增值额；消费税的征税对象是销售应税消费品的销售额；企业所得税的征税对象是生产经营所得及其他所得等。

由征税对象引申出以下三个概念。

① 税源。税源是指税收的最终经济来源，各种税因征税对象不同，都存在不同的经济来源。有的税种税源与征税对象是相同的，如所得税类，其税源与征税对象都是纳税义务人的所得。有的税种两者则不同，如流转税类和财产税类。房产税的征税对象是房屋，但税源

则是房屋所有人的工资收入或房屋收益。掌握和了解税源的发展变化是制定税收政策和税收制度的依据，保护和开辟税源，对增加财政收入有重要的意义。

② 计税依据。计税依据又称计税基础、计税标准，是指据以计算征税对象应纳税额的数量依据，也可以说是征税对象在数量上的具体化反映。任何一种税的应纳税额都是用计税依据乘以税率得到的。征税对象规定对什么征税，计税依据则在确定征税对象之后解决如何计量的问题。如房产税的征税对象是应税房产，而计税依据则是房产的价值或收益。计税依据有两种表现形式：价值量形式和实物量形式，因而计税方式也可以进一步分为从价计征和从量计征两种类型。

③ 税目。税目是征税对象在范围上的具体化反映，是对征税对象的具体项目的文字描述，它体现了征税的广度。每一种税都涉及税目的问题。设置税目有两个目的：一是明确各种税的征税范围，凡列入税目的就征税；没列入税目的就不征税；二是解决征税对象的归类问题，并根据归类设置适用的税率。有些税种不分征税对象的性质，一律按照征税对象的应税数额采用同一税率计征税款，因此，没有必要设置税目，如增值税、企业所得税。有些税种具体征税对象复杂，需要设置税目来明确不同的征税对象适用的税率，如消费税、资源税等。税目是和税率一起通过"税目税率表"来反映的。

（3）税率　税率是应纳税额与征税对象数量之间的比率，是计算应纳税额的尺度，它体现了征税的深度，是税收制度的基本构成要素之一。税率的设置，直接反映着国家的有关经济政策，直接关系着国家财政收入的多少和纳税人税收负担的高低，是税收制度的中心环节。我国现行税率大致可分为以下三种。

① 比例税率。比例税率是指对同一征税对象不论数额大小，都按同一比例征税。例如，增值税的基本税率为13％，企业所得税税率为25％，都属于比例税率。比例税率的优点是同一征税对象的不同纳税人税收负担相同，能够鼓励先进、鞭策落后，有利于公平竞争；计算简便，有利于征收管理。比例税率的缺点是不能体现能力大者多征、能力小者少征的原则。比例税率又可以分为行业比例税率、产品比例税率、地区差别比例税率和幅度比例税率。

② 定额税率。定额税率是按照征税对象的计量单位规定固定税额，也称单位税额。例如资源税、土地使用税等属于定额税率。定额税率的优点是从量计征，有利于鼓励纳税人通过提高产品质量等来提高价格，而且计算简便；缺点是与产品价格脱离，不利于财政收入的增收或者打消纳税人的生产积极性。定额税率又可分为地区差别税额、幅度税额和分类分级税额。

③ 累进税率。累进税率是指按征税对象数额的大小，划分若干等级，每个等级由低到高规定相应的税率。征税对象数额越小，税率越低；数额越大，税率越高。累进税率的基本特点是税率等级与征税对象的数额等级同方向变动。这一特点克服了比例税率的缺点，充分体现了纳税人量能负担的原则。累进税率因计算方法和累进依据的不同，又分为全额累进率、超额累进税率、全率累进税率、超率累进税率四种。我国现行的税收体系中，采用的累进税率形式只有超额累进税率和超率累进税率两种。

第一，超额累进税率。是指不同等级征税对象的数额每超过一个级距的部分按照与之相适应的税率分别计算税额。该税率的特点是一个征税对象同时适用几个等级的税率。我国现行税收体系中，只有个人所得税采用该种税率形式。表1-1为我国个人所得税中工资、薪金所得适用的七级超额累进税率表。

超额累进税率体现了量能负担的原则，但也有缺陷，就是先计算每级应纳的税额，然后各级相加得到总的应纳税额，如果一项所得额涉及的级次较多，计算起来比较麻烦。为了解决超额累进税率计算上比较麻烦的问题，在实际计算税额时，可通过预先计算出"速算扣除数"，即可直接计算应纳税额，而不必再分级分段。

表 1-1　工资、薪金所得适用税率表

级数	全月应纳税所得额	税率/%	速算扣除数/元
1	不超过 3 000 元的部分	3	0
2	超过 3 000 元至 12 000 元的部分	10	210
3	超过 12 000 元至 25 000 元的部分	20	1 410
4	超过 25 000 元至 35 000 元的部分	25	2 660
5	超过 35 000 元至 55 000 元的部分	30	4 410
6	超过 55 000 元至 80 000 元的部分	35	7 160
7	超过 80 000 元的部分	45	15 160

所谓速算扣除数，就是按全额累进税率计算的税额减去按超额累进税率计算的税额。全额累进税率计算税额也就是对征税对象的全部按相应级次的税率计算的税额。因为全额累进税率累进剧烈，加之在级距临界点附近会出现税额增加超过征税对象数额增加的极不合理现象，我国现行税法不采用这种税率形式，采用速算扣除数法计算应纳税额的公式是：

$$应纳税额＝应纳税所得额×适用税率－速算扣除数$$

【例 1-1】 李某 2019 年 12 月份的工资薪金应纳税所得额为 4 000 元，则其本月应纳个人所得税为：

$$应纳税额＝4 000×10\%－210＝190（元）$$

第二，超率累进税率。是指以征税对象的某种比率为累进依据，按超额累进方式计算应纳税额的税率。采用超率累进税率，首先要确定征税对象数额的相对率，然后再把相对率从低到高划分为若干级次，分别规定不同的税率。我国现行税收体系中，只有土地增值税采用这一税率形式，见表 1-2。

表 1-2　土地增值税四级超率累进税率表

级数	增值额与扣除项目金额的比率	税率/%	速算扣除系数/%
1	不超过 50% 的部分	30	0
2	超过 50% 至 100% 的部分	40	5
3	超过 100% 至 200% 的部分	50	15
4	超过 200% 的部分	60	35

（4）纳税环节　纳税环节是税法规定的应当缴纳税款的环节。产品从生产到被消费要经过许多流转环节，例如，工业产品一般要经过工业生产销售、批发和零售等环节，这就产生了国家要在哪个环节征税的问题。不同的税种选择的纳税环节是不同的，这主要考虑到国家税收制度结构和整个税收体系的布局以及税款收入的安全、纳税人是否便利等因素，只有这样才有利于经济的发展和控制税源。

有些税种选择在产品的每一个流转环节都征税，称为多次课征制；有些税种只选择某一个或某两个特定环节征税，称为一次课征制或两次课征制。例如，增值税就属于多次课征制的税种，而消费税属于一次课征制的税种（个别应税消费品两次课征制）。

（5）纳税期限　纳税期限是指纳税人缴纳税款的法定期限。纳税期限是税法的强制性和固定性在时间上的体现。我国现行税制采用的纳税期限有三种。

① 按期纳税。即根据纳税义务的发生时间，通过确定纳税间隔期，实行按期纳税。纳税间隔期分为 1 天、3 天、5 天、10 天、15 天、1 个月和 1 个季度，共 7 种期限。其中，1 个月的纳税间隔期是最普遍的纳税期限。

② 按次纳税。即根据纳税行为发生的特殊情况确定纳税期限。如个人所得税中的劳务报酬所得等采用的就是按次纳税。

③ 按年计征，分期预缴。就是每年计算一次年度应纳税额，但为了保证财政收入的均衡，一般按月或按季度预缴。如企业所得税采用的就是该种纳税期限。

与纳税期限相关的两个概念如下。

第一，纳税义务发生时间。纳税义务发生时间是指纳税人产生纳税义务的时间点，也就是理论上的应该纳税的时间起点。它与纳税人实际缴纳税款的时间不一定一致。例如，企业销售货物，只要实现了销售，一般情况下增值税纳税义务就已经发生了，但这个时候并不需要立即将税款上缴。

第二，纳税申报时间。纳税申报时间是指纳税期限届满后纳税人计算税款并解缴税款的时间，也称缴税期限。例如，《增值税暂行条例》规定：纳税人以 1 个月或者 1 个季度为 1 个纳税期的，自期满之日起 15 日内申报纳税；以 1 日、3 日、5 日、10 日或者 15 日为 1 个纳税期的，自期满之日起 5 日内预缴税款，于次月 1 日起 15 日内申报纳税并结清上月应纳税款。《中华人民共和国企业所得税法》规定，企业所得税应在月份或季度终了后 15 日内预缴，年度终了后 5 个月内汇算清缴。

（6）纳税地点　纳税地点是指纳税人申报纳税的地点。明确规定纳税地点，一是为了避免对同一应税收入、应税行为重复征税或漏征税款；二是为了保证地方政府依法取得财政收入。我国现行税法规定的纳税地点分为以下几种情况。

① 机构所在地纳税。即纳税人向其机构所在地主管税务机关申报纳税。

② 劳务提供地纳税。即纳税人向劳务提供地主管税务机关申报纳税。

③ 进口货物向报关地海关申报纳税。

（7）减免税优惠　减免税是指税法体系中对某些纳税人和征税对象给予鼓励和照顾的法律规定，具有一定的普遍性。制定减免税规定一方面是为了鼓励与支持某些行业和项目的发展；另一方面是为了照顾某些纳税人的特殊困难。减免税包括下面两个内容。

① 减税和免税。减税是指对应纳税额减少一部分征收。免税是指依法免征全部应纳税额。减税和免税具体又分为两种情况：一种是税法直接规定的长期减免税；另一种是依法给予的一定期限内的减免税措施，期满后正常纳税。

② 起征点和免征额。起征点和免征额是与减免税直接关联的两个要素，从一定角度也可以使纳税人达到少交税或不交税的作用。起征点也称征税的起点，是指对征税对象开始征税的数额界限。征税对象的全部数额没有达到规定的起征点的，不征税；达到起征点的就其全部数额征税。免征额是指对征税对象总额中规定的免予征税的数额，免征额部分不征税，只对超过免征额的部分征税。

（8）违章处理　违章处理是对纳税义务人不依法纳税、不遵守税收征管制度等违反税法的行为采取的惩罚性措施，通常包括对偷税、欠税、抗税、骗税和违反税收征管法等行为而给予的加收滞纳金、罚款、罚没并处、税收保全措施、强制执行措施、承担刑事责任等制裁。

3. 税种的分类

由于税收制度的不断完善，大多数国家都实行由多税种组成的复合税制结构，因此对多种税按一定的标准、依据进行分类，便具有重要的意义。只有通过分类才能全面正确地认识各种税收的性质、特点及作用，才能不断完善税收征纳关系。税收的分类方法可分为以下几种。

（1）按征税对象的性质不同分类　按征税对象的性质不同分类是我国对税种分类的基本方法。我国现行税收制度按征税对象性质可分为以下五大类18个税种。

① 流转税类。以流转额为征税对象，包括增值税、消费税、关税。

② 所得税类。以所得额为征税对象，包括企业所得税、个人所得税。

③ 资源税类。以开发和利用自然资源取得的收入为征税对象，包括资源税、土地增值税、城镇土地使用税和耕地占用税。

④ 财产税类。以各种财产为征税对象，包括房产税、车船税、契税、船舶吨税等。

⑤ 行为税类。以某种特定行为为征税对象，包括城市维护建设税、印花税、环境保护税、烟叶税、车辆购置税等。

（2）按税收负担能否转嫁分类

① 直接税。是指纳税人直接作为负税人，税负不能转嫁给他人的税，例如，所得税类、财产税类等。

② 间接税。是指纳税人并非为直接的负税人，纳税人可以通过提高价格等手段将税负转嫁给他人负担的税，例如，流转税类、资源税类等。

（3）按税收归属与管理权限分类

① 中央税。是指收入划归中央政府的税收，例如关税、消费税、车辆购置税、海关代征的增值税等。

② 地方税。是指收入划归各地方政府的税收，例如房产税、城镇土地使用税、车船税、契税、耕地占用税、土地增值税等。

③ 中央地方共享税。是指税收收入由中央和地方按一定比例分成，共同享有税收收入的税收，例如增值税、资源税、企业所得税、个人所得税、城市维护建设税、印花税等。

（4）按税收与价格的关系分类　按税收与价格的关系对税收进行分类，其实只是针对税负能够转嫁的税种的一种分类方法，可分为两类。

① 价内税。是指纳税人将税款计入征税对象的价格之内，以此来将税款转嫁给对方，如消费税属于典型价内税。

② 价外税。是指纳税人将税款独立于征税对象的价格之外转嫁给对方，如增值税就属于典型的价外税。

（5）按计税依据分类

① 从价税。是指以征税对象的价值量为依据计征的一种税，适用比例税率或累进税率，如增值税、企业所得税等大部分税种都属于从价定率计征的税种。

② 从量税。是指以征税对象的质量、体积、面积、数量等为依据计征的一种税，适用定额税率，如土地使用税、车船税、耕地占用税等。

③ 复合税。是指对征税对象采取从价定率和从量定额相结合的计税方式征收的一种税，如应征消费税的消费品中的卷烟和白酒就采用复合计税方式。

4．我国现行税收制度体系

（1）税务管理机构的设置与管理　国家税务总局是最高级别的税务机构。

国家税务局管理机构下设四级，即国家税务总局，省、自治区、直辖市税务局，地、市、州、盟税务局，县、旗税务局。税务局系统实行国家税务总局垂直管理的领导体制，在机构、编制、经费、领导干部职务的审批上按照下管一级的原则实行垂直领导。

（2）税务管理机构征管范围的划分

① 税务局征管范围。税务局主要负责以下各税的征收和管理：增值税，消费税，企业所得税，个人所得税，资源税，土地增值税，城镇土地使用税，车船税，耕地占用税，契税，印花税，车辆购置税，烟叶税，房产税，环境保护税，城市维护建设税。

② 海关征管范围。第一，关税、船舶吨税；第二，代征的进口环节的增值税、消费税。

（3）中央政府与地方政府税收收入的划分　根据国务院《关于实行分税制财政管理体制的决定》，我国税收收入分为中央政府固定收入、地方政府固定收入和中央政府与地方政府共享收入。

① 中央政府固定收入包括：消费税（含进口环节海关代征的部分）、车辆购置税、关税、海关代征的进口环节增值税等。

② 地方政府固定收入包括：城镇土地使用税、耕地占用税、土地增值税、房产税、车船税、契税。

③ 中央政府与地方政府共享收入包括以下几个方面。

第一，增值税（不含进口环节由海关代征的部分）。中央政府分享75%，地方政府分享25%。

第二，城市维护建设税。铁路部门、各银行总行、各保险公司集中缴纳的部分归中央政府，其余部分归地方政府。

第三，企业所得税。铁路部门、各银行总行、海洋石油企业缴纳的部分归中央政府，其余部分由中央政府与地方政府按60%与40%的比例分享。

第四，个人所得税。除2008年10月9日前孳生的银行存款利息所得的个人所得税归中央政府外，其余部分的分享比例与企业所得税相同。

第五，资源税。海洋石油企业缴纳的部分归中央政府（目前暂缓征收），其余部分归地方政府。

第六，印花税。证券交易印花税收入的94%归中央政府，其余6%和其他印花税收入归地方政府。

第七，环境保护税。海洋环境保护税归中央政府，其余归地方。

二、税务会计概述

（一）税务会计的概念和特点

1．税务会计的概念

税务会计是以国家税收法律制度为准绳，以货币为主要计量单位，借助财务会计的基本理论和方法，对纳税单位的纳税活动所引起的资金运动进行核算和监督的一门专业会计。

2．税务会计的特点

（1）法律性　税务会计以国家现行税收制度为准绳，这是区别于其他专业会计的一个最重要的特点。会计核算中的一些核算方法、技术处理等，财务会计可以根据企业生产经营的实际需要适当选择，但税务会计必须在遵守国家现行税收制度的前提下选择。税收制度是调节国家与企业关系的准则，制约着征纳双方的分配关系。当财务会计制度的规定与现行税法的计税方法、计税范围等发生矛盾时，税务会计必须以现行税收法规为准，做适当调整、修改或补充。

（2）统一性　由于税务会计是融各类会计与税收制度于一体的会计，税法的统一性决定了税务会计的统一性。也就是说，同一税种对不同纳税人规定是一样的。

（3）专业性　税务会计运用其特有的专门方法对与纳税有关的经济业务进行核算和监督，包括计算税款、填制纳税申报表、办理纳税手续、税款缴纳的会计处理及退补税款情况等，也就是说税务会计核算和监督的内容，只是会计要素中与纳税活动有关的方面，与纳税活动无关的事项不包括在内。因此税务会计具有专业性。

（4）广泛性　我国宪法规定每个公民都有纳税义务，而企业更负有纳税义务。这就是说，所有自然人和法人都可能是纳税义务人。法定纳税义务人的广泛性决定了税务会计的广泛性。

（二）税务会计的目标与任务

1. 税务会计的目标

税务会计的目标是指税务会计工作所要达到的最终目的。税务会计最终是向其利害关系人提供有关纳税人税务活动的信息，具体可概括为以下三个方面。

① 依法纳税，保证国家财政收入，并为国家宏观经济管理提供纳税信息。

② 正确进行税务会计处理，为投资者、债权人进行决策提供有用的会计信息。

③ 科学进行纳税筹划，合理选择纳税方案，为企业内部加强经营管理提供信息。

2. 税务会计的任务

企业税务会计的任务既是企业税务会计目标的具体体现，又是实现企业税务会计目标的途径和措施，主要包括以下五个方面。

① 反映和核算纳税主体贯彻执行国家税收法律、法规的情况，确保纳税主体守法经营，不断降低纳税风险和纳税成本，为纳税主体营造良好的税收政策环境。

② 正确、及时地计算纳税主体应缴纳的各种税金，并做好应交税费的会计处理，准确反映各税种的计税依据、纳税环节、税目和税率。

③ 发挥会计监督和税务监督的作用，促进企业正确处理分配关系。

④ 正确编制、及时报送会计报表和纳税申报表，认真执行税务机关的审查意见。

⑤ 进行企业税务活动的财务分析，改善经营管理，调节产品结构，提高经济效益。

（三）税务会计的对象与方法

1. 税务会计的对象

税务会计的对象，即税务会计核算和监督的内容。凡是企业在生产经营过程中能够用货币表现的各种税务活动，都是企业税务会计核算和监督的内容，主要包括以下几个方面。

（1）税基　税基是课税基础，一是指某类税的经济基础，如流转税的课税基础是流转额，所得税的课税基础是所得额，财产税的课税基础是财产额等；二是指计算缴纳税金的依据或标准，相关内容如下。

① 应税流转额。具体包括商品流转额、非商品流转额。

②　生产、经营成本扣除额。是指企业在生产经营过程中物化劳动和活劳动消耗的总和，是价值补偿的尺度。

③　应税收益额。是指利润总额。

④　应税财产额。是指企业在某一时点上占用或支配的需要纳税的财产数量和价值，包括不动产、有形资产、无形资产等。

⑤　应税行为计税额。是指税法规定的企业应纳税的特定行为。

（2）税款的计算与核算　对每一税种应纳税额的计算是企业税务会计核算和监督的基本内容，要求企业按照税法规定进行计算，并按照税务会计的核算方法进行核算。包括征税对象、征税范围的界定，计税依据和标准的确定，计算方法的正确使用，应纳税额的正确计算和核算等。

（3）税款的缴纳、退补和减免　正确计算应缴税款后，应按各税法规定的纳税期限、纳税环节、纳税时间和地点的要求，及时进行纳税申报并及时缴纳。退税、补税、减税、免税都是企业税务活动中的特殊业务，也应按税法规定执行，它的过程和结果也应及时在税务会计中得到反映。

（4）税收滞纳金和罚款　企业由于生产经营情况等原因，未经税务部门同意拖欠了税款或是违背了税法规定等，必须按规定缴纳税收滞纳金或税收罚款。这些属于税务活动，是税金支出的附加支出，也是税务会计核算和监督的内容。

2. 税务会计的方法

税务会计的方法是实现税务会计目标的技术和措施。由于税务会计是财务会计中一个专门处理会计收益与应税收益之间差异的会计程序，其目的在于协调财务会计与税务会计之间的关系，并保证财务报告充分揭示真实的会计信息。因此，财务会计中所使用的一系列会计方法同样适用于税务会计。如财务会计中的账户设置、复式记账、审核和填制会计凭证、登记账簿、成本计算、财产清查、编制财务报告等。这就是说，税务会计并非在财务会计之外另设一套凭证、账簿、报表，而是在此基础上进行纳税计算与核算。

（四）税务会计与财务会计的比较

税务会计是社会经济发展到一定阶段而产生的，它是从财务会计中分离出来的，因此它与财务会计有着密切的联系。但是税务会计又是融现行税法和会计核算为一体的一门特殊专业会计，又与财务会计有一定的区别。

1. 税务会计与财务会计的联系

税务会计不是独立存在的，不要求企业在财务会计之外另设一套凭证、账簿、报表等，也不需要独立设置税务会计机构。企业只需要设置一套完整的会计账表，平时只需按财务会计准则、会计制度进行会计处理，需要时再按照现行税法进行调整，所以税务会计的数据来源于财务会计。同时在计量单位、使用的文字和通用的基本会计原则等方面，税务会计与财务会计是相同的。

2. 税务会计与财务会计的区别

（1）目标不同　财务会计所提供的会计信息，除为外界有关利益相关者服务外，也为企业本身的生产经营服务；税务会计在为利害关系人提供有关纳税人税务活动的信息时，要求按现行税法缴纳税款，正确履行纳税人的纳税义务，充分享受纳税人的权利。

（2）对象不同　企业财务会计核算和监督的对象是企业以货币计量的全部经济事项；而

税务会计核算和监督的对象只是与纳税人的纳税义务相关的经济活动，即税务活动。

（3）核算基础与处理依据不同　税收原则与会计准则存在某些差异，最主要差别在于收益与费用的确认时间上。税务会计既要遵循税法的规定，又要遵循会计准则；而财务会计只遵循会计准则来处理业务。

（4）计算损益的程序不同　财务会计计算损益完全是按照会计准则的规定来计算；而税务会计是在财务会计计算的损益基础之上，按照税法的规定进行调整来得到应税所得。

（五）税务会计的工作内容

1．办理税务登记

凡是从事生产、经营的纳税人，应当在工商行政管理部门批准开业并自领取营业执照之日起 30 日内，持有关证件向税务机关申报办理税务登记。税务登记内容发生变更的，应持有关证件向税务机关申报办理变更或者注销税务登记。

2．发票领购、开具和管理

纳税人领取税务登记证件后，应携带有关证件，向税务机关提出领购发票的申请；凭发给的发票领购簿核准的发票种类、数量以及购票方式，向税务机关领购发票。

3．纳税核算

纳税人根据自身经营情况确认应税税种，并确认、计量应缴纳税款。具体内容包括：①确认计税依据；②计算应纳税额；③申报应纳税额并编制纳税申报表；④税款的汇算清缴。

4．纳税管理

（1）纳税筹划　纳税人根据自身经营活动，依据税法的具体要求，筹划自身的纳税活动，做到既依法纳税，又能享有税收优惠，达到合法避税的目的。

（2）内部纳税控制　纳税人应建立有效的内部纳税控制制度，利用纳税筹划数据和会计核算数据，对纳税活动进行监控，实现预定的纳税目标。

（3）内部纳税检查　纳税人应依据税法及有关法规，对自身的纳税活动进行分析、评价，以保证依法纳税，避免因受到税务部门的处罚而遭受损失。

5．纳税申报

纳税人、扣缴义务人必须依照税法规定，在规定的期限内，如实向税务部门办理纳税申报并报送相关的纳税资料。

6．缴纳税款

纳税人、扣缴义务人必须按照税法规定，在规定的期限内，向税务部门缴纳或者解缴税款。

7．纳税人的法律责任

纳税人的法律责任是指纳税人违反税收法律、行政法规规定而必须承担的法律后果。

8．税务行政复议和诉讼

纳税人、扣缴义务人、纳税担保人同税务机关在纳税上发生争议时，应先依照法律、法规规定缴纳或者解缴税款及滞纳金，然后在收到税务机关填发的缴款凭证之日起 60 日内向上一级税务机关申请复议。对复议决定不服的，可以在接到复议决定书之日起 15 日内向人民法院起诉。

任务一　涉税登记

一、涉税事务登记

为改革市场准入制度，简化手续，缩短时限，2015 年 6 月 23 日，国务院办公厅发布了《关于加快推进"三证合一"登记制度改革的意见》。"三证合一"登记制度是指将企业登记时依次申请，分别由工商行政管理部门核发工商营业执照、质量技术监督部门核发组织机构代码证和税务部门核发税务登记证，改为一次申请，由工商行政管理部门核发一个营业执照的登记制度。为具体落实"三证合一"登记制度改革，同年 9 月 10 日，国家税务总局发布《国家税务总局关于落实"三证合一"登记制度改革的通知》，就税务部门落实"三证合一"登记制度改革做出了具体部署。在全面实施工商营业执照、组织机构代码证、税务登记证"三证合一"登记制度改革的基础上，再整合社会保险登记证和统计登记证，从 2016 年 10 月 1 日起，实施"五证合一、一照一码"登记制度改革。

自 2015 年 10 月 1 日起，新设立企业和农民专业合作社在领取由工商行政管理部门核发加载法人和其他组织统一社会信用代码（以下简称统一代码）的营业执照后，无须再次进行税务登记，不再领取税务登记证。企业办理涉税事宜时，在完成补充信息采集后，凭加载统一代码的营业执照可代替税务登记证使用。除以上情形外，其他税务登记按照原有法律制度执行，改革前核发的原税务登记证件在 2017 年年底前过渡期内继续有效，2018 年 1 月 1 日起一律改为使用加载统一代码的营业执照，原发税务登记证件不再有效。

工商登记"一个窗口"统一受理申请后，申请材料和登记信息在部门间共享，各部门数据互换、档案互认。各级税务机关应加强与登记机关的沟通协调，确保登记信息采集准确、完整。各省税务机关在交换平台获取"五证合一"企业登记信息后，依据新设立企业和农民专业合作社住所按户分配至县（区）税务机关；县（区）税务机关确认分配有误的，将其退回至市（地）税务机关，由市（地）税务机关重新进行分配；省税务机关无法直接分配至县（区）税务机关的，将其分配至市（地）税务机关，由市（地）税务机关向县（区）税务机关进行分配。对于工商登记机关已经采集的信息，税务登记时不再重复采集；其他必要涉税的基础信息，可在新设立企业和农民专业合作社办理有关涉税事宜时，及时采集，陆续补齐。发生变化的信息，由新设立企业和农民专业合作社直接向税务机关申报变更，税务机关及时更新税务系统中的企业信息。

已实行"五证合一、一照一码"登记模式的企业和农民专业合作社办理注销登记时，须先向税务主管机关申报清税，填写"清税申报表"。新设立企业和农民专业合作社可向税务主管机关提出清税申报，税务主管机关按照各自职责分别进行清税，限时办理。清税完毕后向纳税人统一出具"清税证明"，并将信息共享到交换平台。

税务机关应当分类处理纳税人清税申报，扩大即时办结范围。根据企业经营规模、税款征收方式、纳税信用等级指标进行风险分析，对风险低的当场办结清税手续；对于存在疑点的，企业也可以提供税务中介服务机构出具的鉴证报告。税务机关在核查、检查过程中发现涉嫌偷、逃、骗、抗税或虚开发票的，或者有需要进行纳税调整等情形的，办理时限自然终止。在清税后，经举报等发现少报、少缴税款的，税务机关将相关信息传至登记机关，纳入

"黑名单"管理。

过渡期间未换发"五证合一、一照一码"营业执照的企业申请注销，税务机关按原规定办理。

二、增值税一般纳税人资格登记

增值税纳税人分为一般纳税人和小规模纳税人两类。其中，一般纳税人实行资格登记制，登记事项由增值税纳税人向其主管税务机关办理，具备一般纳税人条件的即可办理，一般纳税人总、分支机构不在同一县（市）的，应分别向其机构所在地主管税务机关申请办理一般纳税人登记手续。

任务二 账证管理

一、涉税账簿的设置

从事生产、经营的纳税人应当自领取营业执照之日起 15 日内设置账簿，一般企业要设置的涉税账簿有总分类账、明细账（按具体税种设置）及有关辅助性账簿。"应交税费——应交增值税"明细账使用特殊的多栏式账页，其他明细账使用三栏式明细账页，总分类账使用总分类账页。扣缴义务人应当自税法规定的扣缴义务发生之日起 10 日内，按照所代扣、代收的税种设置代扣代缴、代收代缴税款账簿。同时从事生产、经营的纳税人应当自领取加载统一代码的营业执照之日起 15 日内，将企业的财务制度、会计处理办法及会计核算软件报送税务机关备案。

生产经营规模小又确无建账能力的纳税人，可以聘请注册会计师或经税务机关认可的财会人员代为建账和办理账务；聘请上述机构或者人员有实际困难的，报经县以上税务机关批准，可以按照税务机关的规定，建立收支凭证粘贴簿、进货销货登记簿或者使用税控装置。

二、发票的领购

纳税人领取加载统一代码的营业执照后，应携带有关证件向税务机关提出领购发票的申请，然后凭税务机关发给的发票领购簿中核准的发票种类、数量以及购票方式，向税务机关领购发票。

发票是指在购销商品、提供或者接受劳务、服务和其他经营活动中，开具、收取的收付款凭证。发票是确定经济收支行为发生的证明文件，是财务收支的法定凭证和会计核算的原始凭证，也是税务稽查的重要依据。《中华人民共和国税收征收管理法》（以下简称《税收征收管理法》）规定，税务机关是发票主管机关，负责发票印制、领购、开具、取得、保管、缴销的管理和监督。发票一般分为增值税普通发票和增值税专用发票。

（一）增值税普通发票的领购

1. 申请、核发发票领购簿

纳税人凭加载统一代码的营业执照副本到主管税务机关领取并填写发票领购申请审批表，同时提交如下材料：经办人身份证明（居民身份证或护照）、发票专用章印模及主管税务机关要求报送的其他资料。

主管税务机关发票管理环节对上述资料审核无误后，将核批的发票名称、种类、购票数量、购票方式（包括批量供应、验旧供新、交旧供新）等填发在发票领购簿上，同时对发票领购簿号码进行登记。

2. 领购普通发票

领购普通发票时纳税人须报送加载统一代码的营业执照副本、发票领购簿及经办人身份证明，一般纳税人购增值税普通发票还需提供税盘，供主管税务机关发票管理环节在审批发售普通发票时查验。对验旧供新和交旧供新方式售票的，还需提供前次领购的发票存根联。

审验合格后，纳税人按规定支付工本费，领购发票，并审核领购发票的种类、版别和数量。

（二）增值税专用发票的领购

1. 申请、核发增值税专用发票领购簿

增值税一般纳税人凭增值税一般纳税人登记表，到主管税务机关领取并填写增值税专用发票领购簿申请书，然后提交下列资料：①领取增值税专用发票领购簿申请书；②加载统一代码的营业执照副本；③办税员的身份证明；④财务专用章或发票专用章印模；⑤最高开票限额申请表。

主管税务机关发票管理环节对上述资料审核无误后，填发增值税专用发票领购簿，签署准购发票名称、种类、数量、面额、购票方式、保管方式等审核意见。

2. 增值税专用发票的初始发行

一般纳税人领购专用设备后，凭最高开票限额申请表和发票领购簿到主管税务机关办理初始发行，即主管税务机关将一般纳税人的下列信息载入税盘：①企业名称；②加载统一代码的营业执照的代码；③开票限额；④购票限量；⑤购票人员姓名、密码；⑥开票机数量；⑦国家税务总局规定的其他信息。

一般纳税人发生上述信息变化，应向主管税务机关申请变更发行；发生第②项信息变化，应向主管税务机关申请注销发行。

3. 领购增值税专用发票

增值税专用发票一般由县级主管税务机关发售，发售增值税专用发票实行验旧供新制度。审批后日常领购增值税专用发票需要提供以下资料：①发票领购簿；②税盘；③经办人身份证明；④上一次发票的使用清单；⑤税务部门规定的其他材料。对资料齐备、手续齐全、符合条件而又无违反增值税专用发票管理规定行为的，主管税务机关发票管理环节予以发售增值税专用发票，并按规定价格收取发票工本费，同时开具收据交予纳税人。

三、发票的开具

纳税义务人在对外销售商品、提供服务以及发生其他经营活动收取款项时，必须向付款方开具发票。在特殊情况下由付款方向收款方开具发票（收款单位和扣缴义务人支付给个人款项时开具的发票），未发生经营业务一律不准开具发票。

1. 普通发票的开具要求

开具普通发票应遵守以下开具要求。

① 发票开具应该按规定的时限，按顺序、逐栏、全联、全部栏次一次性如实开具，并加盖单位财务印章或发票专用章。

② 发票限于领购单位在本省、自治区、直辖市内开具，未经批准不得跨越规定的使用区域携带、邮寄或者运输空白发票。

③ 任何单位和个人都不得转借、转让、代开发票，未经税务机关批准，不得拆本使用发票，不得自行扩大专用发票使用范围。

④ 开具发票后，如果发生销货退回需要开红字发票，必须收回原发票并注明"作废"字样或者取得对方有效证明；发生折让的，在收回原发票并注明"作废"字样后重新开具发票。

2. 增值税专用发票的开具要求

开具增值税专用发票，除应符合开具普通发票的要求外，还要遵守以下规定：

① 项目齐全，与实际交易相符；

② 字迹清楚，不得压线、错格；

③ 发票联和抵扣联加盖发票专用章；

④ 按照增值税纳税义务的发生时间开具。

四、发票的注（缴）销

发票的注（缴）销主要有两种情况：一种是因粗心大意等原因开出错票，发现后所开发票应全联作废并保存，不得任意撕毁、丢弃；另外一种则是用票单位和个人按照规定向税务机关上缴已使用或者未使用的发票，包括以下两种。

1. 变更涉税事物登记时发票的缴销

纳税人因办理了纳税人名称、地址、电话、开户行、账号变更需废止原有发票时，应持相关材料向主管税务机关领取并填写"发票缴销登记表"（见表1-3），并持"发票购领证"、经办人员身份证明及未使用的发票向主管税务机关办理发票缴销手续。

表1-3　发票缴销登记表

国地税编码		纳税人识别码			经办人		身份证号	
纳税人名称						联系电话		
发票编码	发票名称	发票代码	数量	起始号码	终止号码	作废发票		空白发票	
						份数	起止号码	份数	起止号码

发票领购簿号			缴销类别	
开票日期	开具金额	缴销原因：	发票管理岗意见：
		经办人：　　　　　（公章） 　　　　　年 月 日 申明：本（单位）人所填报的发票开具金额真实有效，并如实申报纳税。 申明单位（人）：	经办人：　　　　　（章） 　　　　　年 月 日

2. 残损发票、改（换）版发票及次版发票的缴销

纳税人的发票发生霉变、鼠咬、水浸、火烧等残损问题，或被通知发票将进行改版、换版，或发现有次版发票等问题时，必须按有关规定到主管税务机关领取并填报"发票缴销登记表"，连同"发票购领证"及应缴销的改版、换版和次版发票一并上交主管税务机关。

五、账证的保管

单位和个人领购使用发票，应建立发票使用登记制度，设置发票登记簿，定期向主管税务机关报告发票的使用情况。增值税专用发票要由专人保管，在启用前要检查有无缺号、串号、缺联以及有无防伪标志等情况，如发现问题应整本退回税务机关，并设立发票分类登记簿以记录增值税专用发票的购、领、存情况，每月进行检查、统计并向税务机关汇报。

对已开具的发票存根和发票登记簿要妥善保管，保存期为5年，保存期满需要经税务机关查验后销毁。

自2016年1月1日起，会计凭证、账簿应保管30年，月度、季度财务会计报告和纳税申报表应保管10年，年度财务会计报告要永久保管，不得伪造、变造或者擅自销毁。

任务三　纳税申报

一、一般纳税申报

纳税申报是指纳税人、扣缴义务人、代征人为正常履行纳税、扣缴税款义务，就纳税事项向税务机关进行书面申报的一种法定手续。进行纳税申报是纳税人、扣缴义务人、代征人必须履行的义务。

1. 纳税申报主体

凡是按照国家法律、行政法规的规定负有纳税义务的纳税人或代征人、扣缴义务人（含享受减免税的纳税义务人），无论本期有无应纳、应缴税款，都必须按《中华人民共和国税收征管法》规定的期限如实向主管税务机关办理纳税申报手续。

纳税人应指派专门办税人员办理纳税申报。纳税人必须如实填报纳税申报表，并加盖单位公章，同时按照税务机关的要求提供有关纳税申报资料，纳税人应对其申报的内容承担完全的法律责任。

2. 纳税申报方式

一般来说，纳税申报主要有直接申报（上门申报）、邮寄申报、电子申报、简易申报和其他申报等方式。

直接申报是目前最基本的申报方式，是指由纳税人和扣缴义务人在法定税款征收期内自行到税务机关报送纳税申报表和其他有关纳税申报资料。

邮寄申报是指经税务机关批准的纳税人、扣缴义务人使用统一规定的纳税申报特快专递专用信封，通过邮政部门办理交寄手续，并向邮政部门索取收据作为申报凭证的方式。

电子申报是指经税务机关批准的纳税人通过联网的电脑终端按照规定和系统发出的指示输入内容的纳税申报。纳税人采用电子方式办理纳税申报的，应当按照税务机关规定的期限

和要求保存有关资料，并定期书面报送主管税务机关。

简易申报是指实行定期定额纳税的纳税人，经税务机关批准，通过以缴纳税款凭证代替申报或简并征期的一种申报方式。

其他申报是指纳税人、扣缴义务人采用直接办理、邮寄办理、电子申报以外的方法向税务机关办理纳税申报或者报送代扣代缴、代收代缴报告表。

3. 纳税申报期限

纳税申报期限是法律、行政法规规定的或者税务机关依照法律、行政法规的规定确定的纳税人、扣缴义务人向税务机关申报应纳或应解缴税款的期限。

纳税申报期限是根据各个税种的特点确定的，各个税种的纳税期限因其征收对象、计税环节的不同而不同，同一税种可能因为纳税人的经营情况不同、财务会计核算不同、应纳税额大小的不等，申报期限也不一样。纳税人的具体纳税期限由主管税务机关按各税种的有关规定确定；不能按照固定期限纳税的，可以按次纳税。

纳税申报期限内遇有法定休假日的，申报期限可依法向后顺延。纳税人、扣缴义务人办理纳税申报期限的最后一日是法定休假日的，以休假日期满的次日为最后一日；在期限内有连续3日以上法定休假日的，按休假日天数顺延。

4. 纳税申报应报送的有关资料

纳税人依法办理纳税申报时，应向税务机关报送纳税申报表及规定报送的各种附表资料、异地完税凭证、财务报表以及税务机关要求报送的其他有关资料。

代扣代缴义务人发生代扣代缴义务，在其第一次向税务机关报送资料时，需领取并填写代扣代缴义务人情况表一式两份（一份由税务机关留存，一份由扣缴义务人留存），由税务机关确认代扣税种、代扣税种的税目或品目、代扣期限、结缴期限、征收率（单位税额）等有关事宜。如代扣代缴义务人的代扣代缴情况发生变化，需到税务机关重新领取并填写代扣代缴义务人情况表。

5. 滞纳金和罚款

《中华人民共和国税收征管法》规定，纳税人未按规定纳税期限缴纳税款的，扣缴义务人未按规定期限解缴税款的，税务机关除责令限期缴纳外，从滞纳税款之日起，按日加收滞纳税款0.5‰的滞纳金。

《税收征管法》还规定，纳税人发生违章行为的，按规定可以处一定数量的罚款。企业支付的各种滞纳金、罚款等不得列入成本费用，不得在税前列支，应当计入企业的营业外支出。

二、延期申报和零申报

1. 延期申报

延期申报是指纳税人、扣缴义务人不能按照税法规定的期限办理纳税申报或扣缴税款申报，经申请由税务机关批准可适当推延时间进行纳税申报。造成延期申报的原因有主观和客观之分。凡纳税人或扣缴义务人完全出于主观原因或有意拖缴税款而不按期办理纳税申报的，税务机关可视违法行为的轻重，给予处罚。纳税人、扣缴义务人延期申报，主要有两方面特殊情况：一是因不可抗力的因素，需要办理延期申报，不可抗力因素是指不可避免和无法抵御的自然灾害；二是因财务会计处理上的特殊情况，导致不能办理纳税申报而需要延期申报，出现这种情况一般是由于账务未处理完，不能计算应纳税款。纳税人、扣缴义务人按期办理纳税申报或者报送代扣代缴、代收代缴税款报告表确有困难，需要延期申报的，应当在规定的纳税申报期限内提出书面申请，报请税务机关批准，并在核准期内办理纳税申报。主管税务机关视其具体情况批准延长期限。

根据审批意见，将制发"核准延期申报通知书"；当场或在规定时间内发给"核准延期申报通知书"，并告知纳税人按上期实际缴纳税款或按税务机关核定的税额预缴税款。未核准的，在"延期申报申请审批表"上签署意见后连同有关资料退回给纳税人，并告知其按规定要求申报缴纳，纳税人则应按税务机关的要求申报纳税。

2. 零申报

零申报是指纳税人和扣缴义务人当期没有收入或所得向税务机关办理的申报行为。纳税人和扣缴义务人在有效期间内，没有取得应税收入或所得，没有应缴税款发生或者已办理加载统一代码的营业执照但未开始经营，或者开业期间没有经营收入的纳税人，除已办理停业审批手续的以外，必须按规定的纳税申报期限进行零申报。纳税人进行零申报，应在申报期内向主管税务机关正常报送纳税申报表及有关资料，并在纳税申报表上注明"零"或"无收入"字样。

任务四　税款缴纳

一、税款征收方式

税款缴纳是纳税义务人依税法规定的期限，将应纳税款向国库解缴的活动。它是纳税义务人完成纳税义务的体现，是纳税活动的中心环节。税款缴纳按税法规定的征收方式进行，我国实行的税款征收方式有以下四种。

1. 查账征收

查账征收是税务机关按照纳税人提供的账表所反映的经营情况，依照适用的税率计算缴纳税款的方法，即先由纳税人在规定的纳税期限内，通过提交纳税申报表的形式向税务机关办理纳税申报，经税务机关审查核实后，填写缴款书，并由纳税人到当地开户银行（国库）缴纳税款。这种征收方式适用于账簿、凭证和财务会计核算比较健全的纳税人。

2. 查定征收

查定征收是由税务机关依据纳税人的生产设备、生产能力、从业人员数量和正常情况下的生产销售情况，对其生产的应税产品实行查定产量、销售量或销售额，依率计征的一种征收方法。它适用于生产不固定、账册不健全的纳税人。

3. 查验征收

查验征收是税务机关对某些零星、分散的高税率货物，在纳税人申报缴税时，由税务机关派人到现场实地查验，并贴上查验标记或盖上查验戳记，据以计算征收税款的一种征收方法。

4. 定期定额

定期定额是税务机关对一些营业额和所得额难以准确计算的纳税，采取由纳税人自报自议，由税务机关核定一定时期的营业额和所得税附征率，实行多税种合并征收的一种征收方式。纳税人在核定期内营业额达到或超过核定定额 20％时，应及时向税务机关申报调整定额。定期定额一般适用于小型的个体工商户。

二、税款缴纳方式

1. 纳税人直接向国库经收处缴纳

纳税人在申报前，先向税务机关领取税票，自行填写，然后到国库经收处缴纳税款，以国库经收处的回执联和纳税申报等资料，向税务机关申报纳税。这种方式适用于纳税人在设有国库经收处的银行和其他金融机构开设账户，并且向税务机关申报的纳税人。

2. 税务机关自收税款并办理入库手续

由税务机关直接收取税款并办理入库手续的缴纳方式，适用于由税务机关代开发票的纳税人缴纳的税款；临时发生纳税义务，需向税务机关直接缴纳的税款；税务机关采取强制执行措施，以拍卖所得或变卖所得缴纳的税款。

3. 代扣代缴

代扣代缴，是指按照税法规定负有扣缴税款义务的单位和个人，负责对纳税人应纳的税款进行代为扣缴的一种方式，即由支付人在向纳税人支付款项时，从所支付款项中依法直接扣收税款并代为缴纳。其目的是对零星分散、不易控管的税源进行源泉控制，如单位在支付个人工资薪金时，需依法代扣其应纳的个人所得税。

4. 代收代缴

代收代缴是指按照税法规定负有收缴税款义务的单位和个人，负责对纳税人应纳的税款进行代收代缴的一种方式，即由与纳税人有经济业务往来的单位和个人在向纳税人收取款项时依法收取税款并代为缴纳。其目的在于对税收网络覆盖不到或者难以控管的领域进行源泉控制，如受托加工应纳消费税的消费品，由受托方代收代缴消费税。

5. 委托代征

委托代征是指受托的有关单位按照税务机关核发的代征证书的要求，以税务机关的名义向纳税人征收一些零散税款的方式。目前，各地对零散、不易控管的税源，大多是委托街道办事处、居委会、乡政府、村委会及交通管理部门等代征税款。

6. 其他方式

随着现代技术的发展，新的纳税方式不断出现，如利用网络、IC 卡纳税等，适用于采用电子方式办理税款缴纳的纳税人。

三、税款缴纳程序

1. 正常缴纳税款

税款缴纳程序因征收方式不同而有所不同，一般来说是由纳税义务人、扣缴义务人直接向国库或者国库经收处缴纳，也可以由税务机关自收或者委托代征税款。如果自收或者委托代征税款，应由税务机关填制汇总缴款书，随同税款缴入国库经收处。国库经收处收纳的税款，随同缴款书划转入库后，才完成了税款征收手续。无论采取哪种缴纳程序，征缴税款后，税务机关必须给纳税人开具完税凭证——中华人民共和国税收缴款书（盖有国库经收处收款章）或者税收完税证。

2. 延期缴纳税款

纳税人或扣缴义务人必须按法律、法规规定的期限缴纳税款，但有特殊困难不能按期缴纳税款的，按照《税收征收管理法》的规定，可以申请延期缴纳税款。纳税人申请延期缴纳税款应符合下列条件之一，并提供相应的证明材料。

① 水、火、风、雹、海潮、地震等自然灾害的灾情报告。

② 可供纳税的现金、支票以及其他财产遭受查封、冻结、偷盗、抢劫等意外事故，由法院或公安机关出具的执行通告或事故证明。

③ 国家经济政策调整的依据。

④ 货款拖欠情况说明及所有银行账号的银行对账单、资产负债表。

纳税人延期缴纳税款申报的操作程序分为两步：

第一步，向主管税务机关填报"延期缴纳税款申请审批表"进行书面申请；

第二步，主管税务机关审核无误后，必须经省（自治区、直辖市）税务局批准方可延期缴纳税款。

需要注意的是，延期期限最长不能超过 3 个月，且同一笔税款不得滚动审批。

四、税款的减免、退还与追征

1. 税款的减免

按照《税收征管法》的规定，纳税人可以以书面形式向税务机关申请减税、免税，但减税、免税申请必须经法律、行政法规规定的减免税审批机关审批，程序如下。

（1）企业申请　符合减免条件的企业，应在规定的期限内向所在地主管税务机关提交申请减免税报告，详细说明该单位的基本情况、相关指标、减免条件、政策依据，以及要求减免的税种、金额、期限等，并填写纳税单位减免税申请书。

（2）调查核实　主管税务机关在收到企业提交的申请后 15 日内派人员深入企业进行调查，核实企业实际情况。对不符合条件者以书面形式通知申请企业；对申请报告数据不实或不完善者，以书面形式告知并退回申请书，要求限期重报；对符合条件者，在纳税单位减免申请书中注明调查核实意见，详细说明减免条件、减免依据等，盖章后上报减免税管理部门审批。

（3）研究审批　减免税管理部门研究决定通过后，由经办人签注意见，并由主管领导审核后加盖公章，然后按减免税审批权限审批。

（4）纳税人领取减免税审批通知。

2. 税款的退还

退税的前提是纳税人已经缴纳了超过应纳税额的税款。退税的情形有两种：一种是技术差错和结算性质的退税；另一种是为加强对收入的管理，规定纳税人先按应纳税额如数缴纳入库，经核实后再从中退还应退的部分。

（1）退还的方式　可以是税务机关发现后立即退还，也可以是纳税人发现后申请退还。

（2）退税的时限要求

① 税务机关发现的多征税款，无论多长时间都必须退还给纳税人；

② 纳税人发现的多征税款，可以自结算缴纳税款之日起 3 年内要求退还；

③ 多征税款必须于发现或接到纳税人退款申请之日起 60 日内，予以退还，也可以按照

纳税人的要求抵缴下期应纳税款。

（3）纳税人申请退税需报送的资料和证件　主要有已办理加载统一代码的营业执照副本、退税申请表一式三份，有关的税款缴纳凭证及纳税申报表。

3. 税款的追征

追征税款是指在实际的税款征缴过程中，由于征纳双方的疏忽、计算错误等原因造成的纳税人、扣缴义务人未缴或者少缴税款，税务机关依法对未征、少征的税款要求补缴，对未缴、少缴的税款进行追征的制度。

（1）追征税款的范围

① 税务机关运用税收法律、行政法规不当或者执法行为违法造成的未缴或少缴税款；

② 纳税人、扣缴义务人非主观故意的计算错误以及明显笔误造成的未缴、少缴税款；

③ 偷税、骗税和抗税。

（2）追征税款的时限

① 因税务机关的责任，致使纳税人、扣缴义务人未缴或者少缴税款的，税务机关在3年内应要求纳税人、扣缴义务人补缴税款。

② 因纳税人、扣缴义务人计算错误等失误，未缴或者少缴税款的，税务机关在3年内应追征税款、滞纳金；有特殊情况的，追征期可以延长到5年。"特殊情况"是指纳税人或者扣缴义务人因计算错误等失误，未缴或者少缴、未扣或者少扣、未收或者少收税款，累计数额在10万元以上的。

③ 对偷税、抗税、骗税的，税务机关可以无限期追征其未缴或者少缴的税款、滞纳金或者所骗取的税款。

五、税款征收的措施

1. 税收保全措施

税收保全措施是指税务机关对可能由于纳税人的行为或某种客观原因，致使以后税款的征收不能保证或难以保证的案件，采用限制纳税人处理或转移商品、货物或其他财产的措施。《税收征收管理法》规定，税务机关根据认为从事生产、经营的纳税人有逃避纳税义务行为的，可以在规定的纳税期限之前，责令限期缴纳税款；在限期内有明显的转移、隐匿其应纳税商品、货物以及其他财产迹象的，税务机关应责令其提供纳税担保。如果纳税人不能提供纳税担保，经县以上税务局（分局）局长批准，税务机关可以采取下列税收保全措施：一是书面通知纳税人开户银行或其他金融机构冻结纳税人的金额相当于应纳税款的存款；二是扣押、查封纳税人价值相当于应纳税款的商品、货物或者其他财产。纳税人在规定的限期内缴纳税款的，税务机关必须立即解除税收保全措施；限期满仍未缴纳税款的，经县以上税务局（分局）局长批准，税务机关可以书面通知纳税人开户银行或其他金融机构，从其冻结的存款中扣缴税款，或依法拍卖或变卖所扣押、查封的商品、货物或其他财产，以拍卖或变卖所得抵缴税款。采取税收保全措施不当，或纳税人在期限内已缴纳税款，税务机关未立即解除税收保全措施，使纳税人的合法利益遭受损失的，税务机关应当承担赔偿责任。

2. 税收强制执行措施

《税收征收管理法》规定，从事生产经营的纳税人、扣缴义务人未按照规定期限缴纳税款或解缴税款，纳税担保人未按照规定期限缴纳所担保的税款，由税务机关责令限期缴纳，逾期仍未缴纳的，经县以上税务局（分局）局长批准，税务机关可以采取下列强制执行措施：一是书面通知其开户银行或其他金融机构从其存款中扣缴税款；二是扣押、查封、依法拍卖或变卖其价值相当于应纳税款的商品、货物或其他财产，以拍卖或变卖所得抵缴税款。

3. 税务检查

《税收征收管理法》规定，税务机关有权进行下列税务检查：检查纳税人的账簿、记账凭证、报表和有关资料，检查扣缴义务人代扣代缴、代收代缴税款账簿、记账凭证和有关资料；到纳税人的生产、经营场所和货物存放地检查纳税人应纳税商品、货物或其他财产，检查扣缴义务人与代扣代缴、代收代缴税款有关的经营情况；责成纳税人、扣缴义务人提供与纳税或代扣代缴、代收代缴税款有关的问题和情况；询问纳税人、扣缴义务人与纳税或代扣代缴、代收代缴税款有关的问题和情况；到车站、码头、机场、物流企业及其分支机构检查纳税人托运、邮寄应纳税商品、货物或其他财产的有关单据、凭证和有关资料；经县以上税务局（分局）局长批准，凭全国统一格式的检查存款账户许可证明，查询从事生产经营的纳税人、扣缴义务人在银行或其他金融机构的存款账户。税务机关在调查税收违法案件时，经设区的市、自治州以上的税务局（分局）局长批准，可以查询涉嫌人员的储蓄存款。税务机关查询所获得的资料，不得用于税收以外的用途。

税务机关依法进行税务检查，有权向有关单位和个人调查纳税人、扣缴义务人和其他当事人与纳税或代扣代缴、代收代缴税款有关的情况，有关单位和个人有义务向税务机关如实提供有关资料及证明材料。税务机关调查税务案件时，对与安全有关的情况和资料，可以记录、录音、录像、照相和复制。

税务机关派出人员进行税务检查时，应当出示税务检查证和税务检查通知书，并有责任为被检查人保守秘密；未出示税务检查证和税务通知书的，被检查人有权拒绝检查。纳税人、扣缴义务人必须接受税务机关依法进行的税务检查，如实反映情况，提供有关资料，不得拒绝、隐瞒。

六、税收法律责任

税收法律责任

实战演练

一、选择题（可多选）

1. 从事生产、经营的纳税人向税务机关申报办理税务登记的时间是（　　）。

A. 自领取营业执照之日起 15 日内　　　　B. 自领取营业执照之日起 30 日内

C. 自申请营业执照之日起 45 日内　　　　D. 自申请营业执照之日起 60 日内

2. 根据税收征收管理法律制度的规定，从事生产、经营的纳税人应（　　）内，按规定设置账簿。

    A. 自领取营业执照之日起 30 日   B. 自领取税务登记证件之日起 30 日

    C. 自领取营业执照之日起 15 日   D. 自领取税务登记证件之日起 15 日

    3. 根据税收征收管理法律制度的规定，从事生产、经营的纳税人，应当在法定期限内将财务、会计制度或者财务、会计处理办法报送税务机关备案。该法定期限为（   ）。

    A. 自领取营业执照之日起 30 日内   B. 自领取税务登记证件之日起 30 日内

    C. 自领取营业执照之日起 15 日内   D. 自领取税务登记证件之日起 15 日内

    4. 会计账簿、会计报表、记账凭证、完税凭证及其他纳税数据应当保存（   ）。

    A. 3 年   B. 5 年   C. 10 年   D. 20 年

    5. 中国现行税制中采用的累进税率有（   ）。

    A. 全额累进税率   B. 超率累进税率   C. 超额累进税率   D. 超倍累进税率

    6.《税收征收管理法》属于我国税法体系中的（   ）。

    A. 税收基本法   B. 税收实体法   C. 税收程序法   D. 国内税法

    7. 某大型超市在 2017 年度缴纳的下列税种中，属于地方收入的有（   ）。

    A. 增值税   B. 房产税   C. 印花税   D. 车船税

    8. 根据税收征收管理法律制度的规定，纳税人办理下列事项时，必须持税务登记证的是（   ）。

    A. 开立银行账户   B. 申请办理延期申报、延期缴纳税款

    C. 领购发票   D. 申请减税、免税、退税

    9. 下列各项中，有权制定税收规章的税务主管机关有（   ）。

    A. 国家税务总局   B. 财政部   C. 国务院办公厅   D. 海关总署

    10. 按税收负担能否转嫁可以将税收分为（   ）。

    A. 直接税   B. 价内税   C. 间接税   D. 中央税

二、判断题

    1. 纳税人发生解散、破产、撤销以及其他情形，依法终止纳税义务的，应当自工商行政管理机关办理注销之日起 30 日内，持有关证件向原税务登记管理机关申报办理注销税务登记。（   ）

    2. 在税收法律关系中，征纳双方法律地位的平等主要体现为双方权利与义务的对等。（   ）

    3. 中华人民共和国现行税法体系是由税收实体法构成的。（   ）

项目二
增值税计算申报与核算

知识目标

1. 掌握增值税应纳税额的计算、增值税的纳税申报和税款缴纳；
2. 理解增值税税收制度规定、增值税出口退税的计算和会计处理；
3. 熟悉增值税涉税业务的会计处理与增值税出口退税的申报规定。

能力目标

1. 能根据经济业务数据进行一般纳税人和小规模纳税人的涉税会计处理；
2. 能够根据经济业务填制增值税一般纳税人与小规模纳税人申报表并进行增值税网上申报；
3. 能用"免、抵、退"方法计算增值税应免抵和应退的税款并能办理出口货物退税工作。

素质目标

1. 培养学生严谨的工作作风；
2. 培养学生团队合作意识。

情境导入

辽宁美联化妆品有限公司 2019 年 5 月销售化妆品一批，开出增值税专用发票注明销售额 100 万元，增值税 13 万元，本月购进原材料取得增值税专用发票注明买价 30 万元，增值税 3.9 万元。该公司 5 月份如何计算缴纳增值税？

知识铺垫

增值税是以增值额为征税对象的一种流转税。增值税始创于法国，主要是为了解决重复征税问题而设置的。我国现行《中华人民共和国增值税暂行条例》（以下简称《增值税暂行条例》）在 2017 年修订，自 2017 年 11 月 19 日施行。

一、增值税的概念

增值税是对我国境内销售货物或进口货物，提供加工、修理修配劳务以及提供应税服务等行为以其增值额为征税对象而征收的一种流转税。

二、增值税的征税范围

1. 征税范围的一般规定

（1）销售或进口货物　销售是指有偿转让货物所有权的行为。货物是指除不动产、个别无形资产外的有形动产，包括电力、热力、气体在内。进口货物征税是指海关在进口环节补征国内流转税的行为。

(2) 提供加工、修理修配劳务　加工是指委托方提供原材料和主要材料，受托方只代垫辅助材料，按照委托方要求进行加工并收取加工费的行为。修理修配是指受托方对损伤和丧失功能的货物进行修复，使其恢复原状和功能的业务。该修理修配业务是指工业性修理修配，不包括服务性的修理修配。

(3) 交通运输服务　交通运输业，是指使用运输工具将货物或者旅客送达目的地，使其空间位置得到转移的业务活动。包括陆路运输服务、水路运输服务、航空运输服务和管道运输服务。

① 陆路运输服务。陆路运输服务，是指通过陆路（地上或者地下）运送货物或者旅客的运输业务活动，包括铁路运输、公路运输、缆车运输、索道运输及其他陆路运输。

② 水路运输服务。水路运输服务，是指通过江、河、湖、川等天然、人工水道或者海洋航道运送货物或者旅客的运输业务活动。远洋运输的程租、期租业务，属于水路运输服务。

程租业务，是指远洋运输企业为租船人完成某一特定航次的运输任务并收取租赁费的业务。

期租业务，是指远洋运输企业将配备有操作人员的船舶承租给他人在一定期限内使用，承租期内听候承租方调遣，不论是否经营，均按天向承租方收取租赁费，发生的固定费用均由船东负担的业务。

③ 航空运输服务。航空运输服务，是指通过空中航线运送货物或者旅客的运输业务活动。航空运输的湿租业务，属于航空运输服务。

湿租业务，是指航空运输企业将配备有机组人员的飞机承租给他人在一定期限内使用，承租期内听候承租方调遣，不论是否经营，均按一定标准向承租方收取租赁费，发生的固定费用均由承租方承担的业务。

④ 管道运输服务。管道运输服务，是指通过管道设施输送气体、液体、固体物质的运输业务活动。

(4) 邮政服务　邮政服务是指中国邮政集团公司及其所属邮政企业提供邮件寄递、邮政汇兑、机要通信和邮政代理等邮政基本服务的业务活动，包括邮政普遍服务、邮政特殊服务和其他邮政服务。

(5) 电信服务　电信服务是指利用有线、无线的电磁系统或者光电系统等各种通信网路资源，提供语音通话服务，传送、发射、接收或者应用图像、短信等电子数据和信息的业务活动，包括基础电信服务和增值电信服务。

① 基础电信服务。是指利用固网、移动网、卫星、互联网，提供语音通话服务的业务活动，以及出租或者出售带宽、波长等网络元素的业务活动。

② 增值电信服务。是指利用固网、移动网、卫星、互联网、有线电视网络，提供短信和彩信服务、电子数据和信息的传输及应用服务、互联网接入服务等业务活动。卫星电视信号落地转接服务，按照增值电信服务计算缴纳增值税。

(6) 建筑服务　建筑服务是指各类建筑物、构筑物及其附属设施的建造、修缮、装饰，线路、管道、设备、设施等的安装以及其他工程作业的业务活动，包括工程服务、安装服务、修缮服务、装饰服务和其他建筑服务。

(7) 金融服务　金融服务是指经营金融保险的业务活动，包括贷款服务、直接收费金融服务、保险服务和金融商品转让。

（8）现代服务业 现代服务业，是指围绕制造业、文化产业、现代物流产业等提供技术性、知识性服务的业务活动，包括研发和技术服务、信息技术服务、文化创意服务、物流辅助服务、租赁服务、鉴证咨询服务、广播影视服务。

① 研发和技术服务。研发和技术服务，包括研发服务、技术转让服务、技术咨询服务、合同能源管理服务、工程勘察勘探服务。

② 信息技术服务。信息技术服务，是指利用计算机、通信网路等技术对信息进行生产、收集、处理、加工、存储、运输、检索和利用，并提供信息服务的业务活动，包括软件服务、电路设计及测试服务、信息系统服务和业务流程管理服务。

③ 文化创意服务。文化创意服务，包括设计服务、商标和著作权转让服务、知识产权服务、广告服务和会议展览服务。

④ 物流辅助服务。物流辅助服务，包括航空服务、港口码头服务、货运客运场站服务、打捞救助服务、货物运输代理服务、代理报关服务、仓储服务、装卸搬运服务和收派服务。

⑤ 租赁服务。包括有形动产租赁和不动产租赁。

远洋运输的光租业务、航空运输的干租业务，属于有形动产经营性租赁。

光租业务，是指远洋运输企业将船舶在约定的时间内出租给他人使用，不配备操作人员，不承担运输过程中发生的各项费用，只收取固定租赁费的业务活动。

干租业务，是指航空运输企业将飞机在约定的时间内出租给他人使用，不配备机组人员，不承担运输过程中发生的各项费用，只收取固定租赁费的业务活动。

⑥ 鉴证咨询服务。鉴证咨询服务，包括认证服务、鉴证服务和咨询服务。代理记账、翻译服务按照"咨询服务"征收增值税。

⑦ 广播影视服务。广播影视服务，包括广播影视节目（作品）的制作服务、发行服务和播映服务。

（9）生活服务 生活服务是指为满足城乡居民日常生活需求提供的各类服务活动，包括文化体育服务、教育医疗服务、旅游娱乐服务、餐饮住宿服务、居民日常服务和其他生活服务。

（10）销售无形资产 销售无形资产是指转让无形资产所有权或者使用权的业务活动。

（11）销售不动产 销售不动产是指转让不动产所有权的业务活动。

2．征税范围的特殊规定

（1）征税的特殊项目

① 货物期货包括商品期货和贵重金属期货，在实物交割环节纳税；

② 银行销售金银的业务；

③ 典当业死当物品销售的业务；

④ 销售委托人寄售物品的业务；

⑤ 集邮商品的生产、调拨以及邮政部门以外的其他单位和个人销售集邮商品的业务。

（2）增值税视同销售行为

① 货物代销双方的销售行为。委托代销行为分为两种代销方式，一是受托方收取手续费的代销方式；二是受托方视同买断的代销方式。无论哪种代销方式，委托方的行为都属于增值税的销售行为，缴纳增值税。而受托方只有在视同买断的代销方式下，才发生增值税的销售行为，缴纳增值税。

② 设有两个以上机构并实行统一核算的纳税义务人，将货物从一个机构移送至另一个

机构用于销售，而且相关机构不在同一县（市）的移送行为，属于增值税的销售行为。

③ 将购买的货物用于对外投资、分配股利及无偿赠送他人。

④ 将自产、委托加工的货物用于简易计税项目、免税项目、集体福利、个人消费、对外投资、分配股利及无偿赠送他人。

（3）混合销售行为与兼营行为

① 混合销售行为是指一项销售行为既涉及增值税应税货物销售，又涉及增值税应税服务。

混合销售行为的税务处理方法是：从事货物生产、批发或零售的企业、企业性单位及个体工商户以及从事货物生产、批发或零售为主，并兼营应税服务的企业、企业性单位及个体工商户的混合销售行为，视同销售货物，按销售货物征收增值税；其他单位和个人的混合销售行为视为增值税应税服务，按销售应税服务征收增值税。

② 纳税人销售货物，提供加工、修理修配劳务，销售服务、无形资产或不动产，适用不同税率或征收率的，应当分别核算适用不同税率或者征收率的销售额，未分别核算销售额的，按照以下方法确定税率或者征收率。

第一，兼有不同税率的销售货物，提供加工、修理修配劳务，销售服务、无形资产或者不动产，从高适用税率。

第二，兼有不同征收率的销售货物，提供加工、修理修配劳务，销售服务、无形资产或者不动产，从高适用税率。

第三，兼有不同税率和征收率的销售货物，提供加工、修理修配劳务，销售服务、无形资产或者不动产，从高适用税率。

纳税人兼营免税、减税项目的，应当分别核算免税、减税项目的销售额；未分别核算的，不得免税、减税。

三、增值税的纳税人

增值税的纳税人是指一切从事销售或进口货物、提供应税劳务（服务）的单位和个人。包括各类企业单位、事业单位、社会团体、军事单位以及行政单位等；发生增值税应税行为的个体工商户和其他个人；企业的承包人和承租人。中华人民共和国境外的单位或者个人在境内提供应税劳务，在境内未设有经营机构的，以其境内代理人为扣缴义务人；在境内没有代理人的，以购买方为扣缴义务人。

由于增值税实行凭增值税专用发票抵扣税款的制度，因此必须要求增值税纳税人会计核算健全，能够准确提供会计核算数据及进项、销项税额和应纳税额。为了严格增值税的征收管理，加强增值税专用发票的严肃性，现行增值税条例将纳税人按其经营规模大小和会计核算水平不同划分为增值税一般纳税人和增值税小规模纳税人两类，并采取不同的征收方法和管理方法。增值税一般纳税人和部分小规模纳税人都可以领购、使用增值税专用发票。

1. 小规模纳税人的认定与管理

小规模纳税人是指年应纳增值税销售额在规定标准以下，并且会计核算不健全，不能够准确提供会计核算数据和报送纳税数据的增值税纳税义务人。小规模纳税人的认定标准如下。

（1）从事货物生产、批发零售、提供应税劳务及服务的纳税人，年应征增值税销售额（以下简称应税销售额）在500万元以下（含500万元）的。

（2）年应税销售额超过小规模纳税人标准的其他个人按小规模纳税人纳税；非企业性单位、不经常发生应税行为的企业可选择按小规模纳税人纳税。

2. 一般纳税人的认定标准

一般纳税人是指年应税销售额超过小规模纳税人标准的企业和企业性单位。

小规模纳税人有固定的生产经营场所，会计核算健全，能够提供准确的税务资料，可以向主管税务机关申请资格认定，不作为小规模纳税人，依照一般纳税人计算应纳税额。

增值税一般纳税人须向税务机关办理认定手续，以取得法定资格。经税务机关审核认定的一般纳税人和部分小规模纳税人，可按规定领购和使用增值税专用发票，按《增值税暂行条例》规定计算缴纳增值税。已开业的小规模纳税人，其年应税销售额超过小规模纳税人标准的，应在次年 1 月底以前申请办理一般纳税人认定手续。纳税人一经认定为正式的一般纳税人，不得再转为小规模纳税人。之前认定为一般纳税人但没有达到新标准的一般纳税人，在 2018 年 12 月 31 日前可转为小规模纳税人。

四、增值税的税率

1. 基本税率

增值税一般纳税人销售或者进口货物，提供加工、修理修配劳务，提供有形动产租赁服务，除低税率适用范围和销售个别旧货适用征收率外，税率一律为 13%。

2. 低税率

增值税一般纳税人销售或进口下列货物，适用 9% 的低税率：农产品（含粮食）、自来水、暖气、石油液化气、天然气、食用植物油、冷气、热水、煤气、居民用煤炭制品、食用盐、农机、饲料、农药、农膜、化肥、沼气、二甲醚、图书、报纸、杂志、音像制品、电子出版物。

一般纳税人提供交通运输业服务、邮政服务、基础电信服务，建筑、不动产租赁服务，销售不动产，转让土地使用权，适用税率为 9%。

一般纳税人提供金融服务、现代服务、生活服务、增值电信服务，销售无形资产，适用税率为 6%。

3. 零税率

纳税人出口货物和跨境销售行为，税率为零，但国务院另有规定的除外。零税率不等于免税，免税只是规定某一纳税环节的应纳税额等于零。实行零税率不但出口时不必缴税，而且还可以退还以前纳税环节所纳的税，也就是说零税率意味着退税。不适用零税率的货物：原油、柴油、援外货物、天然牛黄、麝香、铜及铜基合金、白银、糖和新闻纸等。

4. 征收率

（1）小规模纳税人

① 销售货物，提供加工、修理修配劳务，销售服务、无形资产的征收率为 3%；

② 销售自己使用过的固定资产，减按 2% 征收率征收增值税；

③ 销售旧货，减按 2% 征收率征收增值税；

④ 销售不动产（不含个体工商户销售购买的住房和其他个人销售不动产），按 5% 的征收率征收增值税；

⑤ 房地产开发企业中的小规模纳税人，销售自行开发的房地产项目，按 5% 的征收率征

收增值税；

⑥ 出租不动产（不含个人出租住房），按5%的征收率征收增值税。

（2）一般纳税人

① 6%的征收率（销售自产货物）。自2014年7月1日起，一般纳税人销售自产的下列货物，可选择按简易计税办法依6%的征收率征收增值税。

第一，县级及县级以下小型水力发电单位生产的电力。小型水力发电单位，是指各类投资主体建设的装机容量为5万千瓦以下（含5万千瓦）的小型水力发电单位。

第二，建筑用和生产建筑材料所用的砂、土、石料。

第三，以自己采掘的砂、土、石料或其他矿物连续生产的砖、瓦、石灰（不含黏土实心砖、瓦）。

第四，用微生物、微生物代谢产物、动物毒素、人或动物的血液或组织制成的生物制品。

第五，自来水。

第六，商品混凝土（仅限于以水泥为原料生产的水泥混凝土）。

② 3%的征收率。从2014年7月1日起，一般纳税人销售下列货物，暂按简易计税办法依3%的征收率征收增值税。

第一，寄售商店代销寄售物品。

第二，典当业销售死当物品。

第三，经国务院或其授权机关批准认定的免税商店零售免税货物。

③ 3%的征收率减按2%征收。

第一，一般纳税人销售旧货，按简易办法依3%的征收率减按2%征收增值税，不得抵扣进项税额。

第二，一般纳税人销售自己使用过的固定资产，区分不同情况征收增值税：一般纳税人销售自己使用过的2009年1月1日或纳入营改增试点之日后购进或自制的固定资产，按照适用税率征收增值税；销售自己使用过的2008年12月31日或纳入营改增试点之日前购进或自制的固定资产，按3%的征收率减按2%征收增值税并且不得开具增值税专用发票或者依照3%的征收率缴纳增值税，可开具增值税专用发票。

④ 3%的征收率（销售服务）。2016年5月1日起，一般纳税人发生下列特定应税服务，可以选择简易计税方法按3%计税，但一经选择，36个月内不得变更。

第一，公共交通运输服务。包括轮客渡、公交客运、地铁、城市轻轨、出租车、长途客运、班车。

第二，经认定的动漫企业为开发动漫产品提供的动漫脚本编撰、形象设计、背景设计、动画设计、分镜、动画制作、摄制、描线、上色、画面合成、配音、配乐、音效合成、剪辑、字幕制作、压缩转码服务，以及在境内转让动漫版权。

第三，电影放映服务、仓储服务、装卸搬运服务、收派服务和文化体育服务。

第四，以纳入营改增试点之日前取得的有形动产为标的物提供的经营租赁服务。

第五，在纳入营改增试点之日前签订的尚未执行完毕的有形动产租赁合同。

第六，以清包工方式提供的建筑服务。清包工方式，是指施工方不采购建筑工程所需的材料或只采购辅助材料，并收取人工费、管理费或者其他费用的建筑服务。

第七，为甲供工程提供的建筑服务。甲供工程，是指全部或部分设备、材料、动力由工程发包方自行采购的建筑工程。

第八，为建筑工程老项目提供的建筑服务。建筑工程老项目是指合同注明的开工日期在2016年4月30日前的建筑工程项目。

⑤ 5%的征收率（销售或出租不动产）。2016年5月1日起，一般纳税人发生下列特定应税行为，可以选择简易计税方法计税，但一经选择，36个月内不得变更。纳税人在不动产所在地按5%预缴税款后，向机构所在地主管税务机关进行纳税申报。

第一，销售其2016年4月30日前取得或者自建的不动产。

第二，房地产开发企业销售自行开发的房地产老项目。

第三，出租其2016年4月30日前取得的不动产。公路经营企业中的一般纳税人收取试点前开工的高速公路的车辆通行费，可依照5%的征收率减按3%征收。

（3）其他

① 其他个人销售其取得（不含自建）的不动产（不含其购买的住房），按照5%的征收率征税。

② 其他个人出租其取得的不动产（不含住房），按照5%的征收率征税。

③ 个人出租住房，按照5%的征收率减按1.5%征收。

5. 增值税抵扣率（扣除率）

对企业从非增值税纳税人购进免税农产品，由于不能得到增值税专用发票，为了不增加企业的增值税税负，税法规定了按抵扣除率计算抵扣进项税额。

增值税一般纳税人购进农产品，从按照简易计税方法依照3%征收率计算缴纳增值税的小规模纳税人取得增值税专用发票的，以增值税专用发票上注明的金额和9%的扣除率计算进项税额；取得（开具）农产品销售发票或收购发票的，以农产品销售发票或收购发票上注明的农产品买价和9%的扣除率计算进项税额；纳税人购进用于生产销售或委托受托加工13%税率货物的农产品扣除率仍为10%。

五、增值税的税收优惠政策

增值税的税收优惠政策

任务一　增值税专用发票的使用

一、增值税专用发票的领购和开具范围

增值税专用发票是一般纳税人和部分小规模纳税人（包括住宿业、鉴证咨询业、建筑业、工业、信息传输和软件信息技术服务业、租赁和商务服务业、科学研究和技术服务业、

居民服务和修理其他服务业）销售货物，提供加工、修理修配劳务，销售服务、无形资产或者不动产开具的发票，是购买方支付增值税额并可按照增值税有关规定据以抵扣增值税进项税额的合法证明。由于其所具备的特殊作用，我国对增值税专用发票制定了严格的管理规定。

1. 领购范围

一般纳税人和部分小规模纳税人可以凭发票领购簿、IC 卡和经办人身份证明领购增值税专用发票。纳税人有下列情形之一的，不得领购、开具专用发票。

① 会计核算不健全，不能向税务机关准确提供增值税销项税额、进项税额、应纳税额数据及其他有关增值税税务资料的。

② 有《税收征收管理法》规定的税收违法行为，拒不接受税务机关处理的。

③ 有下列行为之一，经税务机关责令限期改正而仍未改正的：虚开增值税专用发票；私自印制专用发票；向税务机关以外的单位和个人买取专用发票；借用他人专用发票；未按规定开具专用发票；未按规定保管专用发票和专用设备；未按规定申请办理防伪税控系统变更发行；未按规定接受税务机关检查。

2. 开具范围

一般纳税人和部分小规模纳税人发生应税行为，应当向索取增值税专用发票的购买方开具增值税专用发票，并在增值税专用发票上注明销售额和销项税额。属于下列情形之一的，不得开具增值税专用发票：

① 向消费者个人销售货物，提供加工、修理修配劳务，销售服务、无形资产或者不动产的；

② 适用免征增值税规定的应税行为。

不允许开具专用发票的增值税小规模纳税人发生应税行为，购买方索取增值税专用发票的，可以向主管税务机关申请代开。

3. 开票限额

专用发票实行最高开票限额管理。最高开票限额，是指单份专用发票开具的销售额合计数不得达到的上限额度。

最高开票限额由一般纳税人申请，税务机关依法审批。最高开票限额为 10 万元及以下的，由区（县）级税务机关审批；最高开票限额为 100 万元的，由地市级税务机关审批；最高开票限额为 1 000 万元及以上的，由省级税务机关审批。防伪税控系统的具体发行工作由区县级税务机关负责。

二、增值税专用发票的基本内容和开具要求

增值税专用发票由基本联次或者基本联次附加其他联次构成。基本联次为三联，依次为记账联、抵扣联和发票联。记账联，作为销售方核算销售收入和增值税销项税额的凭证；抵扣联，作为购买方报送主管税务机关认证和留存备查的凭证；发票联，作为购买方核算采购成本和增值税进项税额的凭证。其他联次用途，由一般纳税人自行确定。

增值税一般纳税人和部分小规模纳税人应通过增值税防伪税控系统开具专用发票。防伪税控系统是指经国务院同意推行的，使用专用设备和通用设备、运用数字密码和电子存储技术管理专用发票的计算机管理系统。其中专用设备包括税盘，通用设备包括计算机、打印机、扫描仪等。

增值税专用发票的开具要求包括：

① 项目齐全，与实际交易相符；

② 字迹清楚，不得压线、错格；

③ 发票联和抵扣联加盖财务专用章或者发票专用章；

④ 按照增值税纳税义务发生时间开具。

不符合上列要求的专用发票，购买方有权拒收。

对已开具增值税专用发票的销售货物，提供加工、修理修配劳务，销售服务、无形资产或者不动产，销售方要及时足额计入当期销售额计税。凡开具了增值税专用发票，其销售额未按规定计入销售账户核算的，一律按偷税论处。

三、增值税专用发票进项税额的抵扣

按照国家税务总局的规定，用于抵扣增值税进项税额的专用发票由纳税人自己勾选认证。纳税人应在增值税专用发票开具之日起 360 日内勾选认证，经过认证的增值税专用发票，应在认证通过的当月按规定核算当期进项税额并申报抵扣，否则不予抵扣进项税额。自 2016 年 5 月 1 日起，纳税人对取得的增值税专用发票可以不再进行认证，通过增值税发票税控开票软件登录本省增值税勾选认证平台，查询、选择用于申报抵扣或者出口退税的增值税发票信息（以下简称勾选抵扣）。

四、开具增值税专用发票后发生退货或销售折让的处理

一般纳税人和部分小规模纳税人在开具专用发票当月，发生销货退回、开票有误等情形，收到退回的发票联、抵扣联符合作废条件的（即收到退回的发票联、抵扣联时间未超过销售方开票当月；销售方未抄税并且未记账；购买方未认证或者认证结果为"纳税人识别号认证不符""专用发票代码、号码认证不符"），按作废处理；开具时发现有误的，可即时作废。作废专用发票须在防伪税控系统中将相应的数据电文按"作废"处理，在纸质专用发票（含未打印的专用发票）各联次上注明"作废"字样，全部联次留存。

取得专用发票后，发生销货退回、开票有误等情形但不符合作废条件的，或者因销货部分退回及发生销售折让的，购买方应向主管税务机关填报开具红字增值税专用发票申请单（以下简称申请单）。

主管税务机关对一般纳税人填报的申请单进行审核后，出具开具红字增值税专用发票通知单（以下简称通知单）。通知单应与申请单一一对应。除不符合作废条件的销货退回、部分退回及销售折让等情况外，购买方必须暂依通知单所列增值税税额从当期进项税额中转出，未抵扣增值税进项税额的可列入当期进项税额，待取得销售方开具的红字专用发票后，与留存的通知单一并作为记账凭证。销售方凭购买方提供的通知单开具红字专用发票，在防伪税控系统中以销项负数开具。红字专用发票应与通知单一一对应。

五、丢失已开具增值税专用发票的处理

一般纳税人和部分小规模纳税人丢失已开具增值税专用发票的发票联和抵扣联，购买方凭销售方提供的相应增值税专用发票记账联复印件及销售方所在地主管税务机关出具的丢失增值税专用发票已报税证明单，经购买方主管税务机关审核同意后，可作为增值税进项税额的抵扣凭证。如果丢失前尚未认证，购买方需凭销售方提供的相应增值税专用发票记账联复印件到主管税务机关进行认证。

　　一般纳税人和部分小规模纳税人丢失已开具专用发票的抵扣联，如果丢失前已认证相符，可使用专用发票发票联复印件留存备查；如果丢失前未认证，可使用专用发票发票联到主管税务机关认证，专用发票发票联复印件留存备查。

　　一般纳税人和部分小规模纳税人丢失已开具专用发票的发票联，可将专用发票抵扣联作为记账凭证的附件，专用发票抵扣联复印件留存备查。

任务二　增值税应纳税额的计算

一、一般纳税人销项税额的计算

　　销项税额是纳税人销售货物、劳务及服务，按照销售额和适用税率计算的并向购买方收取的增值税税额。其计算公式为：销项税额＝销售额×税率

　　1. 销售额的确定

　　销售额是纳税人销售货物或提供应税劳务（服务）向购买方收取的全部价款和价外费用，但是不包括收取的销项税额，体现增值税为价外税的性质。因此销售额的确定主要是确定价款和价外费用。价款由单价和销售量决定，相对固定，关键是确定价外费用。

　　价外费用，包括价外向购买方收取的手续费、补贴、基金、集资费、返还利润、奖励费、违约金、滞纳金、延期付款利息、赔偿金、代收款项、代垫款项、包装费、包装物租金、储备费、优质费、运输装卸费以及其他各种性质的价外收费。但下列项目不包括在内：

　　① 向购买方收取的销项税额；

　　② 受托加工应征消费税的消费品所代收代缴的消费税；

　　③ 同时符合以下条件的代垫运输费用：承运部门的运输费用发票开具给购买方的，纳税人将该项发票转交给购买方的；

　　④ 符合国家税收法律、法规规定条件代为收取的政府性基金或者行政事业性收费。凡价外费用，无论其会计制度规定如何核算，均应视为含税价外费用，在换算成不含税价外费用后并入销售额计算应纳税额。

　　2. 特殊销售方式下销售额的确认

　　（1）纳税人采用折扣、折让方式销售货物

　　① 商业折扣（折扣销售）。是由于购买方购货数量较大等原因而给予购买方的价格优惠。按税法规定：如果销售额和折扣额是在同一张发票分别注明的，可以按折扣后的销售额征收增值税；如果将折扣额另开发票或直接按折扣后的金额开具发票，不论其在财务上如何处理，均不得从销售额中减除折扣额。另外，折扣销售仅限于价格折扣，不包括实物折扣。实物折扣不得从货物的销售额中减除，应按增值税条例"视同销售货物"中的"赠送他人"计征增值税。

　　② 现金折扣（销售折扣）。是为了鼓励购买方及早付款而给予购买方的一种折扣优惠。例如：（2/10，1/20，n/30），表示在销售之后10天内付款给予2％的折扣；11～20天付款给予1％的折扣；20天以后付款不再给予折扣。按税法规定，现金折扣不得从销售额中减除。因为现金折扣发生在销售之后，是一种融资性质的理财费用。再有，现金折扣仅限于货物价格的折扣，如果销货方将自产、委托加工和购买的货物用实物折扣的，则该实物款额不

得从货物销售额中减除，且该实物应按增值税条例规定视同销售货物行为中的"赠送他人"计征增值税。

③ 销售退回或折让。是指货物售出后，由于品种、质量等原因购买方要求予以退货或要求销货方给予购买方的一种价格折让。由于是货物的品种和质量问题而引起的销售额的减少，对手续完备的销售退回或折让而退还给购买方的货款，可以从发生销售退回或折让的当期销售额中扣减。对于销售回扣，其实质是种变相的商业贿赂，不得从销售额中减除。

（2）纳税人采取以旧换新方式销售货物　以旧换新方式销售货物是纳税人在销售过程中，折价收回同类旧货物，并以折价款部分冲减新货物价款的一种销售方式。采取以旧换新方式销售货物的（金银首饰除外），应按新货物的同期销售价格确定销售额，不得扣减旧货物的收购价格，对有偿收回的旧货物，不得抵扣进项税额。金银首饰以旧换新业务，可按销售方实际收取的不含增值税的全部价款征收增值税。

（3）纳税人采取还本销售方式销售货物　还本销售方式销售实质上是一种抵押筹资行为，指销货方将货物出售之后，按约定时间一次或分次将购货款部分或全部退还给购货方，退还的货款即为还本支出。纳税人采取还本销售方式销售货物，其销售额应是货物的销售全价，不得从销售额中扣除还本支出。

（4）纳税人采取以物易物方式销售货物　以物易物是指购销双方不是以货币结算或主要不以货币结算，而是以货物相互结算，实现货物购销，是一种较为特殊的货物购销方式。税法规定，以物易物双方都应该作购销处理，以各自发出的货物核算销售额，并以此计算销项税额，以各自收到的货物按规定核算购货额，并以此取得进项税额。以物易物双方，如果未相互开具增值税专用发票，也应计算销项税额，但没有进项税额。如果双方相互开具了增值税专用发票，则双方既可计算销项税额，也可以抵扣进项税额。

（5）包装物的销售额及租金、押金的计价　包装物无论是否单独计价，只要随同产品出售，一律并入销售额计算增值税的销项税额。

收取的包装物租金和押金按如下规定计税。

① 包装物租金作为价外费用，换算为不含税金额之后并入销售额计算销项税额。

② 纳税人为销售货物而出租、出借包装物收取的押金，单独记账核算的，不并入销售额征税。

③ 对因逾期未收回包装物不再退还的押金，应按所包装货物的适用税率计算销项税额。逾期是指按合同约定实际逾期或以 1 年（12 个月）为期限，对收取 1 年以上的押金，无论是否退还均并入销售额征税。对于个别包装物周转使用期限较长的，报经税务机关确定后，可适当放宽逾期期限。

④ 对销售啤酒、黄酒所收取的包装物押金，按上述一般押金的规定处理。

⑤ 除啤酒、黄酒以外的酒类产品收取的包装物押金，无论是否返还，以及会计上如何核算，均应并入当期销售额征税。

⑥ 再将包装物押金并入销售额征税时，需先将该押金视为含税金额，换算为不含税金额之后再并入销售额，按其所包装货物的适用税率征税。

（6）纳税人销售货物价格明显偏低或视同销售行为无销售额的　纳税人销售货物或者应税劳务的价格明显偏低并无正当理由的，或者有视同销售货物行为而无销售额的，税务机关有权按下列顺序确定销售额：

① 按纳税人最近时期同类货物的平均销售价格确定；

② 按其他纳税人最近时期同类货物的平均销售价格确定；

③ 按组成计税价格确定，组成计税价格的公式为：

$$组成计税价格＝成本×（1＋成本利润率）$$

属于应征消费税的消费品，其组成计税价格中应含有消费税税额。即组成计税价格为：

$$组成计税价格＝成本×（1＋成本利润率）＋消费税税额$$

进一步推导为：

$$组成计税价格＝成本×（1＋成本利润率）÷（1－消费税税率）或$$

组成计税价格＝[成本×（1＋成本利润率）＋定额税率计算的消费税税额]÷（1－消费税税率）

如果货物应征消费税只适用定额税率，直接在组成计税价格后加上定额消费税就可以了。

公式中的成本为实际的生产成本或外购货物的实际采购成本。成本利润率由国家税务总局确定，一般为10%。但同时属于从价定率计征消费税的消费品，其成本利润率按消费税条例中规定的成本利润率计算。

(7) 特殊销售服务方式下销售额的确定

① 贷款服务。以提供贷款服务取得的全部利息及利息性质的收入为销售额。

② 直接收费金融服务。以提供直接收费金融服务收取的手续费、佣金、酬金、管理费、服务费、经手费、开户费、过户费、结算费、转托管费等各类费用为销售额。

③ 金融商品转让。按照卖出价扣除买入价后的余额为销售额。转让金融商品出现的正负差，按盈亏相抵后的余额为销售额。若相抵后出现负差，可结转下一纳税期与下期转让金融商品销售额相抵，但年末时仍出现负差的，不得转入下一个会计年度。金融商品转让，不得开具增值税专用发票。

④ 经纪代理服务。以取得的全部价款和价外费用，扣除向委托方收取并代为支付的政府性基金或者行政事业性收费后的余额为销售额。向委托方收取的政府性基金或者行政事业性收费，不得开具增值税专用发票。

⑤ 融资租赁和融资性售后回租业务。经批准提供融资租赁服务，以取得的全部价款和价外费用，扣除支付的借款利息、发行债券利息和车辆购置税后的余额为销售额；提供融资性售后回租服务，以取得的全部价款和价外费用（不含本金），扣除对外支付的借款利息、发行债券利息后的余额作为销售额。

⑥ 提供客运场站服务。以其取得的全部价款和价外费用，扣除支付给承运方运费后的余额为销售额。

⑦ 提供旅游服务。可以选择以取得的全部价款和价外费用，扣除向旅游服务购买方收取并支付给其他单位或者个人的住宿费、餐饮费、交通费、签证费、门票费和支付给其他接团旅游企业的旅游费用后的余额为销售额。选择该办法计算销售额的试点纳税人，向旅游服务购买方收取并支付的上述费用，不得开具增值税专用发票，可以开具普通发票。

⑧ 提供建筑服务适用简易计税方法的。以取得的全部价款和价外费用扣除支付的分包款后的余额为销售额。

⑨ 房地产开发企业中的一般纳税人销售其开发的房地产项目（选择简易计税方法的房地产老项目除外），以取得的全部价款和价外费用，扣除受让土地时向政府部门支付的土地价款后的余额为销售额。

⑩ 销售其 2016 年 4 月 30 日前取得（不含自建）的不动产选择简易计税方法的，以取得的全部价款和价外费用减去该项不动产购置原价或者取得不动产时的作价后的余额为销售额；自建的不动产，以取得的全部价款和价外费用为销售额。

⑪ 高速公路过路费发票，允许抵扣的进项税额＝发票注明金额÷（1＋3％）×3％。

3. 含税销售额的换算

在实际工作中，有多方面原因使一般纳税人在销售货物或应税劳务时，未开具增值税专用发票或开具了增值税普通发票，其销售价格是销售额和销项税额的合并定价，因而销售额是含税的销售额。对于一般纳税人取得的含税销售额，在计算销项税额时，必须换算为不含税的销售额。换算公式如下：

$$不含税销售额＝含税销售额÷（1＋增值税税率）$$

在确定应税销售额时应当注意，销售额如果为外币的，可以选择当日或当月 1 日的汇率中间价折合成人民币的销售额。纳税人应事先确定采用何种折合率，确定后 1 年内不得变更。

二、一般纳税人进项税额的计算

纳税人购进货物，提供加工、修理修配劳务，服务，无形资产或不动产支付或者负担的增值税额，为进项税额。在同一项购销业务中，进项税额与销项税额相对应，即销售方收取的销项税额就是购买方支付的进项税额。进项税额是纳税人月末在计算应纳税额时允许从销项税额中抵扣的部分，但并不是纳税人支付的所有的进项税额都可以从销项税额中抵扣。税法规定了哪些进项税额可以抵扣，哪些进项税额不可以抵扣。纳税人不按照规定随意抵扣进项税额的，以偷税论处。

1. 准予抵扣的进项税额

（1）纳税人购进货物，提供加工、修理修配劳务，服务，无形资产，不动产　从销售方取得的增值税专用发票上注明的增值税额。

（2）纳税人进口货物　从海关取得的海关进口增值税专用缴款书上注明的增值税额。

（3）纳税人购进农产品　除取得增值税专用发票或者海关进口增值税专用缴款书外，向农业生产者或小规模纳税人购买农产品，按照农产品收购发票或者销售发票上注明的农产品买价和 9％的扣除率计算的进项税额。进项税额的计算公式为：

$$进项税额＝买价×扣除率（9％）$$

（4）税务部门为小规模纳税人代开的增值税专用发票上注明的增值税额。

（5）自 2019 年 4 月 1 日起，纳税人购进国内旅客运输服务，其进项税额允许从销项税额中抵扣。纳税人未取得增值税专用发票的，暂按照以下规定确定进项税额：①取得增值税电子普通发票的，为发票上注明的税额；②取得注明旅客身份信息的航空运输电子客票行程单的，可以抵扣航空旅客运输进项税额＝（票价＋燃油附加费）÷（1＋9％）×9％；③取得注明旅客身份信息的铁路车票的可以抵扣的铁路旅客运输进项税额＝票面金额÷（1＋9％）×9％；④取得注明旅客身份信息的公路、水路等其他客票的，可以抵扣的公路、水路等其他旅客运输进项税额＝票面金额÷（1＋3％）×3％（包括因贷款形成的投融资顾问费、手续费、咨询费等费用）。

2. 不准予抵扣的进项税额

① 用于简易计税项目、免征增值税项目、集体福利或者个人消费（包括纳税人的交际

应酬消费）的购进货物、应税劳务、服务、无形资产及不动产对应的进项税额，如果是既用于上述不允许抵扣项目又用于抵扣项目的，该进项税额准予全部抵扣；

② 因管理不善造成被盗、丢失、霉烂变质的非正常损失的购进货物及相关的加工、修理修配劳务和交通运输服务的进项税额；

③ 非正常损失的在产品、产成品所耗用的购进货物、加工修理修配劳务和交通运输服务等的进项税额；

④ 非正常损失的不动产（该不动产已抵扣进项税额）以及该不动产所耗用的购进货物、设计服务和建筑服务等的进项税额；

⑤ 非正常损失的不动产在建工程所耗用的购进货物、设计服务和建筑服务等的进项税额；

⑥ 购进的贷款服务、餐饮服务、居民日常服务和娱乐服务的进项税额。

此外，纳税人兼营免税项目或者简易计税项目而无法划分不得抵扣的进项税额的，按下列公式计算不得抵扣的进项税额：

不得抵扣的进项税额＝当月无法划分的全部进项税额×当月免税项目、简易计税项目销售额合计÷当月全部销售额、营业额合计

已抵扣进项税额的购进货物或者服务，改变用途用于简易计税项目、免税项目、集体福利或者个人消费，或者购进货物发生非正常损失、在产品或产成品发生非正常损失，应当将该项购进货物或者应税劳务的进项税额从当期的进项税额中扣减；无法确定该项进项税额的，按当期实际成本计算应扣减的进项税额。

3. 进项税额的抵扣期限

增值税一般纳税人在交易中取得防伪税控系统开具的增值税专用发票，其进项税额抵扣期限规定如下。

① 增值税的一般纳税人，申请抵扣防伪税控系统开具的增值税专用发票，必须在该专用发票开具之日起 360 日内到税务机关认证，否则不予抵扣进项税额。

② 增值税的一般纳税人，认证通过的防伪税控系统开具的增值税专用发票，应在认证通过的当月，按照增值税的有关规定，核算当期进项税额并申报抵扣，否则不予抵扣进项税额。

③ 从海关取得的海关进口增值税专用缴款书的增值税一般纳税人，取得的海关完税凭证，应当在开具之日起 360 天后的第一个纳税申报期结束以前，向主管税务机关申报抵扣，逾期不再予以抵扣。没有从销售方或海关取得注明增值税税额的法定扣税凭证，不得抵扣进项税额。

纳税人进口货物，凡已缴纳了进口环节增值税的，不论其是否支付货款，其取得的海关完税凭证，均可作为增值税进项税额抵扣凭证，在规定的期限内申报抵扣进项税额。

④ 自 2009 年 1 月 1 日起，增值税一般纳税人购买机动车取得的税控系统开具的机动车销售统一发票，属于扣税范围的，应自该发票开具之日起 360 日内到税务机关认证，认证通过的可按增值税专用发票作为增值税进项税额的扣税凭证。

⑤ 纳税人收购农产品开具的收购凭证上注明的增值税额应自开具之日起 360 日内到税务机关认证抵扣。

三、应纳税额的计算

1. 一般计税方法（一般纳税人）

增值税一般纳税人实行税款抵扣制度，即用当期的销项税额减去当期的进项税额之后形

成当期的应纳税额。具体应纳税额的计算公式如下：

当期应纳税额＝当期销项税额－（当期进项税额－进项税额转出额）－上期留抵税额

【例 2-1】 资料：辽宁美联化妆品有限公司为增值税一般纳税人，2019 年 6 月份销售化妆品开出的增值税专用发票注明单价 100 元，数量 2 000 盒，销售额 200 000 元，增值税 26 000 元；本月用于化妆品展销 20 盒。当月购进原材料取得的增值税专用发票注明税额 15 000 元，仓库丢失原材料成本为 10 000 元，上月增值税留抵税额为 2 200 元。计算该公司 2016 年 6 月应纳增值税税额。

（1）进项税额的计算：

当月可抵扣的进项税额＝15 000－10 000×13％＝13 700（元）

（2）销项税额的计算：

当月销项税额＝26 000＋20×100×13％＝26 260（元）

（3）当月应纳增值税税额＝26 260－13 700－2 200＝10 360（元）

【例 2-2】 资料：辽宁通达建筑公司为增值税一般纳税人，2019 年 8 月份提供建筑服务开具增值税专用发票注明销售额 500 万元，增值税 45 万元；出租塔吊一台，开出增值税专用发票注明销售额 2 万元，增值税 0.26 万元。本月购进建筑材料取得专用发票注明买价 100 万元，增值税 13 万元；购买混凝土取得专用发票注明买价 20 万元，增值税 2.6 万元；上月增值税留抵税额为 12 万元。计算该建筑公司本月应纳增值税税额。

（1）计算进项税额：

当月可抵扣的进项税额＝13＋2.6＝15.60（万元）

（2）计算销项税额：

当月销项税额＝45＋0.26＝45.26（万元）

（3）当月应纳增值税税额＝45.26－15.60－12＝17.66（万元）

【例 2-3】 资料：某酒店为增值税一般纳税人，2019 年 10 月取得住宿服务收入 63.6 万元（含税），餐饮收入 14.84 万元（含税），前台销售商品收入 4.52 万元（含税），以上服务部分开出专用发票，部分开出普通发票，还有一部分未开出发票。本月购进食品取得增值税专用发票注明买价 3 万元，增值税 0.39 万元；购进房间用品取得专用发票注明买价 10 万元，增值税 1.3 万元。计算该酒店本月应纳增值税税额。

（1）进项税额的计算：

当月进项税额＝0.39＋1.3＝1.69（万元）

（2）销项税额的计算：

当月销项税额＝63.6÷（1＋6％）×6％＋14.84÷（1＋6％）×6％＋4.52÷（1＋13％）×13％
＝5.12（万元）

（3）当月应纳增值税税额＝5.12－2.21＝2.91（万元）

2. 简易计税方法

应纳增值税＝含税销售额÷（1＋征收率）×征收率

（1）一般纳税人简易计税方法计税　一般纳税人发生财政部和国家税务总局规定的特定应税行为，可以选择适用简易计税方法计税，但一经选择，36 个月内不得变更。采取简易计税方法的业务，不得抵扣其购入项目的进项税额。

一般纳税人采用简易计税方法计征增值税，征收率有 3％和 5％两档。

【例 2-4】 2019 年 6 月，某建筑业一般纳税人跨县承包建筑劳务（甲供材）合同价值 400 万元，分包给乙公司 150 万元，选择按简易计税方法，开具普通发票，项目完工并结算。要求计算该业务应纳增值税。

一般纳税人甲供材或建筑服务老项目，可选择简易计税方式，以取得的全部价款和价外费用扣除支付的分包费用后的余额为销售额，按照 3% 征收率计征增值税。

应纳增值税 = (4 000 000 - 1 500 000) ÷ (1 + 3%) × 3% = 72 816（元）

【例 2-5】 辽宁美联化妆品公司为一般纳税人，2019 年 6 月转让一栋已使用 3 年的仓库，取得价款和价外费用 305 万元（含税），该仓库购置原价为 200 万元。要求计算该公司转让仓库应纳增值税。

一般纳税人销售 2016 年 4 月 30 日前取得的不动产，可以选择按简易计税方法计税，以差价为销售额，按 5% 征收率计算应纳增值税。

应纳增值税 = (3 050 000 - 2 000 000) ÷ (1 + 5%) × 5% = 50 000（元）

(2) 小规模纳税人简易计税方法计税　各行业小规模纳税人采用简易计税方法计征增值税，不得抵扣其购入项目的进项税额。适用 3% 的征收率。

【例 2-6】 某小规模纳税人本月含税销售额 15 万元，本月购入商品 10 万元。要求计算该企业本月应纳增值税。

应纳增值税 = 150 000 ÷ (1 + 3%) × 3% = 4 368.93（元）

3. 销售自己使用过的物品、固定资产或销售旧货的税务处理

纳税人销售自己使用过的物品、固定资产或旧货，税务处理如表 2-1 所示。

表 2-1　纳税人销售自己使用过的物品、固定资产或旧货的税务处理

纳税人	销售情况	税务处理	计税公式
小规模纳税人	销售自己使用过的固定资产以外的物品	按 3% 征收率正常征收增值税	增值税 = 含税售价 ÷ (1 + 3%) × 3%
	销售自己使用过的固定资产	依照 3% 征收率减按 2% 征收增值税	增值税 = 含税售价 ÷ (1 + 3%) × 2%
	销售旧货		
一般纳税人	销售自己使用过的固定资产以外的物品	按正常销售货物适用税率	销项税额 = 含税售价 ÷ (1 + 13%) × 13%
	销售自己使用过的已抵扣进项税额的固定资产		
	销售自己使用过的未抵扣进项税额的固定资产	简易征收，依照 3% 征收率减按 2% 征收增值税	增值税 = 含税售价 ÷ (1 + 3%) × 2%
	销售旧货		

4. 进口货物应纳增值税的计算

纳税人（无论是一般纳税人还是小规模纳税人）进口货物，按规定的组成计税价格和规定的税率计算增值税额，不得抵扣任何税额。其计算公式为：

应纳税额 = 组成计税价格 × 税率

组成计税价格有以下两种情况。

(1) 进口货物只征收增值税的，其组成计税价格为：

组成计税价格 = 关税完税价格 + 关税 = 关税完税价格 × (1 + 关税税率)

(2) 进口货物同时征收消费税的，其组成计税价格为：

① 进口货物征收消费税只适用比例税率的：

组成计税价格 = 关税完税价格 + 关税 + 消费税

＝关税完税价格×(1＋关税税率)/(1－消费税税率)

② 进口货物征收消费税既适用比例税率又适用定额税率的：

组成计税价格＝[关税完税价格×(1＋关税税率)＋按定额税率计算的消费税税额]/(1－消费税税率)

③ 进口货物征收消费税只适用定额税率的：

组成计税价格＝关税完税价格＋关税＋定额消费税

【例 2-7】 辽宁美联化妆品有限公司，2019 年 5 月进口一批化妆品，经海关审定的货物价款为 360 万元，运抵我国关境内输入地点起卸前的包装费为 14 万元，保险费为 4 万元。已知：化妆品的关税税率为 20％，消费税税率为 15％，增值税税率为 13％。要求：计算该批进口化妆品应缴纳的增值税。

应纳关税税额＝(360＋14＋4)×20％＝75.60 (万元)

组成计税价格＝(378＋75.60)/(1－15％)＝533.65 (万元)

应纳增值税税额＝533.65×13％＝69.37 (万元)

任务三　增值税的纳税申报

一、增值税的征收管理

1. 纳税义务发生时间

(1) 销售货物或者应税劳务 (服务)，为收讫销售款项或取得、索取销售款项凭据的当天；先开具发票的，为开具发票的当天。按销售结算方式的不同，纳税义务发生时间具体又分为下列几种形式。

① 采取直接收款方式销售货物，不论货物是否发出，均为收到销售款或者取得索取销售款凭据的当天。

② 采取托收承付和委托银行收款方式销售货物，为发出货物并办妥托收手续的当天。

③ 采取赊销和分期收款方式销售货物，为书面合同约定的收款日期的当天，无书面合同的或者书面合同没有约定收款日期的，为货物发出的当天。

④ 采取预收货款方式销售货物，为货物发出的当天，但生产销售生产工期超过 12 个月的大型机械设备、船舶、飞机等货物，为收到预收款或者书面合同约定的收款日期的当天。

⑤ 委托其他纳税人代销货物，为收到代销单位的代销清单或者收到全部或者部分货款的当天；未收到代销清单及货款的，为发出代销货物满 180 天的当天。

⑥ 销售应税劳务 (服务)，为提供劳务同时收到销售款或者取得索取销售款的凭据的当天。

⑦ 纳税人发生视同销售货物行为，为货物移送的当天。

(2) 进口货物，为报关进口的当天。

(3) 增值税扣缴义务发生时间为纳税人增值税纳税义务发生的当天。

2. 增值税的纳税期限

增值税的纳税期限分别为 1 日、3 日、5 日、10 日、15 日、1 个月或者 1 个季度。纳税人的具体纳税期限，由主管税务机关根据纳税人应纳税额的大小分别核定；不能按照固定期限纳税的，可以按次纳税。

以1个季度为纳税期限的规定仅适用于小规模纳税人和银行业。小规模纳税人的具体纳税期限，由主管税务机关根据其应纳税额的大小分别核定。

纳税人以1个月或者1个季度为1个纳税期的，自期满之日起15日内申报纳税；以1日、3日、5日、10日或者15日为1个纳税期的，自期满之日起5日内预缴税款，于次月1日起15日内申报纳税并结清上月应纳税款。

扣缴义务人解缴税款的期限，依照上述规定执行。

纳税人进口货物，应当自海关填发海关进口增值税专用缴款书之日起15日内缴纳税款。

3. 增值税的纳税地点

① 固定业户应当向其机构所在地主管税务机关申报纳税。总机构和分支机构不在同一县（市）的，应当分别向各自所在地主管税务机关申报纳税；经国家税务总局或其授权的税务机关批准，可以由总机构汇总向总机构所在地主管税务机关申报纳税。

固定业户到外县（市）销售货物的，应当向其机构所在地主管税务机关申请开具《外出经营活动税收管理证明》，向其机构所在地主管税务机关申报纳税。未持有其机构所在地主管税务机关核发的《外出经营活动税收管理证明》，到外县（市）销售货物或者应税劳务的，应当向销售地主管税务机关申报纳税，销售地主管税务机关一律按6%的征收率征税；未向销售地主管税务机关申报纳税的，由其机构所在地主管税务机关补征税款。

② 非固定业户销售货物或者提供应税劳务，应当向销售地主管税务机关申报纳税。非固定业户到外县（市）销售货物或者提供应税劳务未向销售地主管税务机关申报纳税的，由其机构所在地或居住地主管税务机关补征税款。

③ 进口货物，应当由进口人或其代理人向报关地海关申报纳税。

④ 扣缴义务人应向其机构所在地或者居住地的主管税务机关申报缴纳其扣缴的税款。

二、增值税的纳税申报

1. 一般纳税人的纳税申报

（1）申报程序 增值税一般纳税人进行纳税申报必须登录本省电子税务局网站进行纳税申报，不需再报送纸质申报表。纳税人应从办理税务登记的次月1日起15日内，不论有无销售额，均应按主管税务机关核定的纳税期限按期向当地税务机关申报。申报期限遇最后一日为法定节假日的，顺延1日；在每月1日至15日内有连续3日以上法定休假日的，按休假日天数顺延。

（2）申报资料 电子信息采集系统一般纳税人纳税申报数据包括以下几项。

① 必须填报资料。第一，《增值税纳税申报表（适用于一般纳税人）》《增值税纳税申报表附列资料（一）、（二）、（三）、（四）》和《增值税减免税申报明细表》；第二，《资产负债表》《利润表》和《现金流量表》。

② 其他必报数据。第一，《海关完税凭证抵扣清单》；第二，《代开发票抵扣清单》；第三，主管国税机关规定的其他必报数据。

③ 备查数据。第一，已开具普通发票存根联；第二，符合抵扣条件并且在本期申报抵扣的增值税专用发票抵扣联；第三，海关进口货物完税凭证、购进农产品普通发票存根联原件及复印件；第四，收购发票抵扣联；第五，代扣代缴税款凭证存根联；第六，主管税务机关规定的其他备查数据。备查数据是否需要在当期报送，由各级国家税务局确定。

（3）主表的格式与内容

① 一般纳税人增值税纳税申报表（如表2-2所示）；

② 增值税纳税申报表附列资料（一）（本期销售情况明细）（如表2-3所示）；

③ 增值税纳税申报表附列资料（二）（本期进项税额明细）（如表2-4所示）；

④ 增值税纳税申报表附列资料（三）（服务、不动产和无形资产扣除项目明细）（如表2-5所示）；

⑤ 增值税纳税申报表附列资料（四）（税额抵减情况表）（如表2-6所示）；

⑥ 增值税减免税申报明细表（如表2-7所示）。

（4）电子报税程序 一般纳税人采用电子申报缴纳时，需先办理电子缴税申请交税务机关审核、盖章，而后与税务局、银行签订《横向联网电子缴税三方协议书》。

① 纳税申报前，银行划缴账户余额不少于当期应纳税额的款项。

② 纳税申报时，登录电子申报缴税系统，按法定期限进行电子申报。

③ 电子报税成功后，输入并提交当期缴纳税额信息，联网银行税银扣划系统根据电子申报缴税系统提供的纳税人有效申报缴纳税款信息，实时自动从其银行划缴账户中扣划税款。

④ 纳税人以银行开具的《电子缴税付款凭证》作为完税单据，进行会计核算。如果纳税人进行的直接申报缴税方式，则以国税机关填开的《中华人民共和国税收通用缴款书》为完税凭证，作为会计核算依据。

表2-2 增值税纳税申报表

（适用于增值税一般纳税人）

根据《中华人民共和国增值税暂行条例》和《交通运输业和部分现代服务业营业税改征增值税试点实施办法》的规定制定本表。纳税人不论有无销售额，均应按主管税务机关核定的纳税期限按期填报本表，并于次月一日起十五日内，向当地税务机关申报。

税款所属时间：自 年 月 日至 年 月 日 填表日期： 年 月 日 金额单位：元至角分

纳税人识别号															所属行业：		
纳税人名称				（公章）		法定代表人姓名			注册地址		营业地址						
开户银行及账号						企业登记注册类型							电话号码				

项目		栏次	一般货物及劳务和应税服务		即征即退货物及劳务和应税服务	
			本月数	本年累计	本月数	本年累计
销售额	（一）按适用税率征税销售额	1				
	其中:应税货物销售额	2	—	—	—	—
	应税劳务销售额	3	—	—	—	—
	纳税检查调整的销售额	4	—	—	—	—
	（二）按简易征收办法征税销售额	5				
	其中:纳税检查调整的销售额	6	—	—	—	—
	（三）免、抵、退办法出口销售额	7				
	（四）免税销售额	8				
	其中:免税货物销售额	9	—	—	—	—
	免税劳务销售额	10	—	—	—	—

项目		栏次	一般货物及劳务和应税服务		即征即退货物及劳务和应税服务	
			本月数	本年累计	本月数	本年累计
税款计算	销项税额	11				
	进项税额	12				
	上期留抵税额	13			—	
	进项税额转出	14				
	免、抵、退应退税额	15			—	—
	按适用税率计算的纳税检查应补缴税额	16			—	—
	应抵扣税额合计（2＋13－14－15＋16）	17		—		—
	实际抵扣税额（如17＜11，则为17，否则为11）	18				
	应纳税额（19＝11－18）	19				
	期末留抵税额（20＝17－18）	20				
	简易征收办法计算的应纳税额	21				
	按简易征收办法计算的纳税检查应补缴税额	22		—		—
	应纳税额减征额	23				
	应纳税额合计（24＝19＋21－23）	24				
税款缴纳	期初未缴税额（多缴为负数）	25	—	—	—	—
	实收出口开具专用缴款书退税额	26	—	—	—	—
	本期已缴税额（27＝28＋29＋30＋31）	27	—	—	—	—
	①分次预缴税额	28	—	—		
	②出口开具专用缴款书预缴税额	29	—	—	—	—
	③本期缴纳上期应纳税额	30	—	—		
	④本期缴纳欠缴税额	31	—	—		
	期末未缴税额（多缴为负数）（32＝24＋25＋26－27）	32	—	—	—	—
	其中：欠缴税额（≥0）（33＝25＋26－27）	33	—	—	—	—
	本期应补（退）税额（34＝24－28－29）	34	—	—		
	即征即退实际退税额	35	—	—		
	期初未缴查补税额	36	—	—	—	—
	本期入库查补税额	37	—	—	—	—
	期末未缴查补税额（38＝16＋22＋36－37）	38	—	—	—	—
授权声明	如果你已委托代理人申报，请填写下列资料： 　　为代理一切税务事宜，现授权 （地址）　　　　　　　　　　为本纳税人的代理申报人，任何与本申报表有关的往来文件，都可寄予此人。 　　　　　　　　　授权人签字：	申报人声明	此纳税申报表是根据《中华人民共和国增值税暂行条例》的规定填报的，我确定它是真实的、可靠的、完整的。			

以下由税务机关填写：

收到日期：　　　　　　　接收人：　　　　　　主管税务机关盖章：

表2-3　增值税纳税申报表附列资料（一）

（本期销售情况明细）

纳税人名称：(公章)

税款所属时间：　　年　　月　　日至　　年　　月　　日

金额单位：元至角分

项目及栏次		开具增值税专用发票		开具其他发票		未开具发票		纳税检查调整		合计		价税合计	服务、不动产和无形资产扣除项目本期实际扣除金额	扣除后	
		销售额	销项(应纳)税额	销售额	销项(应纳)税额	销售额	销项(应纳)税额	销售额	销项(应纳)税额	销售额	销项(应纳)税额			含税(免)税销售额	销项(应纳)税额
		1	2	3	4	5	6	7	8	$9=1+3+5+7$	$10=2+4+6+8$	$11=9+10$	12	$13=11-12$	$14=13\div(100\%+$税率或征收率$)\times$税率或征收率
一、一般计税方法计税 · 全部征税项目	13%税率的货物及加工修理修配劳务	1												—	—
	13%税率的服务、不动产和无形资产	2												—	—
	9%税率的货物及加工修理修配劳务	3				—		—						—	—
	9%税率的服务、不动产和无形资产	4												—	—
	6%税率	5												—	—
其中:即征即退项目	即征即退货物及加工修理修配劳务	6	—		—		—		—				—	—	—
	即征即退服务、不动产和无形资产	7	—		—		—		—				—	—	—
二、简易计税方法计税 · 全部征税项目	6%征收率	8												—	—
	5%征收率的货物及加工修理修配劳务	9a	—		—		—		—					—	—
	5%征收率的服务、不动产和无形资产	9b	—		—		—		—					—	—
	4%征收率	10												—	—
	3%征收率的货物及加工修理修配劳务	11												—	—
	3%征收率的服务、不动产和无形资产	12												—	—
	预征率　%	13a	—	—	—	—	—	—	—	—	—	—		—	—	—
	预征率　%	13b	—	—	—	—	—	—	—	—	—	—		—	—	—
	预征率　%	13c	—	—	—	—	—	—	—	—	—	—		—	—	—
其中:即征即退项目	即征即退货物及加工修理修配劳务	14	—		—		—		—					—	—
	即征即退服务、不动产和无形资产	15	—		—		—		—					—	—
三、免抵退税	货物及加工修理修配劳务	16		—		—		—		—		—	—	—	—	—
	服务、不动产和无形资产	17		—		—		—		—		—	—	—	—	—
四、免税	货物及加工修理修配劳务	18		—		—		—		—		—	—	—	—	—
	服务、不动产和无形资产	19		—		—		—		—		—	—	—	—	—

表2-4 增值税纳税申报表附列资料（二）

（本期进项税额明细）

税款所属时间： 年 月 日至 年 月 日

纳税人名称：（公章） 金额单位：元至角分

一、申报抵扣的进项税额				
项目	栏次	份数	金额	税额
（一）认证相符的增值税专用发票	1＝2＋3			
其中:本期认证相符且本期申报抵扣	2			
前期认证相符且本期申报抵扣	3			
（二）其他扣税凭证	4＝5＋6＋7＋8a＋8b			
其中:海关进口增值税专用缴款书	5			
农产品收购发票或者销售发票	6			
代扣代缴税收缴款凭证	7		—	
加计扣除农产品进项税额	8a	—	—	
其他	8b			
（三）本期用于购建不动产的扣税凭证	9			
（四）本期用于抵扣的旅客运输服务扣税凭证	10			
（五）外贸企业进项税额抵扣证明	11	—	—	
当期申报抵扣进项税额合计	12＝1＋4＋11			
二、进项税额转出额				
项目	栏次	税额		
本期进项税额转出额	13＝14至23之和			
其中:免税项目用	14			
集体福利、个人消费	15			
非正常损失	16			
简易计税方法征税项目用	17			
免抵退税办法不得抵扣的进项税额	18			
纳税检查调减进项税额	19			
红字专用发票信息表注明的进项税额	20			
上期留抵税额抵减欠税	21			
上期留抵税额退税	22			
其他应作进项税额转出的情形	23			
三、待抵扣进项税额				
项目	栏次	份数	金额	税额
（一）认证相符的增值税专用发票	24	—	—	—
期初已认证相符但未申报抵扣	25			
本期认证相符且本期未申报抵扣	26			
期末已认证相符但未申报抵扣	27			
其中:按照税法规定不允许抵扣	28			
（二）其他扣税凭证	29＝30至33之和			
其中:海关进口增值税专用缴款书	30			

三、待抵扣进项税额				
项目	栏次	份数	金额	税额
农产品收购发票或者销售发票	31			
代扣代缴税收缴款凭证	32		—	
其他	33			
	34			
四、其他				
项目	栏次	份数	金额	税额
本期认证相符的增值税专用发票	35			
代扣代缴税额	36		—	—

表 2-5 增值税纳税申报表附列资料（三）

（服务、不动产和无形资产扣除项目明细）

税款所属时间： 年 月 日至 年 月 日

纳税人名称：（公章） 金额单位：元至角分

项目及栏次	本期服务、不动产和无形资产价税合计额（免税销售额）	服务、不动产和无形资产扣除项目				
		期初余额	本期发生额	本期应扣除金额	本期实际扣除金额	期末余额
	1	2	3	4=2+3	5(5≤1 且 5≤4)	6=4-5
13%税率的项目	1					
9%税率的项目	2					
6%税率的项目(不含金融商品转让)	3					
6%税率的金融商品转让项目	4					
5%征收率的项目	5					
3%征收率的项目	6					
免抵退税的项目	7					
免税的项目	8					

表 2-6 增值税纳税申报表附列资料（四）

（税额抵减情况表）

税款所属时间： 年 月 日至 年 月 日

纳税人名称：（公章） 金额单位：元至角分

	一、税额抵减情况					
序号	抵减项目	期初余额	本期发生额	本期应抵减税额	本期实际抵减税额	期末余额
		1	2	3=1+2	4≤3	5=3-4
1	增值税税控系统专用设备费及技术维护费					
2	分支机构预征缴纳税款					
3	建筑服务预征缴纳税款					
4	销售不动产预征缴纳税款					
5	出租不动产预征缴纳税款					

	二、加计抵减情况						
序号	加计抵减项目	期初余额	本期发生额	本期调减额	本期可抵减额	本期实际抵减额	期末余额
		1	2	3	4＝1＋2－3	5	6＝4－5
6	一般项目加计抵减额计算						
7	即征即退项目加计抵减额计算						
8	合计						

表 2-7 增值税减免税申报明细表

税款所属时间：　　年　月　日至　　年　月　日

纳税人名称：（公章）　　　　　　　　　　　　　　　　　金额单位：元至角分

	一、减税项目					
减税性质代码及名称	栏次	期初余额	本期发生额	本期应抵减税额	本期实际抵减税额	期末余额
		1	2	3＝1＋2	4≤3	5＝3－4
合计	1					
	2					
	3					
	4					
	5					
	6					
	二、免税项目					
免税性质代码及名称	栏次	免征增值税项目销售额	免税销售额扣除项目本期实际扣除金额	扣除后免税销售额	免税销售额对应的进项税额	免税额
		1	2	3＝1－2	4	5
合计	7					
出口免税	8		—	—	—	—
其中:跨境服务	9		—	—	—	—
	10					
	11					
	12					
	13					
	14					
	15					
	16					

2. 小规模纳税人的纳税申报

小规模纳税人按季度申报纳税，无论当季度有无销售额，均应填报《增值税纳税申报表》（适用于小规模纳税人）于季度满的下月 15 日前报主管税务征收机关。

（1）申报资料

① 增值税小规模纳税人纳税申报表；

② 资产负债表、利润表；

③ 主管税务机关要求的其他数据。

（2）申报表的格式与内容 如表 2-8、表 2-9 所示。

表 2-8 增值税纳税申报表

（小规模纳税人适用）

纳税人识别号：☐☐☐☐☐☐☐☐☐☐☐☐☐☐☐☐☐☐

纳税人名称（公章）： 　　　　　　　　　　　　　　　　金额单位：元至角分

税款所属期： 年 月 日至 年 月 日　　　　　　　　填表日期： 年 月 日

项目		栏次	本期数		本年累计	
			货物及劳务	服务、不动产和无形资产	货物及劳务	服务、不动产和无形资产
一、计税依据	（一）应征增值税不含税销售额（3%征收率）	1				
	税务机关代开的增值税专用发票不含税销售额	2				
	税控器具开具的普通发票不含税销售额	3				
	（二）应征增值税不含税销售额（5%征收率）	4	—		—	
	税务机关代开的增值税专用发票不含税销售额	5	—		—	
	税控器具开具的普通发票不含税销售额	6	—		—	
	（三）销售使用过的固定资产不含税销售额	7（7≥8）		—		—
	其中：税控器具开具的普通发票不含税销售额	8				
	（四）免税销售额	9＝10＋11＋12				
	其中：小微企业免税销售额	10				
	未达起征点销售额	11				
	其他免税销售额	12				
	（五）出口免税销售额	13（13≥14）				
	其中：税控器具开具的普通发票销售额	14				
二、税款计算	本期应纳税额	15				
	本期应纳税额减征额	16				
	本期免税额	17				
	其中：小微企业免税额	18				
	未达起征点免税额	19				
	应纳税额合计	20＝15－16				
	本期预缴税额	21		—		—
	本期应补（退）税额	22＝20－21		—		—

纳税人或代理人声明： 本纳税申报表是根据国家税收法律法规及相关规定填报的，我确定它是真实的、可靠的、完整的。	如纳税人填报，由纳税人填写以下各栏：	
	办税人员：	财务负责人：
	法定代表人：	联系电话：
	如委托代理人填报，由代理人填写以下各栏：	
	代理人名称（公章）：	经办人：
		联系电话：

主管税务机关： 　　　　　　接收人： 　　　　　　接收日期：

表 2-9　增值税纳税申报表（小规模纳税人适用）附列资料

税款所属期：　　年　月　日至　　年　月　日　　　　　　　填表日期：　　年　月　日

纳税人名称（公章）：　　　　　　　　　　　　　　　　　　金额单位：元至角分

应税服务扣除额计算			
期初余额	本期发生额	本期扣除额	期末余额
1	2	3(3≤1+2之和,且3≤5)	4＝1+2－3
应税服务计税销售额计算			
全部含税收入	本期扣除额	含税销售额	不含税销售额
5	6＝3	7＝5－6	8＝7÷1.03

（3）申报缴税

① 直接申报缴税方式。按主管税务机关规定的纳税期限携带填列准确无误的申报数据到申报征收窗口办理申报缴款手续。以国税机关填开的《中华人民共和国税收通用缴款书》为完税凭证，作为会计处理的依据。

② 电子申报缴税方式。小规模纳税人的电子申报缴税方式与一般纳税人相同，小规模纳税人必须在法定申报期内将申报表录入电子申报缴税系统，通过电子计算机网络进行远程申报，根据"财税库银横向联网系统"协议向纳税人指定的银行账号适时进行税款划缴，以开户行领取的《电子缴税付款凭证》作为完税单据，进行会计核算。

任务四　增值税的会计核算

增值税实行价外税，是一种间接税，只在每一流通环节的增值部分征税。由于增值税一般纳税人和小规模纳税人在增值税计算方法上存在差异，因此增值税的会计核算也不相同。

一、增值税的会计核算依据

1. 进项税额的记账依据

一般纳税人企业购入货物或接受应税劳务（服务）支付或者负担的增值税进项税额可以从销售货物的或提供应税劳务向购买方收取的增值税销项税额中抵扣，但必须取得如下涉税原始凭证。

（1）增值税专用发票　它是购买方抵扣进项税额的依据，也是进项税额核算的依据。

（2）海关进口增值税专用缴款书　企业进口货物需按规定缴纳进口增值税，其缴纳的增值税额在海关进口增值税专用缴款书上注明。它是购买方抵扣进项税额的依据，也是进项税额核算的依据。

（3）农产品收购凭证或销售发票　一般纳税人购进免税农产品，按经主管税务机关批准使用的收购凭证上注明的买价和 9% 的扣除率计算进项税额，按照计算出的进项税额作为抵扣税款和记账的依据。

（4）国内旅客运输服务车船票及高速公路过路费发票。

（5）其他可以作为抵扣依据的票据。

2. 销项税额的记账依据

销项税额以符合税法规定的应税销售额和适应税率计算而得。一般销售方式下，以开具的增值税专用发票不含税销售额为应税销售额计算销项税额，作为记账的依据；特殊销售方式与视同销售业务按税法规定确定应税销售额计算销项税额，作为记账的依据。

二、增值税核算会计科目的设置

1. 一般纳税人会计科目的设置

为了准确反映应纳增值税的计算和缴纳情况，按照规定，一般纳税人应在"应交税费"科目下设置"应交增值税"和"未交增值税"等十个二级科目。

（1）"应交税费——应交增值税"科目　"应交税费——应交增值税"明细账户的借方发生额，反映企业购进货物或接受应税劳务所支付的进项税额、月末转出未交增值税以及实际已缴纳的增值税额；其贷方发生额反映企业销售货物或提供应税劳务所收取的销项税额、出口货物退税额以及进项税额转出数；期末借方余额反映企业尚未抵扣的增值税；贷方一般无余额，见表 2-10。

表 2-10　应交税费——应交增值税明细账

年		凭证号数	摘要	借方								贷方					余额
月	日			合计	进项税额	已交税金	减免税款	转出未交增值税	出口抵减内销产品应纳税额	销项税额抵减	进项加计抵减	合计	销项税额	出口退税	进项税额转出	转出多交增值税	

企业在"应交税费——应交增值税"二级科目下，借方设置"进项税额""已交税金""减免税款""转出未交增值税""出口抵减内销产品应纳税额"等六个三级明细科目专栏；贷方设置"销项税额""出口退税""进项税额转出""转出多交增值税"四个三级明细科目专栏。在具体运用时采用多栏式明细账，并按规定进行核算。

① "进项税额"专栏。记录企业购入货物或接受应税劳务而支付的、准予从销项税额中抵扣的增值税额。若退回所购货物应冲销的进项税额，用红字登记。

② "转出未交增值税"专栏。记录企业月末转到"应交税费——未交增值税"账户的本月应纳增值税。

③ "已交税金"专栏。记录企业本月应交且在本月实际交纳的增值税额。

④ "减免税款"专栏。记录企业按规定享受直接减免的增值税额。

⑤ "出口抵减内销产品应纳税额"专栏。记录企业按规定的退税率计算的出口货物的进项税额抵减内销产品的应纳税额。

⑥ "销项税额"专栏。记录企业销售货物或提供应税劳务而收取的增值税额。若销货退回应冲销的销项税额，用红字登记。

⑦ "出口退税"专栏。记录企业出口产品向海关办理报关出口手续后，根据出口退税政策，凭有关单证向海关办理出口退税而收到退回的税款。若退税后发生退货或退关而补交已退的税款，用红字登记。

⑧ "进项税额转出"专栏。记录企业的购进货物、在产品、库存商品等发生非正常损失及其他原因，不得从销项税额中抵扣而应按规定转出的进项税额。

⑨"转出多交增值税"专栏。记录企业本期交纳本月增值税时多交的那部分增值税额。

⑩"销项税额抵减"专栏。记录一般纳税人按照现行增值税制度规定因扣减销售额而减少的销项税额。

⑪"进项加计抵减"专栏，记录邮政、电信、现代服务及生活服务业的纳税人，按国家政策规定，对进项税额可以加计10％抵减的应纳税额。

（2）"应交税费——未交增值税"科目 "应交税费——未交增值税"科目是用来核算月末从"应交税费——应交增值税"明细账户中转出的本月应交而未交的增值税额，待下月初交纳。该账户的贷方登记转入的应交而未交的本月增值税额，借方登记下月初实际交纳的增值税额。月末该账户余额一般在贷方，表示应交而未交的上月增值税。

（3）"应交税费——待抵扣进项税额"科目 "应交税费——待抵扣进项税额"账户采用三栏式格式，其借方发生额反映企业取得增值税扣税凭证但暂不予认证抵扣的进项税额、购进不动产应于第二年抵扣的进项税额和被设定为辅导期的企业，在辅导期内取得的当月进项税额；贷方发生额反映企业暂不予认证抵扣的进项税额当月已认证允许抵扣转出到"应交税费——应交增值税（进项税额）"专栏的进项金额和辅导期企业上月的进项税额经税务机关交叉稽核比对无误，且认证相符允许抵扣的进项税额转出到"应交税费——应交增值税（进项税额）"专栏的金额。

（4）"应交税费——预交增值税"科目 "应交税费——预交增值税"科目核算一般纳税人转让不动产、提供不动产经营租赁服务、提供建筑服务、采用预收款方式销售自行开发的房地产项目等，以及其他按现行增值税制度应预缴的增值税额。

（5）"应交税费——待认证进项税额"科目 "应交税费——待认证进项税额"科目核算一般纳税人由于未经税务认证而不得从当期销项税额中抵扣的进项税额，包括一般纳税人已取得增值税扣税凭证、按照现行增值税制度规定准予从销项税额中抵扣，但尚未经税务机关认证的进项税额；一般纳税人已申请稽核但尚未取得稽核相符结果的海关缴款书的进项税额。

（6）"应交税费——待转销项税额"科目 "应交税费——待转销项税额"科目核算一般纳税人销售货物，提供加工、修理修配劳务，销售服务、无形资产或不动产，已确认相关收入（或利得）但尚未发生增值税纳税义务而需于以后期间确认为销项税额的增值税额。

（7）"应交税费——简易计税"科目 "应交税费——简易计税"科目核算一般纳税人采用简易计税方法发生的增值税计提、扣减、预缴、缴纳等业务。

（8）"应交税费——转让金融商品应交增值税"科目 "应交税费——转让金融商品应交增值税"科目核算纳税人转让金融商品发生的增值税额。

（9）"应交税费——代扣代缴增值税"科目 "应交税费——代扣代缴增值税"科目核算纳税人购进在境内未设经营机构的境外单位或个人在境内的应税行为代扣代缴的增值税。

（10）"应交税费——增值税留抵税额"科目 "应交税费——增值税留抵税额"科目核算兼有服务、无形资产或者不动产的原增值税一般纳税人，截止到纳入营改增试点之日前的增值税期末留抵税额按照现行增值税制度规定不得从销售服务、无形资产或不动产的销项税额中抵扣的增值税留抵税额。

2．小规模纳税人会计科目的设置

小规模纳税人只需设置"应交税费——应交增值税"二级科目，采用三栏式账页即可，其贷方发生额反映企业销售货物或提供应税劳务应缴纳的增值税额；借方发生额反映企业已缴纳的增值税额；期末贷方余额反映企业应交未交的增值税额；期末借方余额反映企业多交的增值税额。

三、增值税的会计核算实务

1. 销项税额的会计处理

企业销售货物或提供应税劳务（服务）时，应按实现的营业收入和按规定收取的增值税额，借记"应收账款""应收票据""银行存款"等科目，按实现的营业收入，贷记"主营业务收入"等科目，按专用发票上注明的增值税额，贷记"应交税费——应交增值税（销项税额）"。发生的销货退回，作相反的会计分录。

（1）一般销售业务下销项税额的会计处理

【例 2-8】　辽宁美联化妆品有限公司销售产品一批，开出的增值税专用发票注明销售额 1 000 万元，增值税 130 万元，货款及增值税已收到存入银行。

```
借：银行存款                              1 130
    贷：主营业务收入                           1 000
        应交税费——应交增值税（销项税额）          130
```

【例 2-9】　某酒店 8 月份提供住宿服务，开出增值税专用发票注明销售额 10 万元，增值税 0.6 万元，款项收到存入银行。

```
借：银行存款                              10.6
    贷：主营业务收入                           10
        应交税费——应交增值税（销项税额）          0.6
```

（2）视同销售行为销项税额的会计处理

① 将自产的货物用于其他（在建工程、应税服务等）应税项目

【例 2-10】　辽宁美联化妆品有限公司将自产的产品用于本单位的在建工程，该批产品的成本为 100 万元，该批产品的正常市场销售价格为 200 万元。

```
借：在建工程                              100
    贷：库存商品                              100
```

此时不再核算销项税额了，应于将来处置该工程时再核算销项税额。同样道理，将外购货物用于在建工程及应税服务，进项税额也不用转出。

② 将自产的货物用于简易计税项目或免税项目

【例 2-11】　辽宁美联化妆品有限公司将自产的产品用于某简易计税项目，该批产品成本为 10 万元，正常市场销售价格为 15 万元。

```
借：生产成本                              11.95
    贷：库存商品                              10
        应交税费——应交增值税（销项税额）          1.95
```

③ 将自产的货物用于本单位的职工集体福利

【例 2-12】　辽宁美联化妆品有限公司将自产的产品用于本单位的职工集体福利，该批产品成本为 14 万元，正常市场销售价格为 20 万元。

```
借：应付职工薪酬——非货币性福利               22.60
    贷：主营业务收入                           20
        应交税费——应交增值税（销项税额）          2.60
```

④ 将自产的货物用于本单位的个人消费

【例 2-13】 辽宁美联化妆品有限公司将自产的产品用于本单位的部分管理人员的个人消费，该批产品成本为 20 万元，正常市场销售价格为 30 万元。

借：管理费用　　　　　　　　　　　　　　　　　　　　33.90
　　贷：主营业务收入　　　　　　　　　　　　　　　30
　　　　应交税费——应交增值税（销项税额）　　　　3.90

⑤ 将自产、委托加工或外购的货物用于对外投资

【例 2-14】 辽宁美联化妆品有限公司将自产的产品用于对外单位投资，该批产品成本为 14 万元，正常市场销售价格为 20 万元。

借：长期股权投资　　　　　　　　　　　　　　　　　22.60
　　贷：主营业务收入　　　　　　　　　　　　　　　20
　　　　应交税费——应交增值税（销项税额）　　　　2.60

如果是外购的货物则应贷记其他业务收入。

⑥ 将自产、委托加工或外购的货物用于分配给股东

【例 2-15】 辽宁美联化妆品有限公司将自产的产品作为股利分配给股东，该批产品成本为 14 万元，正常市场销售价格为 20 万元。

借：应付股利　　　　　　　　　　　　　　　　　　　22.60
　　贷：主营业务收入　　　　　　　　　　　　　　　20
　　　　应交税费——应交增值税（销项税额）　　　　2.60

⑦ 将自产、委托加工或外购的货物用于对外捐赠

【例 2-16】 辽宁美联化妆品有限公司将自产的产品用于对外捐赠，该批产品成本为 70 万元，正常市场销售价格为 100 万元。

借：营业外支出　　　　　　　　　　　　　　　　　　113
　　贷：主营业务收入　　　　　　　　　　　　　　　100
　　　　应交税费——应交增值税（销项税额）　　　　13

2. 进项税额的会计处理

一般纳税人购进货物、接受劳务（服务）时，按增值税专用发票上注明的增值税额，借记"应交税费——应交增值税（进项税额）"科目，按发票上记载的成本金额借记"原材料""劳务成本""管理费用"等科目，按应付的金额贷记"银行存款""应付账款"等科目。购入货物发生退货时，作相反的会计处理。

（1）一般购进业务进项税额的处理

【例 2-17】 辽宁美联化妆品有限公司本月购进原材料一批，取得的专用发票上注明买价 50 万元，增值税 6.5 万元，原材料已验收入库，款项以银行存款支付。

借：原材料　　　　　　　　　　　　　　　　　　　　50
　　应交税费——应交增值税（进项税额）　　　　　　6.50
　　贷：银行存款　　　　　　　　　　　　　　　　　56.50

【例 2-18】 辽宁美联化妆品有限公司本月接受电信服务，取得中国移动公司开具的增值税专用发票一张，注明销售额 1 万元，增值税 0.09 万元，款项通过银行支付。

借：管理费用　　　　　　　　　　　　　　　　　　　1
　　应交税费——应交增值税（进项税额）　　　　　　0.09
　　贷：银行存款　　　　　　　　　　　　　　　　　1.09

（2）进项税额月末尚未认证暂不抵扣的会计处理　如果企业决定进项税额本月不抵扣，即不勾选，则应将进项税额转入到"应交税费——待抵扣进项税额"科目中，待下月准备认证抵扣时再转入到"应交税费——应交增值税（进项税额）"科目中来。

【例 2-19】　辽宁美联化妆品有限公司本月决定将进项税额中的 30 万元留待下月抵扣（即未勾选），则会计处理为：

借：应交税费——待抵扣进项税额　　　　　　　　　　　30

　贷：应交税费——应交增值税（进项税额转出）　　　　　　　30

下月如予抵扣则需认证，会计处理为：

借：应交税费——应交增值税（进项税额）　　　　　　　30

　贷：应交税费——待抵扣进项税额　　　　　　　　　　　30

（3）购进免税农产品的进项税额的会计处理　购进免税农产品的进项税额企业可依照税法规定，按农产品买价的 9％的扣除率自行计算，计入"应交税费——应交增值税（进项税额）"科目中。

【例 2-20】　辽宁美联化妆品有限公司从农民手中收购一批农产品，开具收购发票注明买价为 9.1 万元，增值税 0.9 万元。农产品已验收入库，款已支付。

借：原材料　　　　　　　　　　　　　　　　　　　　9.10

　应交税费——应交增值税（进项税额）　　　　　　0.90

　贷：银行存款　　　　　　　　　　　　　　　　　　　10

（4）接受投资转入货物进项税额的会计处理

【例 2-21】　辽宁美联化妆品有限公司接受外单位原材料投资，取得的增值税专用发票注明价款 50 万元，增值税 6.50 万元，原材料验收入库。假定材料的公允价值与账面价值相同。双方确认的占注册资本的份额为 40 万元。

借：原材料　　　　　　　　　　　　　　　　　　　　50

　应交税费——应交增值税（进项税额）　　　　　　6.50

　贷：实收资本（股本）　　　　　　　　　　　　　　40

　　资本公积　　　　　　　　　　　　　　　　　　18.50

（5）进项税额转出的会计处理　已抵扣进项税额的购进货物或者应税劳务及服务改变用途，用于免税项目、简易计税项目、集体福利、个人消费的，或者发生非正常损失的购进货物及在产品、产成品，应将该货物或应税劳务及服务的进项税额从当期的进项税额中转出。注意用于在建工程的购进货物进项税额不必转出，因为该工程将来处置时要按适用税率计税。购进当时明确用于其他方面则进项税额直接计入成本费用中，不必再转出。

【例 2-22】　辽宁美联化妆品有限公司将外购的原材料 30 万元用于职工集体福利。

借：应付职工薪酬——非货币性福利　　　　　　　　　33.90

　贷：原材料　　　　　　　　　　　　　　　　　　　30

　　应交税费——应交增值税（进项税额转出）　　　　　3.90

【例 2-23】　辽宁美联化妆品有限公司库存原材料发生火灾，成本 40 万元，未参加财产保险。

在批准处理前：

借：待处理财产损益——待处理流动资产损益　　　　　45.20

　贷：原材料　　　　　　　　　　　　　　　　　　　40

　　应交税费——应交增值税（进项税额转出）　　　　　5.20

在批准处理后：

借：营业外支出——非常损失   45.20

  贷：待处理财产损益——待处理流动资产损益 45.20

（6）进口货物进项税额的会计处理 企业进口货物应按组成计税价格和规定的税率计税，依法缴纳增值税，并作为进项税额处理，组成计税价格等于到岸价格（关税完税价格）加关税加消费税。

【例 2-24】 辽宁美联化妆品有限公司进口货物一批（非应税消费品），关税完税价格 10 万元人民币，关税税率为 15%，增值税税率 13%。货物已验收入库，货款已经支付。（保留三位有效数字）

$$组成计税价格 = 10 + 10 \times 15\% = 11.500（万元）$$

$$应纳增值税 = 11.5 \times 13\% = 1.495（万元）$$

借：原材料   11.500

  应交税费——应交增值税（进项税额） 1.495

   贷：银行存款   12.995

3. 月末结转、缴纳增值税的会计处理

企业月末根据"应交税费——应交增值税"账户的贷方余额得到本月应纳增值税，按规定应在下月 1～15 日内申报纳税，因此在月末需将"应交税费——应交增值税"的贷方余额转出至"应交税费——未交增值税"账户的贷方，等待下月初交税。

月末转出本月未交增值税的会计处理为：

借：应交税费——应交增值税（转出未交增值税）

  贷：应交税费——未交增值税

待下月初实际缴纳增值税时会计处理为：

借：应交税费——未交增值税

  贷：银行存款

4. 减免增值税的会计处理

减免增值税分为先征收后返还、即征即退、直接减免三种形式，其会计处理也有所不同，但企业收到的返还的增值税都应通过"营业外收入——政府补助"账户进行核算，作为企业利润总额的组成部分。采用先征收后返还、即征即退办法的进行减免的企业，不通过"应交税费——应交增值税（减免税款）"账户核算，收到先征后退的增值税税款时，直接作会计分录为：

借：银行存款

  贷：营业外收入——政府补助

采用直接减免的企业，会计处理应为：

借：应交税费——应交增值税（减免税款）

  贷：营业外收入——政府补助

5. 小规模纳税人应纳增值税的会计处理

小规模纳税人销售货物实行简易征收办法，按征收率计算税额。小规模纳税人征收率为 3%，按不含税销售额乘以征收率，计算得到其应纳税额。如小规模纳税人的收入为含税收入，则应将含税收入换算成不含税收入再乘以征收率，计算得到应纳税额。即：

$$不含税销售收入＝含税销售收入/(1＋3\%)$$
$$应纳增值税额＝不含税销售收入×3\%$$

【例 2-25】 某小型超市本期销售额为 10.3 万元，则其会计处理为：

$$不含税销售收入＝10.3/(1＋3\%)＝10（万元）$$

借：银行存款　　　　　　　　　　　　　　　　10.30
　　贷：主营业务收入　　　　　　　　　　　　　　　10
　　　　应交税费——应交增值税　　　　　　　　　　　0.30

四、增值税出口退税会计核算

增值税出口退税会计核算

本项目主要法律法规依据：

《中华人民共和国增值税暂行条例》

《中华人民共和国增值税暂行条例实施细则》

《国家税务总局关于营改增试点若干征管问题的公告》

实战演练

一、判断题

1. 我国现行的增值税是对在我国境内销售货物或者提供加工、修理修配劳务的单位和个人，就其取得的货物或应税劳务销售额计算税款，并实行税款抵扣制的一种流转税。（　　）

2. 增值税的计税依据是不含增值税的价格，它的最终承担者是经营者。（　　）

3. 混合销售是指销售多种产品或提供多种劳务的行为。（　　）

4. 纳税人出口货物，税率为零，因此一般纳税人的税率有两档，即基本税率和零税率。（　　）

5. 免征增值税的农业产品按照买价的 9% 的扣除率计算进项税额，准予抵扣。（　　）

6. 一般纳税人外购货物所发生的运输费用，运输企业提供的增值税专用发票上面注明运输费用金额和按 9% 税率计算的进项税额，准予抵扣。（　　）

7. 小规模纳税人销售货物或者应税劳务的征收率为 3%。（　　）

8. 邮政业应缴纳增值税，而通信行业暂征收营业税。（　　）

9. 以 1 个月为一期的纳税人，于期满后 15 日内申报纳税。（　　）

10. 总机构和分支机构不在同一县（市）的，应当分别向各自所在地主管税务机关申报纳税。（　　）

11. 增值税专用发票只限于增值税的一般纳税人和小规模纳税人领购使用，非增值税纳税人不得领购使用。（　　）

12. 销项税额＝销售额×税率，由销售方自己承担。（　　）

13. 应纳税额等于当期销项税额减当期进项税额，因此，所有的进项税额都可以抵扣，

不足部分可以结转下期继续抵扣。（　　　）

14. 小规模纳税人一律按照销售额的 3% 的征收率计算应纳税款，不得抵扣进项税额。（　　　）

15. 一般纳税人与小规模纳税人的计税依据相同，都是不含税的销售额。（　　　）

二、单项选择题

1. 我国现行的增值税采用（　　　）。

A. 价内税　　　　　B. 价外税　　　　　C. 定额税　　　　　D. 累进税

2. 下列货物适用 17% 税率的是：（　　　）。

A. 生产销售啤酒　　　　　　　　B. 提供交通运输服务

C. 生产销售石油液化气　　　　　D. 生产销售暖气

3. 我国对购进农产品的增值税扣除率为（　　　）。

A. 7%　　　　　B. 10%　　　　　C. 13%　　　　　D. 17%

4. 以 1 个月为纳税期的增值税纳税人，于期满后（　　　）日内申报纳税。

A. 1　　　　　B. 5　　　　　C. 10　　　　　D. 15

5. 下列货物或劳务使用 11% 税率的是（　　　）。

A. 汽车　　　　　B. 农业初级产品　　　　　C. 机器设备　　　　　D. 交通运输

6. 进口货物的增值税由（　　　）征收。

A. 进口地税务机关　　　　　　　B. 海关

C. 交货地税务机关　　　　　　　D. 进口方所在地税务机关

7. 纳税人销售的下列货物中，属于免征增值税的货物是（　　　）。

A. 销售农业机械　　　　　　　　B. 销售煤炭

C. 销售日用百货　　　　　　　　D. 销售自产的农产品

8. 某零售企业为一般纳税人，月销售收入为 29 250 元，该企业当月计税销售额为（　　　）元。

A. 25 000　　　　　B. 25 884　　　　　C. 27 594　　　　　D. 35 240

9. 某服装厂将自产的服装作为福利发给本厂职工，该批产品制造成本共计 10 万元，利润率为 10%，按当月同类产品的平均售价计算销售额为 18 万元，计征增值税的销售额为（　　　）。

A. 10 万元　　　　　B. 9 万元　　　　　C. 11 万元　　　　　D. 18 万元

10. 某单位采取折扣方式销售货物，折扣额单独开发票，增值税销售额是（　　　）。

A. 扣除折扣额的销售额　　　　　B. 不扣除折扣额的销售额

C. 折扣额　　　　　　　　　　　D. 加上折扣额的销售额

11. 某商场实行还本销售家具，家具现售价 16 500 元，5 年后还本，该商场增值税的计税销售额是（　　　）。

A. 16 500　　　　　B. 3 300　　　　　C. 1 650　　　　　D. 不征税

12. 在"免、抵、退"办法中，当期应退税额应根据（　　　）原则确定。

A. "期末留抵税额"与"当期免抵退税额"孰小

B. "期末留抵税额"与"当期免抵退税额"孰大

C. "当期应纳税额"与"当期免抵退税额"孰小

D. "当期应纳税额"与"当期免抵退税额"孰大

三、多项选择题

1. 应交增值税的行业是（   ）。

A. 商业   B. 建筑业   C. 交通运输业   D. 制造业

2. 划分一般纳税人和小规模纳税人的标准有（   ）。

A. 销售额达到规定标准   B. 经营效益好

C. 会计核算健全   D. 有上级主管部门

3. 依据增值税的有关规定，不能认定为增值税一般纳税人的有（   ）。

A. 个体经营者以外的其他个人   B. 从事货物零售业务的小规模企业

C. 从事货物生产业务的小规模企业   D. 不经常发生应税行为的企业

4. 我国现行增值税的征收范围包括（   ）。

A. 在中国境内销售货物   B. 在中国境内提供应税劳务或服务

C. 进口货物   D. 过境货物

5. 下列各项中，属于增值税征税范围的有（   ）。

A. 销售钢材   B. 销售自来水   C. 有形动产租赁   D. 销售房屋

6. 下列行为中，属于视同销售货物应征增值税的行为有（   ）。

A. 委托他人代销货物   B. 销售代销货物

C. 将自产的货物分给职工做福利   D. 将外购的货物用于非应税项目

7. 一般纳税人销售货物，适用 13% 税率的是（   ）。

A. 销售图书   B. 销售机器   C. 销售化妆品   D. 销售化肥

8. 下列货物免征增值税的是（   ）。

A. 将自产的饮料作为福利发放给本厂职工   B. 出售自己使用过的汽车

C. 国际组织无偿援助的进口物资和设备   D. 古旧图书

9. 根据增值税有关规定，一般纳税人在哪种情况下，不可以开具增值税专用发票（   ）。

A. 商品零售企业出售给消费者的货物   B. 生产企业出售给小规模纳税人的货物

C. 生产企业出售给一般纳税人的货物   D. 生产企业出售给批发企业的货物

10. 在哪几种情况下，只开具普通发票而不开具专用发票（   ）。

A. 向消费者销售货物或者提供应税劳务的

B. 销售免税货物的

C. 小规模纳税人销售货物或者提供应税劳务的

D. 向小规模纳税人销售货物或者提供应税劳务的

11. 某单位外购如下货物，按增值税有关规定不能作为进项税额抵扣的有（   ）。

A. 外购的固定资产设备   B. 外购货物用于免税项目

C. 外购货物用于集体福利   D. 外购货物用于无偿赠送他人

12. 办理出口退税时，必须提供以下凭证（   ）。

A. 购进出口货物的增值税专用发票

B. 购进内销货物的增值税专用发票

C. 出口货物销售明细账

D. 盖有海关验讫章的出口货物报关单（出口退税专用）

四、业务题

1. 某电视机厂当月发生下列几笔购销业务：

（1）向某商场销售彩色电视机 120 台，每台售价 2 850 元（不含税），销货款已收到。

（2）购入电子元器件，价款 18 万元，取得增值税专用发票，注明的增值税进项税额为 23 400 元。

（3）为装修该厂展销厅，购入建筑装饰材料，支付价税合计款 113 000 元，取得增值税专用发票注明的进项税额为 13 000 元。

试计算电视机厂当月应纳增值税的税额并进行会计处理。

2. 某饮料厂 7 月份销售汽水、果茶饮料，实现销售额 60 万元，收取增值税销项税额 7.8 万元；当月购入白糖、山楂、柠檬酸等原料 15 万元，取得增值税专用发票，注明的增值税进项税额为 19 500 元，原料都已入库。另外，厂领导考虑到职工暑期工作辛苦，对全厂 200 名职工每人发送一箱汽水、一箱果茶，每箱汽水成本为 50 元，售价为 80 元，每箱果茶成本为 80 元，售价为 135 元。当月该厂为职工食堂购进一台大冰柜，取得的增值税专用发票上注明的进项税额是 5 440 元，还为厂里的幼儿园购进一批儿童桌椅、木床，取得的增值税专用发票上注明的进项税额为 1 360 元。

试计算该企业当月应纳增值税额并进行账务处理。

3. 某机械厂为增值税一般纳税人，采用直接收款结算方式销售货物，本月发生下列经济业务。

（1）10 月开出增值税专用发票，销售甲产品 50 台，单价 8 000 元，并交于购货方。

（2）将 20 台乙产品分配给投资者，单位成本 6 000 元，没有同类产品销售价格。

（3）基本建设工程领用材料 1 000 千克，不含税单价 50 元，计 50 000 元。

（4）改建、扩建幼儿园领用材料 200 千克，不含税单价 50 元，计 10 000 元。改建、扩建幼儿园领用乙产品一台。

（5）本月丢失钢材 8 吨，不含税单价 2 000 元，做待处理财产损失处理。

（6）本月发生购进货物的全部进项税额为 70 000 元。购销货物增值税税率均为 13%。

试计算机械厂本月应交增值税额，并进行会计处理。

4. 环球贸易公司从日本进口彩色电视机 200 台，10 月 5 日报关，海关审定的关税完税价格为每台 1 000 元，关税税率为 10%，增值税税率为 13%。请计算环球贸易公司该批进口彩电的增值税应纳税额。

5. 某商场为增值税一般纳税人，从事百货的批发和零售业务，3 月份经济业务如下。

（1）3 月上旬，购进一批货物，取得增值税专用发票注明的货款为 10 万元，增值税为 1.3 万元，向小规模纳税人销售货物金额为 22 600 元，柜台零售货物金额为 11 300 元。

（2）3 月中旬，购进一批货物，取得增值税专用发票注明的货款为 20 万元，增值税为 2.6 万元，向一般纳税人销售一批货物，货款为 120 万元。

（3）"三八"节，以库存商品不含税价值 20 000 元为女职工搞福利。

（4）3 月下旬，购进一批货物，取得增值税专用发票注明的货款为 5 万元，增值税为 6 500 元。柜台零售货物的销售额为 226 000 元，另外卖出一台空调机给消费者个人，含税价款 5 650 元，并上门为顾客安装，另外收取安装费 113 元。

要求：

① 根据以上资料计算 3 月份应纳增值税额。

② 进行涉税业务的会计处理。

项目三
消费税计算申报与核算

知识目标
1. 掌握消费税的基本法律知识及应纳消费税的计算；
2. 掌握消费税的纳税申报表的填制方法；
3. 熟悉消费税涉税业务的会计处理；
4. 理解消费税出口退税的计算；
5. 熟悉消费税出口退税的申报规定及消费税出口退税的会计处理。

能力目标
1. 能判断哪些项目应征收消费税，会根据业务资料计算应纳消费税额；
2. 会根据业务资料填制消费税纳税申报表及税款缴纳书；
3. 能根据业务数据进行消费税的涉税会计业务处理；
4. 基本会办理出口货物退（免）消费税工作。

素质目标
1. 培养学生良好的行为习惯。
2. 培养学生节俭、朴素的生活作风。

情境导入

辽宁美联化妆品有限公司 2019 年 5 月销售高档化妆品一批，开出增值税专用发票注明销售额 100 万元，增值税 13 万元。该公司 5 月份如何计算应缴纳的消费税？

 知识铺垫

一、消费税概念及特点

消费税是对在我国境内从事生产、委托加工和进口应税消费品的单位和个人，就其应税消费品的销售额、销售数量或组成计税价格征收的、以特定消费品为课税对象的一种流转税。

在我国的税制结构体系中，消费税是增值税的配套税种，它是在普遍征收增值税的基础上，根据国家产业政策的要求，选择消费品中的特殊消费品、奢侈品、高能耗消费品和不可再生的资源消费品征收，发挥其特殊的调节作用。目前执行的《中华人民共和国消费税暂行条例》（以下简称《消费税暂行条例》）是 2009 年 1 月 1 日颁布的，以后年度陆续修订了新的条例。

现行消费税的特点如下。

1. 课税对象具有选择性

消费税征税范围包括 5 种消费品类型 15 类产品，具体包括：特殊消费品，如烟、酒、鞭炮焰火、木制一次性筷子、实木地板等，若对这些消费品过度消费，会对人类健康、社会秩序、生态环境等造成危害；高能耗及高档消费品，如小汽车、摩托车、游艇等；奢侈品、非生活必需品，如贵重首饰及珠宝玉石、高档化妆品、高尔夫球及球具、高档手表等；不可再生和替代的消费品，如汽油、柴油等成品油，铅蓄电池；具有一定财政意义的能增加财政收入的产品，如涂料等。

2. 实行单环节征收

消费税只在生产环节和进口环节及委托加工环节或零售环节（贵重首饰、珠宝玉石）征税，其他环节不征收（烟是特例，不但在生产环节征收，同时在烟草公司的批发环节也征收）。

3. 实行差别税率

消费税按不同产品设计不同的税率或税额，大部分应税消费品实行差额比例税率，个别应税消费品实行定额税率，如啤酒、黄酒、成品油等，还有些应税消费品既实行比例税率又实行定额税率，如卷烟和白酒。

4. 实行价内征收

消费税实行价内征收，属于价内税，具有税负转嫁性，所征收的税款最终通过将税金计入价格的方式都转嫁给消费者。即生产、委托加工和进口货物的价款中均含有消费税，在以后的批发零售环节，价款中已含有消费税，不再缴纳消费税。

二、消费税的纳税义务人

消费税的纳税义务人是指在中华人民共和国境内生产销售、委托加工、零售（贵重首饰珠宝玉石）和进口应税消费品的单位和个人。单位是指企业、行政单位、事业单位、军事单位、社会团体及其他单位。个人是指个体工商户及其他个人。中华人民共和国境内是指生产、委托加工、零售（贵重首饰珠宝玉石）和进口属于应当缴纳消费税的消费品的起运地或者所在地在境内。

委托加工应税消费品，除受托方为个人外，由受托方在向委托方交货时代收代缴税款。

三、消费税的征税范围、税目和税率

消费税的征税范围是指在我国境内生产、委托加工、零售（贵重首饰珠宝玉石）和进口应税消费品。目前我国消费税设置了烟、酒及酒精、高档化妆品、贵重首饰珠宝玉石、鞭炮焰火、成品油、小汽车、摩托车、高尔夫球及球具、高档手表、游艇、木制一次性筷子、实木地板、铅蓄电池和涂料15个税目，各税目下设若干子目。

消费税的税率有比例税率和定额税率两种形式，大部分消费品实行比例税率，少数实行定额税率，还有个别消费品既实行比例税率又实行定额税率。消费税税目税率表见表3-1。

表3-1 消费税税目税率表

税目			征收范围	税率
一、烟	1. 卷烟	(1)甲类卷烟	包括每标准条(200支)调拨价格在70元(不包括增值税)以上的卷烟、进口国家规定的其他若干类卷烟	56%加0.003元/支
		(2)乙类卷烟	包括每标准条(200支)调拨价格不足70元(不包括增值税)的卷烟	36%加0.003元/支
		(3)卷烟批发		11%加0.005元/支
	2. 雪茄烟			36%
	3. 烟丝		包括斗烟、莫合烟、烟末、水烟、黄红烟丝等	30%

税目			征收范围	税率
二、酒及酒精	1. 白酒	(1)粮食白酒 (2)薯类白酒		20%加 0.5 元/500 克（或者 500 毫升)
	2. 黄酒			240 元/吨
	3. 啤酒	(1)甲类啤酒	每吨出厂价在 3000 元(不含增值税)以上的,娱乐业、饮食业自制的	250 元/吨
		(2)乙类啤酒	每吨出厂价不足 3000 元(不含增值税)	220 元/吨
	4. 其他酒		包括糠麸白酒、其他原料白酒、土甜酒、复制酒、果木酒、汽酒、药酒、葡萄酒等	10%
三、高档化妆品			包括香水、香水精、香粉、口红、指甲油、胭脂、眉笔、唇笔、睫毛膏、高档护肤类化妆品,成套化妆品	15%
四、贵重首饰及珠宝玉石	1. 金银首饰、铂金首饰和钻石及钻石饰品			5%
	2. 其他贵重首饰和珠宝玉石			10%
五、鞭炮、焰火			不包括体育上用的发令纸、鞭炮药引线	15%
六、成品油	1. 汽油	(1)含铅汽油	包括车用汽油、航空油和起动汽油	1.52 元/升
		(2)无铅汽油		1.52 元/升
	2. 柴油		包括轻柴油、重柴油、农用柴油和军用柴油	1.20 元/升
	3. 航空煤油			1.20 元/升
	4. 石脑油		包括除汽油、柴油、煤油、溶剂油以外的各种轻质油	1.52 元/升
	5. 溶剂油			1.52 元/升
	6. 润滑油			1.52 元/升
	7. 燃料油		包括用于电厂、船舶锅炉、加热炉、冶金和其他工业炉的燃料油	1.20 元/升
七、摩托车	1. 排气量是 250 毫升的			3%
	2. 排气量超过 250 毫升的			10%
八、小汽车	1. 乘用车	(1)排气量不超过 1.0 升的	不超过 9 个座位	1%
		(2)排气量超过 1.0 不超过 1.5		3%
		(3)排气量超过 1.5 不超过 2.0		5%
		(4)排气量超过 2.0 不超过 2.5		9%
		(5)排气量超过 2.5 不超过 3.0		12%
		(6)排气量超过 3.0 不超过 4.0		25%
		(7)排气量超过 4.0		40%
	2. 中轻型商用客车		10 个座位至 23 个座位	5%
九、高尔夫球及球具			包括高尔夫球、高尔夫全球杆、高尔夫球包(袋)	10%
十、高档手表			包括销售价格(不包括增值税)在 1 万元以上的各类手表	20%
十一、游艇				10%

税目	征收范围	税率
十二、木制一次性筷子		5%
十三、实木地板	包括各类规格的实木地板、实木复合地板和用于装饰墙壁、天棚的侧端面为榫、槽的实木装饰板	5%
十四、铅蓄电池	2016 年 1 月 1 日开始征收	4%
十五、涂料		4%

注：1. 自 1994 年 1 月 1 日起金银首饰（包括金基、银基合金首饰，以金银和金基、银基合金的镶嵌首饰）、铂金首饰（从 2003 年 5 月 1 日起）和钻石及钻石饰品（从 2002 年 1 月 1 日起）的纳税环节由生产环节、进口环节转至零售环节，税率改为 5%。不属于上述范围的首饰，仍按 10% 的税率在原纳税环节计缴。

2. 自 2006 年 4 月 1 日起，取消"护肤护发品"税目，将原属于护肤护发品征税范围的高档护肤类化妆品列入化妆品税目。

3. 自 2009 年 1 月 1 日起，航空煤油暂缓征收消费税；对用外购或委托加工收回的已税汽油生产的乙醇汽油免税；子午线轮胎继续免征消费税。

4. 娱乐业、饮食业自制啤酒，一律按 250 元/吨征税。

5. 对生产销售达到低污染排放限值的小轿车、越野车和小客车减征 30% 的消费税。

四、消费税纳税义务发生时间

纳税人生产的应税消费品，于纳税人销售时纳税。纳税人自产自用的应税消费品，用于连续生产应税消费品的，不纳税；用于其他方面的，于移送使用时纳税。消费税纳税义务发生时间，分别如下。

(1) 纳税人销售应税消费品的，按不同的销售结算方式的发生时间不同。

① 采取赊销和分期收款结算方式的，为书面合同约定的收款日期的当天，书面合同没有约定收款日期或者无书面合同的，为发出应税消费品的当天。

② 采取预收货款结算方式的，为发出应税消费品的当天。

③ 采取托收承付和委托收款结算方式的，为发出应税消费品并办妥托收手续的当天。

④ 采取其他结算方式的，为收讫销售款或者取得索取销售款凭据的当天。

(2) 纳税人自产自用应税消费品的，为移送使用的当天。

(3) 纳税人委托加工应税消费品的，为纳税人提货的当天。

(4) 纳税人进口应税消费品的，为报关进口的当天。

五、消费税的纳税期限、地点及减免税

1. 纳税期限

纳税人以 1 个月或者 1 个季度为一个纳税期的，自期满之日起 15 日内申报纳税；以 1 日、3 日、5 日、10 日或者 15 日为一个纳税期的，自期满之日起 5 日内预缴税款，于次月 1 日起 15 日内申报纳税并结清上月应纳税款。

纳税人进口应税消费品，应当自海关填发海关进口消费税专用缴款书之日起 15 日内缴纳税款。

2. 纳税地点

① 纳税人销售的应税消费品，以及自产自用的应税消费品，除国务院财政、税务主管

部门另有规定外，应当向纳税人机构所在地或者居住地的主管税务机关申报纳税。

② 进口的应税消费品，应当向报关地海关申报纳税。

③ 委托加工的应税消费品，除受托方为个人外，由受托方向机构所在地或者居住地的主管税务机关解缴消费税税款。

④ 个人携带或者邮寄进境的应税消费品的消费税，连同关税一并计征。具体办法由国务院关税税则委员会会同有关部门制定。

3. 消费税减免

对纳税人出口应税消费品，免征消费税，国务院另有规定的除外。出口应税消费品的免税办法，由国务院财政、税务主管部门规定。除此之外的应税消费品不再有减免税规定。

任务一　消费税应纳税额的计算

一、直接对外销售应税消费品应纳税额的计算

按照现行消费税法规定，直接对外销售应税消费品消费税额的计算一般有三种方法：从价定率法、从量定额法、从价定率和从量定额复合计税法。

1. 从价定率法应纳税额的计算

消费税是价内税，即以含消费税的价格作为计税价格，应纳税额的计算取决于应税消费品的销售额和适用税率两个因素。其计算公式为：

$$应纳税额＝应税消费品的计税销售额×消费税税率$$

（1）计税销售额的一般规定　纳税人对外销售其生产的应税消费品，应当以其销售额为依据计算纳税。这里的销售额包括向购货方收取的全部价款和价外费用。由于消费税和增值税实行交叉征收，消费税实行价内税，增值税实行价外税，因此实行从价定率征收消费税的消费品，其消费税税基和增值税税基是一致的，即都是以含消费税而不含增值税的销售额作为计税基数，所以在项目二中有关增值税确认销售额的规定同样适用于消费税，在此不再重复。

（2）计税销售额的特殊规定

① 包装物及押金的计税销售额。应税消费品连同包装物销售的，不论包装物是否单独计价，也不论在会计上如何核算，均应并入应税消费品的销售额中缴纳消费税。如果包装物不作价，随同产品销售收取押金、租金，此项押金不并入应税消费品的销售额中纳税，租金并入销售额。但对因逾期未收回包装物的不再退还的和已收取一年以上的押金，应并入应税消费品的销售额，按照应税消费品的适用税率缴纳消费税。对酒类产品生产企业销售酒类产品（从价定率办法征收的）而收取的包装物押金，无论押金是否返还与会计上如何核算，均需并入酒类产品销售额中，依酒类产品的适用税率征收消费税。但以上规定不适用于实行从量定额征收消费税的啤酒和黄酒产品。

② 纳税人销售的应税消费品，如果是以外汇计算销售额的，应当按外汇牌价折合成人民币计算应纳税额。

③ 纳税人通过自设非独立核算门市部销售的自产应税消费品，应当按照门市部对外销售金额缴纳消费税。

④ 纳税人用于换取生产资料和消费资料、投资入股和抵偿债务等方面的应税消费品，应当以纳税人同类应税消费品的最高销售价格作为计税依据计算消费税。

2. 从量定额法应纳税额的计算

按从量定额办法计算消费税，应纳税额的计算取决于应税消费品的数量和单位税额两个因素。其基本计算公式为：

$$应纳税额＝应税消费品的数量×单位税额（定额税率）$$

（1）应税消费品数量的确定　根据应税消费品的应税行为，应税消费品的数量具体规定如下。

① 销售应税消费品的。为应税消费品的销售数量。纳税人通过自设的非独立核算门市部销售自产应税消费品的，应当按照门市部对外销售数量征收消费税。

② 自产自用应税消费品的（用于连续生产应税消费品的除外）。为应税消费品的移送使用数量。

③ 委托加工应税消费品的。为纳税人收回的应税消费品数量。

④ 进口的应税消费品。为海关核定的应税消费品进口征税数量。

（2）计量单位的换算标准　《消费税暂行条例》规定，黄酒、啤酒以吨为税额单位；汽油、柴油等成品油以升为计量单位。考虑到在实际销售过程中，一些纳税人会把吨或升这两个计量单位混用，为了规范不同产品的计量单位，以准确计算应纳税额，吨与升两个计量单位须进行换算，见表 3-2。

表 3-2　吨、升换算表

项目	换算标准	项目	换算标准
黄酒	1 吨＝962 升	汽油	1 吨＝1388 升
啤酒	1 吨＝988 升	柴油	1 吨＝1176 升
石脑油	1 吨＝1385 升	溶剂油	1 吨＝1282 升
润滑油	1 吨＝1126 升	燃料油	1 吨＝1015 升
航空煤油	1 吨＝1246 升		

3. 从价定率和从量定额复合计税法应纳税额的计算

现行消费税的征税范围中，实行复合征税方法的消费品有卷烟、粮食白酒和薯类白酒。其计算公式：

$$应纳税额＝应税消费品销售额×比例税率＋应税消费品数量×单位税额$$

计税依据中从量定额部分与前面规定相同：生产销售卷烟、粮食白酒、薯类白酒从量定额计税依据为实际销售数量；进口、委托加工、自产自用卷烟、粮食白酒、薯类白酒从量定额计税依据分别为海关核定的进口征税数量、委托方收回数量、移送使用数量。

计税依据中从价定率部分有以下几方面的特殊规定。

（1）卷烟从价定率计税办法的计税依据为卷烟的调拨价格或者核定价格　调拨价格是指卷烟生产企业通过卷烟交易市场与购货方签订的卷烟交易价格。计税调拨价格由国家税务总局按照中国烟草交易中心和各省烟草交易（订货）会 2000 年各牌号、规格卷烟的调拨价格确定，并作为卷烟计税价格对外公布。

核定价格是指不进入交易中心和交易会交易、没有调拨价格的卷烟，由税务机关按其零售价倒推一定比例的办法核定计税价格。核定价格的计算公式：

$$某牌号规格卷烟核定价格＝该牌号规格卷烟市场零售价格÷（1＋35\%）$$

（2）计税价格和核定价格确定以后，执行计税价格的卷烟，国家每年根据卷烟实际交易价格的情况，对个别市场交易价格变动较大的卷烟，以交易中心或者交易会的调拨价格为基础对其计税价格进行适当调整。执行核定价格的卷烟，由税务机关按照零售价格变动情况进行调整。

（3）实际销售价格高于计税价格和核定价格的卷烟，按实际销售价格征收消费税；实际销售价格低于计税价格和核定价格的卷烟，按计税价格或核定价格征收消费税。

（4）非标准条（每条包装多于或者少于200支）包装卷烟应当折算成标准条包装卷烟的数量，依其实际销售收入计算确定其折算成标准条包装后的实际销售价格，并确定适用的比例税率。折算的实际销售价格高于计税价格的，应按照折算的实际销售价格确定适用比例税率；折算的实际销售价格低于计税价格的，应按照同牌号、规格标准条包装卷烟的计税价格和适用税率征税。卷烟的折算标准如下：

1箱＝250条；1条＝10包；1包＝20支

（5）白酒生产企业向商业销售单位收取的"品牌使用费"是随着应税白酒的销售而向购货方收取的，属于应税白酒销售价款的组成部分，因此，不论企业采取何种方式或以何种名义收取价款，均应并入白酒的销售额中缴纳消费税。

4. 已纳消费税扣除的计算

为了避免重复征税，现行税法规定，将外购应税消费品继续生产应税消费品销售的，准予从应纳消费税税额中按当期生产领用数量计算扣除外购已税消费品已纳的消费税税款。

（1）扣税范围

① 外购已税烟丝生产的卷烟；

② 外购已税化妆品生产的化妆品；

③ 外购已税珠宝玉石生产的贵重首饰及珠宝玉石；

④ 外购已税鞭炮焰火生产的鞭炮焰火；

⑤ 外购已税摩托车生产的摩托车（如用外购两轮摩托车改装三轮摩托车）；

⑥ 外购已税木制一次性筷子为原料生产的木制一次性筷子；

⑦ 外购已税实木地板为原料生产的实木地板；

⑧ 外购已税汽油、柴油用于连续生产甲醇汽油、生物柴油；

⑨ 外购已税涂料、铅蓄电池用于连续生产其他涂料或铅蓄电池。

（2）扣税方法　上述当期准予扣除外购应税消费品已纳消费税税款的，在计税时按当期生产领用数量计算。

① 从价定率。当期准予扣除的外购应税消费品已纳税款＝当期准予扣除的外购应税消费品买价×外购应税消费品适用税率

当期准予扣除的外购应税消费品买价＝期初库存的外购应税消费品买价＋当期购进的外购应税消费品买价－期末库存的外购应税消费品买价

外购已税消费品的买价是指购货发票上注明的销售额（不包括增值税税款）。

纳税人用外购的已税珠宝玉石生产的改在零售环节征收消费税的金银首饰（镶嵌首饰），在计税时一律不得扣除外购珠宝玉石的已纳税款。允许扣除已纳税款的应税消费品只限于从工业企业购进的应税消费品和进口环节已缴纳消费税的应税消费品，对从境内商业企业购进

应税消费品的已纳税款一律不得扣除。

② 从量定额。当期准予扣除的外购应税消费品已纳税款＝当期准予扣除的外购应税消费品数量×外购应税消费品单位税额

当期准予扣除的外购应税消费品数量＝期初库存的外购应税消费品数量＋当期购进的外购应税消费品数量－期末库存的外购应税消费品数量

二、自产自用应税消费品应纳税额的计算

1. 自产自用应税消费品的确定

所谓自产自用，是指纳税人生产应税消费品后，不是直接用于对外销售，而是用于自己连续生产应税消费品或用于其他方面。根据《消费税暂行条例》规定，纳税人用于连续生产应税消费品，不缴纳消费税；用于其他方面的，于移送使用时缴纳消费税。

所谓"连续生产应税消费品"，是指作为生产最终应税消费品的直接材料，并构成最终产品实体的应税消费品。对自产自用的应税消费品，用于连续生产应税消费品的不再征税，体现了税不重征和计税简便的原则，避免了重复征税。例如，卷烟厂生产的烟丝，如果直接对外销售，应缴纳消费税，但如果烟丝用于本厂连续生产卷烟，其烟丝就不征收消费税，只对最终生产出来的卷烟征收消费税。

所谓"用于其他方面的"，是指纳税人用于生产非应税消费品和在建工程、管理部门、非生产机构、提供劳务，以及用于馈赠、赞助、集资、广告、样品、职工福利、奖励等方面的应税消费品。企业自产的应税消费品虽然没有用于销售或连续生产应税消费品，但只要是用于税法所规定的范围都要视同销售，依法缴纳消费税。

2. 自产自用应税消费税计税依据的确定

根据《消费税暂行条例》规定，纳税人自产自用的应税消费品，凡用于其他方面应当纳税的，其销售额的核算顺序如下。

① 按照纳税人生产的当月同类消费品的销售价格计算纳税。

② 如果当月同类消费品各期销售价格高低不同，应按销售数量加权平均计算。但销售的应税消费品有下列情况之一的，不得列入加权平均计算：销售价格明显偏低又无正当理由的；无销售价格的。

③ 如果当月无销售或者当月未完结，应按照同类消费品上月或最近月份的销售价格计算纳税。

④ 没有同类消费品销售价格的，按照组成计税价格计算纳税。

其计算公式为：

$$组成计税价格＝成本×（1＋成本利润率）÷（1－消费税税率）$$

或 组成计税价格＝[成本×（1＋成本利润率）＋定额税率计算的税额]÷（1－消费税税率）

上述公式中所说的"成本"是指应税消费品的产品生产成本。公式中所说的"成本利润率"是指应税消费品的全国平均成本利润率，由国家税务总局确定（见表3-3）。

表3-3　应税消费品全国平均成本利润率

货物名称	成本利润率	货物名称	成本利润率
1. 甲类卷烟	10%	3. 烟丝	5%
2. 雪茄烟和乙类卷烟	5%	4. 粮食白酒	10%

货物名称	成本利润率	货物名称	成本利润率
5. 薯类白酒	5%	12. 高尔夫球及球具	10%
6. 其他酒	5%	13. 高档手表	20%
7. 酒精	5%	14. 游艇	10%
8. 化妆品	5%	15. 木制一次性筷子	5%
9. 鞭炮、烟火	5%	16. 实木地板	5%
10. 贵重首饰、珠宝玉石	6%	17. 乘用车	8%
11. 摩托车	6%	18. 中轻型商用客车	5%

3. 自产自用应税消费品应纳税额的计算

（1）有同类消费品销售价格的 应纳税额＝同类消费品单位销售价格×自用数量×适用税率

（2）没有同类消费品销售价格的 应纳税额＝组成计税价格×适用税率

（3）适用定额税率的 应纳税额＝自用数量×定额税率

三、委托加工应税消费品应纳税额的计算

1. 委托加工应税消费品的确定

委托加工应税消费品，是指由委托方提供原料和主要材料，受托方只收取加工费和代垫部分辅助材料加工的应税消费品。对于由受托方提供原材料生产的应税消费品，或者受托方先将原材料卖给委托方，然后再接受加工的应税消费品，以及由受托方以委托方名义购进原材料生产的应税消费品，无论纳税人在财务上是否做销售处理，都不得作为委托加工应税消费品，而应当按照销售自制应税消费品缴纳消费税。由此可见，作为委托加工的应税消费品，必须具备两个条件：一是由委托方提供原料和主要材料；二是受托方只收取加工费和代垫部分辅助材料。无论是委托方还是受托方，凡不符合规定条件的，都不能按委托加工应税消费品进行税务处理，只能按照销售自制应税消费品缴纳消费税。这种处理方法体现了税收管理的源泉控制原则，避免了应缴税款的流失。

2. 委托加工应税消费品计税依据的确定

委托加工的应税消费品，按照受托方的同类消费品的销售价格计算纳税，同类消费品的销售价格是指受托方当月销售的同类消费品的销售价格，如果当月同类消费品各期销售价格高低不同，应按销售数量加权平均计算。但销售的应税消费品有下列情况之一的，不得列入加权平均计算：①销售价格明显偏低又无正当理由的；②无销售价格的，如果当月无销售或者当月未完结，应按照同类消费品上月或最近月份的销售价格计算纳税。没有同类消费品销售价格的，按照组成计税价格计算纳税。组成计税价格计算公式为：

组成计税价格＝（材料成本＋加工费＋定额税率计算的税额）÷（1－消费税税率）

上述公式中的"材料成本"，是指委托方所提供加工材料的实际成本。委托加工应税消费品的纳税人必须在委托加工合同上如实注明（或以其他方式提供）材料成本，凡未提供材料成本的，受托方所在地主管税务机关有权核定其材料成本。可见，税法严格规定委托方提供原料和主要材料必须如实提供材料成本，其目的是为了防止假冒委托加工应税消费品或少报材料成本逃避纳税的问题。

公式中的"加工费"，是指受托方加工应税消费品向委托方收取的全部费用（包括代垫辅助材料的实际成本，不包括增值税税金），这是税法对受托方的要求。受托方必须如实提供向委托方收取的全部费用，这样才能既保证组成计税价格及代收代缴消费税准确计算出来，也使受托方按加工费得以正确计算其应纳的增值税。

3. 委托加工应税消费品应纳税额的计算

（1）受托方有同类消费品销售价格的　应纳税额＝同类消费品单位销售价格×委托加工数量×适用税率

（2）受托方没有同类消费品销售价格的　应纳税额＝组成计税价格×适用税率

（3）适用定额税率的　应纳税额＝委托加工数量×定额税率

4. 委托加工应税消费品消费税的缴纳

（1）对委托加工应税消费品的应纳消费税，采取由受托方代收代缴税款的办法，由受托方在向委托方交货时代收代缴消费税。委托方收回后直接销售时不再缴纳消费税。受托方必须严格履行代收代缴义务，否则要承担税收法律责任。

（2）纳税人委托个体经营者加工应税消费品，一律在收回加工应税消费品后向所在地主管税务机关缴纳消费税。

（3）受托方没有代收代缴消费税的，委托方应补交税款。补税的计税依据为：①已直接销售的，按销售额计税；②未销售或不能直接销售的（如收回后用于连续生产等），按组成计税价格计税。

5. 委托加工收回的应税消费品已纳税款的扣除

纳税人委托加工的应税消费品已由受托方代收代缴消费税，如果委托方收回货物后用于连续生产应税消费品的，其已纳税款准予按照规定从连续生产的应税消费品应纳消费税税额中扣除，这种扣税方法与外购已税消费品连续生产应税消费品的扣税范围、扣税方法、扣税环节相似。

（1）扣税范围

① 以委托加工收回的已税烟丝为原料生产的卷烟；

② 以委托加工收回的已税化妆品为原料生产的化妆品；

③ 以委托加工收回的已税珠宝玉石为原料生产的贵重首饰及珠宝玉石；

④ 以委托加工收回的已税鞭炮、烟火为原料生产的鞭炮、焰火；

⑤ 以委托加工收回的已税摩托车生产的摩托车；

⑥ 以委托加工收回的已税杆头、杆身和握把为原料生产的高尔夫球杆；

⑦ 以委托加工收回的已税木制一次性筷子为原料生产的木制一次性筷子；

⑧ 以委托加工收回的已税实木地板为原料生产的实木地板；

⑨ 以委托加工收回的已税汽油、柴油为原料生产的甲醇汽油、生物柴油；

⑩ 以委托加工收回的已税涂料、铅蓄电池为原料生产的其他涂料或铅蓄电池。

（2）扣税方法　当期准予扣除的委托加工应税消费品已纳税款＝期初库存的委托加工应税消费品已纳税款＋当期收回的委托加工应税消费品已纳税款－期末库存的委托加工应税消费品已纳税款

纳税人用委托加工收回的已税珠宝玉石生产的改在零售环节征收消费税的金银首饰，在计税时一律不得扣除委托加工收回的珠宝玉石的已纳消费税税款。委托加工应税消费品已纳税款为代扣代收税款凭证注明的受托方代收代缴的消费税额。

四、进口应税消费品应纳税额的计算

纳税人进口应税消费品，按照组成计税价格和规定的税率计算应纳税额，组成计税价格包括：到岸价格、关税和消费税三部分。

1. 进口一般货物应纳税额的计算

（1）实行从价定率办法应纳税额的计算　应纳税额的计算公式：

$$应纳税额＝组成计税价格×消费税税率$$

$$组成计税价格＝（关税完税价格＋关税）÷（1－消费税税率）$$

公式中"关税完税价格"，是指海关核定的关税计税价格。

（2）实行从量定额办法应纳税额的计算　应纳税额的计算公式：

$$应纳税额＝应税消费品进口数量×消费税单位税额$$

（3）实行从价定率和从量定额复合征税办法应纳税额的计算　应纳税额的计算公式：

$$应纳税额＝组成计税价格×消费税税率＋应税消费品进口数量×消费税单位税额$$

此时，组成计税价格＝（关税完税价格＋关税＋定额税率计算的税额）÷（1－消费税税率）

注意：进口环节消费税除国务院另有规定外，一律不得给予减税、免税。

2. 进口应税消费品已纳的消费税税款的扣除

在对用进口已税产品连续生产应税消费品计算征税时，准予扣除外购的应税消费品已纳的消费税税款。准予扣除的范围同"外购已税消费品连续生产应税产品后销售"的扣除范围。当期准予扣除的进口应税消费品已纳税款＝期初库存的进口应税消费品已纳税款＋当期进口应税消费品已纳税款－期末库存的进口应税消费品已纳税款。

进口应税消费品已纳税款为《海关进口消费税专用缴款书》注明的进口环节消费税。

【例 3-1】资料：

2019 年 3 月，ABC 股份有限责任公司主要生产经营酒类、卷烟和化妆品，3 月份发生如下经济业务。

（1）3 月 1 日销售化妆品 100 套，已知增值税专用发票上注明的价款 30 000 元，税额 3 900 元，款已收到。

（2）3 月 4 日将自己生产的啤酒 20 吨销售给家乐超市，货款已收到；另外将 10 吨啤酒用于让客户免费品尝。该啤酒出厂价为 2 800 元/吨，成本为 2 000 元/吨。

（3）3 月 10 日销售粮食散白酒 20 吨，单价 7 000 元，价款 140 000 元。

（4）3 月 20 日用自产粮食白酒 10 吨抵偿华盛超市货款 80 000 元，不足或多余部分不再结算。该粮食白酒每吨本月售价 6 500 元。

（5）3 月 25 日将一批自产的化妆品作为福利发给职工个人，这批化妆品的成本为 10 000 元。假设该类化妆品不存在同类消费品销售价格。

（6）2019 年 2 月 10 日将外购的烟叶 100 000 元发给嘉华加工公司，委托其加工成烟丝。嘉华加工公司代垫辅助材料 4 000 元（款已付），本月应支付的加工费 36 000 元（不含税）、增值税 4 680 元。3 月 5 日 ABC 公司以银行存款付清全部款项和代缴的消费税；6 日收回已加工的烟丝并全部生产卷烟 10 箱；25 日该批卷烟全部用于销售，总售价为 300 000 元，款已收到。

（7）3月26日向陈氏超市销售了用上月外购烟丝生产的卷烟20个标准箱，每标准条调拨价格80元，共计400 000元（购入烟丝支付含增值税价款为90 400元），采取托收承付结算方式，货已发出并办妥托收手续。

（8）3月28日从国外购进成套化妆品，关税完税价格80 000美元，关税税率为50%。假定当日美元对人民币的汇率为1∶7.20，货款全部以银行存款付清。

（9）3月30日从国外进口卷烟320箱（每箱250条，每条200支），支付买价2 000 000元，支付到达我国海关前的运输费用120 000元，保险费用80 000元，关税税率为20%，款项全部以银行存款付清。

要求：计算ABC股份有限责任公司本月应纳的消费税税额。

ABC股份有限责任公司3月份应纳消费税额计算如下：

① 销售化妆品应纳消费税额＝30 000×15%＝4 500（元）

② 销售啤酒应纳消费税额＝20×220＝4 400（元）

免费品尝啤酒应纳消费税额＝10×220＝2 200（元）

③ 销售粮食白酒应纳消费税额＝140 000×20%＋20×2 000×0.5＝48 000（元）

④ 抵偿货款白酒应纳消费税额＝6 500×10×20%＋10×2 000×0.5＝23 000（元）

⑤ 自用化妆品应纳消费税额＝10 000×（1＋5%）÷（1－15%）×15%＝185 294（元）

⑥ 烟丝组成计税价格＝（100 000＋4 000＋36 000）÷（1－15%）＝164 705.88（元）

代收代缴烟丝的消费税额＝164 705.88×15%＝24 705.88（元）

每条卷烟价格＝300 000÷（10×250）＝120（元），按56%税率计税

卷烟应纳消费税额＝300 000×56%＋10×150－24 705.88＝144 794.12（元）

⑦ 外购烟丝已纳的消费税额＝90 400÷（1＋13%）×30%＝24 000（元）

出售卷烟应纳的消费税额＝（400 000×56%＋20×150）－24 000＝203 000（元）

⑧ 进口化妆品组成计税价格＝80 000×7.2×（1＋50%）÷（1－15%）＝1 016 470.59（元）

海关代征的化妆品消费税＝1 016 470.59×15%＝152 470.59（元）

⑨ 每条进口卷烟消费税适用比例税率的价格＝[（2 000 000＋120 000＋80 000）÷（320×250）×（1＋20%）＋0.6]÷（1－36%）＝52.50（元）

每条卷烟价格小于70元，适用消费税税率为36%

海关代征的卷烟消费税额＝320×250×52.5×36%＋320×250×0.6＝1 560 000（元）

ABC股份有限责任公司3月份应申报缴纳的消费税额

＝4 500＋4 400＋2 200＋48 000＋23 000＋1 852.94＋144 794.12＋203 000＝431 747.06（元）

海关代征的消费税额＝152 470.59＋1 560 000＝1 712 470.59（元）

任务二　消费税的纳税申报

一、消费税的征收管理

1. 纳税义务发生时间

纳税人生产的应税消费品于销售时纳税，进口应税消费品应于报关进口环节纳税，但金

银首饰、钻石及钻石饰品在零售环节纳税。消费税纳税义务发生时间，以货款结算方式或行为发生时间分别确定。

（1）纳税人销售的应税消费品，其纳税义务发生时间为：①采取赊销和分期收款结算方式的，为纳税人书面合同约定的收款日期的当天，书面合同没有约定收款日期或者无书面合同的，为发出应税消费品的当天；②采取预收货款结算方式的，为纳税人发出应税消费品的当天；③采取托收承付和委托银行收款方式销售的应税消费品，为纳税人发出应税消费品并办妥托收手续的当天；④采取其他结算方式的，为纳税人收讫销售款或者取得索取销售款凭据的当天。

（2）自产自用的应税消费品的，为纳税人移送使用当天。

（3）委托加工的应税消费品的，为纳税人提货的当天。

（4）进口的应税消费品的，为纳税人报关进口的当天。

2. 纳税期限

按照《消费税暂行条例》规定，消费税的纳税期限分别为 1 日、3 日、5 日、10 日、15 日或者 1 个月。由主管税务机关根据纳税人应纳税额的大小分别核定其具体的纳税期限；如果不能按照固定期限纳税的，则可以按次纳税。纳税人以 1 个月为一期纳税的，自期满之日起 15 日内申报纳税；以 1 日、3 日、5 日、10 日或者 15 日为一期纳税的，自期满之日起 5 日内预缴税款并于次月 1 日起至 15 日内申报纳税并结清上月应纳税款。纳税人进口应税消费品，应当自海关填发税款缴款书之日起 15 日内缴纳税款。

3. 纳税地点

① 纳税人销售的应税消费品，以及自产自用的应税消费品，除国家另有规定的外，应当向纳税人机构所在地或居住地主管税务机关申报纳税。

② 委托加工的应税消费品，由受托方所在地主管税务机关代收代缴消费税税款；委托个人加工的应税消费品，由委托方向其机构所在地或者居住地主管税务机关申报纳税。

③ 进口的应税消费品，由进口人或者其代理人向报关地海关申报纳税。

④ 纳税人到外县（市）销售或委托外县（市）代销自产应税消费品的，于应税消费品销售后，回纳税人机构所在地或居住地缴纳消费税。

⑤ 纳税人的总机构与分支机构不在同一县（市）的，应当分别向各自机构所在地的主管税务机关申报纳税。但经财政部、国家税务总局或者其授权的财政、税务机关批准，可以由总机构汇总向总机构所在地的主管税务机关申报纳税。

⑥ 纳税人销售的应税消费品，如因质量等原因由购买者退回时，经机构所在地或者居住地主管税务机关审核批准后，可退还已缴纳的消费税税款，但不能自行直接抵减应纳税款。

二、消费税的纳税申报

国家税务总局 2018 年 3 月制定了新的消费税纳税申报表，纳税人无论当期有无销售或是否盈利，均应在次月 1 日至 15 日内根据应税消费品分别填写《消费税纳税申报表》（见表 3-4）、《烟类应税消费品消费税纳税申报表》（见表 3-5）、《酒类应税消费品消费税纳税申报表》（见表 3-6）、《其他应税消费品消费税纳税申报表》（见表 3-7），向主管税务机关进行纳税申报。

除了纳税申报表以外，每类申报表都有附表：《本期准予扣除税额计算表》（见表 3-8）、《本期代收代缴税额计算表》（见表 3-9）、《生产经营情况表》（见表 3-10）、《准予扣除消费税凭证明细表》（见表 3-11）等，在申报时一并填写。

表 3-4 消费税纳税申报表

填表日期：　　　年　　月　　日

纳税编码　□□□□□□□□
纳税人识别号　□□□□□□□□□□□□□□□

纳税人名称：　　　　　　　　　　　　　　　　地　　址：

税款所属期：　　年　月　日至　　年　月　日　　联系电话：

应税消费品名称	适用税目	应税销售额（数量）	适用税率（单位税额）	当期准予扣除外购应税消费品买价（数量）				外购应税消费品适用税率（数量）
				合计	期初库存外购应税消费品买价（数量）	当期购进外购应税消费品买价（数量）	期末库存外购应税消费品买价（数量）	
1	2	3	4	5＝6＋7－8	6	7	8	9
合计								

应纳消费税		当期准予扣除外购应税消费品已纳税款	当期准予扣除委托加工应税消费品已纳税款			
本期	累计		合计	期初库存委托加工应税消费品已纳税款	当期收回委托加工应税消费品已纳税款	期末库存委托加工应税消费品已纳税款
15＝3×4－10 或 3×4－11 或 3×4－10－11	16	10＝5×9 或 10＝5×9（1－征减幅度）	11＝12＋13－14	12	13	14

已纳消费税		本期应补（退）税金额			
本期	累计	合计	上期结算税额	补交本年度欠税	补交以前年度欠税
17	18	19＝15－26－27	20	21	22

截至上年底累计欠税额	本年度新增欠税额		减免税额	预缴税额	多缴税额
	本期	累计			
23	24	25	26＝3×4×征减幅度	27	28

如纳税人填报，由纳税人填写以下各栏		如委托代理人填报，由代理人填写以下各栏		备注
会计主管：（签章）	纳税人：（公章）	代理人名称：	代理人：（公章）	
		代理人地址		
		经办人	电话	
以下由税务机关填写				
收到申报表日期		接收人		

表 3-5 烟类应税消费品消费税纳税申报表

税款所属期： 年 月 日至 年 月 日

纳税人名称（公章）： 纳税人识别号：☐☐☐☐☐☐☐☐☐☐☐☐☐☐☐☐☐☐

填表日期： 年 月 日 金额单位：元（列支角分）

项目 应税 消费品名称	适用税率		销售数量	销售额	应纳税额
	定额 税率	比例 税率			
卷烟/万支	30元/万支	56%			
卷烟/万支	30元/万支	36%			
雪茄烟/烟支	—	36%			
烟丝/千克		30%			
合计	—	—			

本期准予扣除税额：	声明
本期减（免）税额：	此纳税申报表是根据国家税收法律的规定填报的，我确定它是真实的、可靠的、完整的。
期初未缴税额：	经办人(签章)： 财务负责人(签章)： 联系电话：
本期缴纳前期应纳税额：	(如果你已委托代理人申报,请填写) 授权声明
本期预缴税额：	为代理一切税务事宜,现授权＿＿＿＿＿＿
本期应补（退）税额：	(地址)＿＿＿＿＿＿＿＿为本纳税人的代理申报人,任何与本申报表有关的往来档,都可寄予此人。
期末未缴税额：	授权人签章：

以下由税务机关填写

受理人（签章）： 受理日期： 年 月 日 受理税务机关（章）：

表 3-6 酒类应税消费品消费税纳税申报表

税款所属期： 年 月 日至 年 月 日

纳税人名称（公章）： 纳税人识别号：☐☐☐☐☐☐☐☐☐☐☐☐☐☐☐☐☐☐

填表日期： 年 月 日 金额单位：元（列支角分）

项目 应税 消费品名称	适用税率		销售数量	销售额	应纳税额
	定额 税率	比例 税率			
粮食白酒	0.5元/斤	20%			
薯类白酒	0.5元/斤	20%			
啤酒	250元/吨	—			
啤酒	220元/吨	—			
黄酒	240元/吨	—			
其他酒	—	10%			
合计	—	—	—	—	

续表

项目 应税 消费品名称	适用税率		销售数量	销售额	应纳税额
	定额 税率	比例 税率			

本期准予扣除税额：	声明
本期减（免）税额：	此纳税申报表是根据国家税收法律的规定填报的， 我确定它是真实的、可靠的、完整的。
期初未缴税额：	经办人（签章）： 　　财务负责人（签章）： 　　联系电话：
本期缴纳前期应纳税额：	（如果你已委托代理人申报，请填写） 授权声明
本期预缴税额：	为代理一切税务事宜，现授权 _____
本期应补（退）税额：	（地址）_____为本纳税人的代理 申报人，任何与本申报表有关的往来档，都可寄予此人。
期末未缴税额：	授权人签章：

以下由税务机关填写

受理人（签章）：　　　　受理日期：　年　月　日　　　　　　受理税务机关（章）：

表 3-7　其他应税消费品消费税纳税申报表

税款所属期：　　年　月　日至　　年　月　日

纳税人名称（公章）：　　　　纳税人识别号：□□□□□□□□□□□□□□□

填表日期：　年　月　日　　　　　　　　　　　金额单位：元（列支角分）

项目 应税 消费品名称	适用税率		销售数量	销售额	应纳税额
合计	—	—	—	—	

本期准予扣除税额：	声明
本期减（免）税额：	此纳税申报表是根据国家税收法律的规定填报的， 我确定它是真实的、可靠的、完整的。
期初未缴税额：	经办人（签章）： 　　财务负责人（签章）： 　　联系电话：
本期缴纳前期应纳税额：	（如果你已委托代理人申报，请填写） 授权声明
本期预缴税额：	为代理一切税务事宜，现授权 _____
本期应补（退）税额：	（地址）_____为本纳税人的代理 申报人，任何与本申报表有关的往来档，都可寄予此人。
期末未缴税额：	授权人签章：

以下由税务机关填写

受理人（签章）：　　　　受理日期：　年　月　日　　　　　　受理税务机关（章）：

表 3-8　本期准予扣除税额计算表

税款所属期：　　　年　　月　　日至　　　年　　月　　日

纳税人名称（公章）：　　　纳税人识别号：⬚⬚⬚⬚⬚⬚⬚⬚⬚⬚⬚⬚⬚⬚⬚⬚⬚⬚⬚⬚

填表日期：　　年　　月　　日　　　　　　　　　金额单位：元（列支角分）

一、当期准予扣除的委托加工烟丝已纳税款计算
1. 期初库存委托加工烟丝已纳税款：
2. 当期收回委托加工烟丝已纳税款：
3. 期末库存委托加工烟丝已纳税款：
4. 当期准予扣除的委托加工烟丝已纳税款：
二、当期准予扣除的外购烟丝已纳税款计算
1. 期初库存外购烟丝买价：
2. 当期购进烟丝买价：
3. 期末库存外购烟丝买价：
4. 当期准予扣除的外购烟丝已纳税款：
三、本期准予扣除税款合计：

表 3-9　本期代收代缴税额计算表

税款所属期：　　　年　　月　　日至　　　年　　月　　日

纳税人名称（公章）：　　　纳税人识别号：⬚⬚⬚⬚⬚⬚⬚⬚⬚⬚⬚⬚⬚⬚⬚⬚⬚⬚⬚⬚

填表日期：　　年　　月　　日　　　　　　　　　金额单位：元（列支角分）

项目＼应税消费品名称		卷烟	卷烟	雪茄烟	烟丝	合计
适用税率	定额税率	302元/万支	30元/万支	—	—	—
	比例税率	45%	30%	25%	30%	—
受托加工数量						—
同类产品销售价格						—
材料成本						—
加工费						—
组成计税价格						—
本期代收代缴税款						

表 3-10　生产经营情况表

税款所属期：　　　年　　月　　日至　　　年　　月　　日

纳税人名称（公章）：　　　纳税人识别号：⬚⬚⬚⬚⬚⬚⬚⬚⬚⬚⬚⬚⬚⬚⬚⬚⬚⬚⬚⬚

填表日期：　　年　　月　　日　　　　　　　　　金额单位：元（列支角分）

项目＼应税消费品名称	粮食白酒	薯类白酒	啤酒（适用税率250元/吨）	啤酒（适用税率220元/吨）	黄酒	其他酒	酒精
生产数量							
销售数量							
委托加工收回酒及酒精直接销售数量							

续表

应税消费品名称 \ 项目	粮食白酒	薯类白酒	啤酒（适用税率250元/吨）	啤酒（适用税率220元/吨）	黄酒	其他酒	酒精
委托加工收回酒及酒精直接销售额							
出口免税销售数量							
出口免税销售额							

表 3-11　准予扣除消费税凭证明细表

税款所属期：　　　年　月　日至　　　年　月　日

纳税人名称（公章）：　　　　　纳税人识别号：☐☐☐☐☐☐☐☐☐☐☐☐☐☐☐☐☐☐

填表日期：　　年　　月　　日　　　　　　　　　　金额单位：元（列支角分）

应税消费品名称	凭证类别	凭证号码	开票日期	数量	金额	适用税率	消费税税额
合计							

任务三　消费税的会计核算

一、会计核算的依据

消费税的会计核算依据有三种。

（1）销货发票　发票是纳税行为发生的原始依据，发票分增值税专用发票和普通发票两种，二者均可作为计算缴纳消费税的依据。

（2）完税凭证　完税凭证是《税收（消费税专用）缴款书》，企业缴纳消费税后，以加盖收款专用章的"收据联"所载金额，作为完成纳税义务和账务处理的依据。

二、会计科目的设置

为了正确反映和核算消费税有关纳税事项，纳税人应在"应交税费"科目下设置"应交消费税"二级科目。本科目的借方反映企业实际交纳的消费税和待抵扣的消费税；贷方反映按规定应交纳的消费税；期末余额在贷方，反映尚未交纳的消费税。期末借方余额，反映多交或待抵扣的消费税。

由于消费税属于价内税，即销售额中含有应负担的消费税额，应将消费税作为费用、成本的内容加以核算，因此，还应设置与之相应的会计科目，如"税金及附加""长期股权投资""在建工程""营业外支出""应付职工薪酬"等科目。

三、会计核算实务

1. 一般销售的核算

消费税是一种价内税，纳税人销售应税消费品的售价中包含了消费税。因此，纳税人缴纳的消费税应计入"税金及附加"科目，从销售收入中得到补偿。纳税人生产的需要缴纳消费税的消费品，在月末时应当按照应交消费税借记"税金及附加"科目，贷记"应交税费——应交消费税"科目。实际缴纳消费税时，借记"应交税费——应交消费税"科目，贷记"银行存款"科目。发生销货退回及退税时做相反的会计分录。

2. 自产自用的核算

（1）用于在建工程、职工福利或者直接转为固定资产　纳税人将自产的应税消费品用于在建工程或直接转为固定资产的，应于货物移送使用时，按同类消费品的平均销售价格或组成计税价格计算应纳消费税。贷记"应交税费——应交消费税"科目，按移送的货物成本，贷记"库存商品"科目或"主营业务收入"科目；按应纳的消费税和移送货物的成本之和，借记"在建工程""固定资产"等科目。

（2）用于捐赠、赞助、广告　纳税人将自产的应税消费品用于捐赠、赞助和广告的，应于货物移送使用时，按同类消费品的平均销售价格或组成计税价格计算应纳消费税和应纳增值税，贷记"应交税费——应交消费税""应交税费——应交增值税"科目，按移送的货物成本，贷记"主营业务收入"科目；按应纳的增值税、消费税和移送货物的成本之和，借记"税金及附加"科目及"营业外支出""销售费用"等科目。

（3）应税消费品换取生产资料、消费资料　纳税人以生产的应税消费品用于换取生产资料和消费资料属于非货币性资产交换，应按非货币性资产交换的办法进行处理，按换入资产可抵扣的增值税进项税额，借记"应交税费——应交增值税（进项税额）""税金及附加"等科目；按换出应税消费品应支付的相关税费，贷记"应交税费——应交增值税（销项税额）""应交税费——应交消费税"等科目。特别要注意：纳税人用于换取生产资料和消费资料、投资入股和抵偿债务等方面的应税消费品，应当以纳税人同类应税消费品的最高销售价格作为计税依据计算消费税；而增值税仍以同类产品的平均销售价格作为计税依据。

（4）应税消费品用于投资入股　纳税人以生产的应税消费品换入长期股权投资的，按对外投资处理办法借记有关投资科目，按投资移送应税消费品的售价或组成计税价格，贷记"主营业务收入"科目，按应交的增值税额，贷记"应交税金——应交增值税（销项税额）"；按应交的消费税额，贷记"应交税金——应交消费税"科目，借记"税金及附加"科目；按移送的货物成本，借记"主营业务成本"科目，贷记"库存商品"科目。

（5）应税消费品用于抵偿债务　纳税人以生产的应税消费品清偿债务，应按应付账款的账面余额，借记"应付账款"科目，按用于清偿债务的应税消费品的公允价值，贷记"主营业务收入"科目，按应交的增值税销项税额，贷记"应交税费——应交增值税（销项税额）"科目，按其差额，贷记"营业外收入"等科目或借记"营业外支出"等科目；按应交的消费税额，贷记"应交税费——应交消费税"科目，借记"税金及附加"科目；同时按照该用于抵债的应税消费品的账面余额，借记"主营业务成本"科目，贷记"库存商品"

科目。

3. 包装物及押金的核算

(1) 随同商品出售但单独计价的包装物　随同商品出售但单独计价的包装物，其收入贷记"其他业务收入"科目；按规定应缴纳的消费税，借记"税金及附加"科目，贷记"应交税费——应交消费税"科目，同时结转包装物的成本。

(2) 出租、出借包装物逾期的租金及押金　纳税人出租包装物的租金记入"其他业务收入"，出借包装物逾期未退还的包装物押金，应从"其他应付款"科目转入"营业外收入"科目，并按照应缴纳的消费税，借记"税金及附加"科目，贷记"应交税费——应交消费税"科目。

4. 委托加工应税消费品的核算

委托加工的应税消费品，由受托方所在地主管税务机关代收代缴消费税税款；委托个人加工的应税消费品，由委托方向其机构所在地或者居住地主管税务机关申报纳税。

(1) 委托方的账务处理

① 委托加工的应税消费品，收回后直接销售的，不再征收消费税。委托方应将受托方代收代缴的消费税计入委托加工的应税消费品成本，借记"委托加工物资"等科目，贷记"银行存款""应付账款"等科目。

② 委托加工的应税消费品收回后用于连续生产应税消费品按规定准予抵扣的，委托方应按代收代缴的消费税税额，借记"应交税费——应交消费税"科目，贷记"银行存款""应付账款"等科目。待加工成最终应税消费品销售时，按最终应税消费品应缴纳的消费税，借记"税金及附加"科目，贷记"应交税费——应交消费税"科目。

(2) 受托方的账务处理　受托方按应收的消费税税额，借记"银行存款""应收账款"等科目，贷记"应交税费——应交消费税"科目。

5. 进口应税消费品的核算

进口应税消费品时，由海关代征的进口消费税，应计入应税消费品的成本中，根据海关完税凭证上注明的消费税税额，借记"固定资产""物资采购""库存商品""应交税费——应交增值税（进项税额）"等科目，贷记"银行存款""应付账款"等科目。如果进口应税消费品用于连续生产应税消费品，则进口环节消费税记入"应交税费——应交消费税"借方。

【例 3-2】　资料：承接【例 3-1】

要求：编制 ABC 有限责任公司 2016 年 3 月份的会计分录。

① 销售化妆品，计提消费税：

借：银行存款	33 900	
贷：主营业务收入		30 000
应交税费——应交增值税（销项税额）		3 900

计提消费税：

借：税金及附加	4 500	
贷：应交税费——应交消费税		4 500

② 销售啤酒给超市：

借：银行存款	63 280	
贷：主营业务收入		56 000

应交税费——应交增值税（销项税额）		7 280

计提消费税：

借：税金及附加　　　　　　　　　　　　　4 400

　贷：应交税费——应交消费税　　　　　　　　　　4 400

啤酒给客户免费品尝：

借：销售费用　　　　　　　　　　　　　31 640

　　税金及附加　　　　　　　　　　　　2 200

　贷：主营业务收入　　　　　　　　　　　　　28 000

　　　应交税费——应交增值税（销项税额）　　　3 640

　　　应交税费——应交消费税　　　　　　　　2 200

③ 销售粮食白酒：

借：银行存款　　　　　　　　　　　　158 200

　贷：主营业务收入　　　　　　　　　　　　140 000

　　　应交税费——应交增值税（销项税额）　　18 200

计提消费税：

借：税金及附加　　　　　　　　　　　　48 000

　贷：应交税费——应交消费税　　　　　　　　48 000

④ 抵偿债务：

借：应付账款——华盛超市　　　　　　　80 000

　贷：主营业务收入　　　　　　　　　　　　65 000

　　　应交税费——应交增值税（销项税额）　　8 450

　　　营业外收入——债务重组收益　　　　　　6 550

计提消费税：

借：税金及附加　　　　　　　　　　　　23 000

　贷：应交税费——应交消费税　　　　　　　　23 000

⑤ 化妆品作为福利发给职工个人：

借：应付职工薪酬　　　　　　　　　　13 958.82

　贷：主营业务收入　　　　　　　　　　　12 352.94

　　　应交税费——应交增值税（销项税额）　　1 605.88

计提消费税：

借：税金及附加　　　　　　　　　　　　1 852.94

　贷：应交税费——应交消费税　　　　　　　　1 852.94

⑥ 发出委托加工材料：

借：委托加工物资　　　　　　　　　　100 000

　贷：原材料——烟叶　　　　　　　　　　　100 000

支付辅助材料费、加工费及增值税：

借：委托加工物资　　　　　　　　　　40 000

　　应交税费——应交增值税（进项税额）　4 680

　贷：银行存款　　　　　　　　　　　　　　44 680

支付消费税：

借：应交税费——应交消费税　　　　　　　　24 705.88

贷：银行存款　　　　　　　　　　　　　　　　　24 705.88

完工入库：

借：原材料　　　　　　　　　　　　　　　140 000

贷：委托加工物资　　　　　　　　　　　　　　140 000

销售卷烟：

借：银行存款　　　　　　　　　　　　　　339 000

贷：主营业务收入　　　　　　　　　　　　　　300 000

应交税费——应交增值税（销项税额）　　　39 000

计提消费税：

借：税金及附加　　　　　　　　　　　　144 794.12

贷：应交税费——应交消费税　　　　　　　　144 794.12

⑦ 上月购入烟丝：

借：原材料——烟丝　　　　　　　　　　　80 000

应交税费——应交增值税（进项税额）　　10 400

贷：银行存款　　　　　　　　　　　　　　　90 400

领用烟丝投入生产：

借：生产成本　　　　　　　　　　　　　　80 000

贷：原材料——烟丝　　　　　　　　　　　　　80 000

销售卷烟：

借：应收账款　　　　　　　　　　　　　452 000

贷：主营业务收入　　　　　　　　　　　　　400 000

应交税费——应交增值税（销项税额）　　52 000

计提消费税：

借：税金及附加　　　　　　　　　　　　203 000

贷：应交税费——应交消费税　　　　　　　　203 000

⑧ 进口化妆品，支付货款：

借：库存商品　　　　　　　　　　　　　576 000

贷：银行存款　　　　　　　　　　　　　　　576 000

支付关税：

借：库存商品　　　　　　　　　　　　　288 000

贷：银行存款　　　　　　　　　　　　　　　288 000

支付增值税、消费税：

借：库存商品　　　　　　　　　　　　　152 470.59

应交税费——应交增值税（进项税额）　132 141.18

贷：银行存款　　　　　　　　　　　　　　284 611.77

⑨ 进口卷烟，支付货款、运输费用、保险费用

借：库存商品　　　　　　　　　　　　2 200 000

贷：银行存款　　　　　　　　　　　　　2 200 000

支付关税:

借:库存商品　　　　　　　　　　　　　　　　　　　　440 000

　　贷:银行存款　　　　　　　　　　　　　　　　　　　　440 000

支付增值税、消费税:

借:库存商品　　　　　　　　　　　　　　　　　　　　1 560 000

　　应交税费——应交增值税(进项税额)　　　　　　　546 000

　　　贷:银行存款　　　　　　　　　　　　　　　　　　　2 106 000

⑩ 申报缴纳当月消费税:

借:应交税费——应交消费税　　　　　　　　　　　　431 747.06

　　贷:银行存款　　　　　　　　　　　　　　　　　　　431 747.06

任务四　消费税出口退 (免) 税的处理

消费税出口退(免)税的处理

本项目主要法律法规依据:

《中华人民共和国消费税暂行条例》

《中华人民共和国消费税暂行条例实施细则》

《消费税若干具体问题的规定》

实战演练

一、判断题

1. 对应税消费品征收消费税与征收增值税的征税环节是一样的,都是在应税消费品的批发、零售环节征收。(　　)

2. 应税消费品的销货方在销货时为购货方代垫的运费,凡符合税法规定条件的可不作为消费税的计税依据,由销货方与购货方另行结算。(　　)

3. 纳税人将自产自用的应税消费品用作广告或样品,应于移送使用时按销售应税消费品计算缴纳消费税。(　　)

4. 对应税消费品征收消费税后,不再征收增值税。(　　)

5. 委托加工的应税消费品,受托方在交货时已代收代缴消费税,委托方收回后直接出售的,不再征收消费税。(　　)

6. 卷烟与酒类产品的计税办法实行从量定额与从价定率相结合的复合计税办法。
(　　)

7. 用外购已缴税的应税消费品连续生产应税消费品计算征收消费税时,按当期购入数

量计算准予扣除消费税税款。（　　　）

8. 纳税人将自产的应税消费品，用于连续生产应税消费品，无须缴纳消费税。（　　　）

9. 对于接受投资、赠与、抵债等方式取得的已税消费品，其所含的消费税不能扣除。（　　　）

10. 纳税人销售的应税消费品，如因质量等原因由购买者退回的，已缴纳的消费税税务机关不予退还，但可由纳税人自行抵减下期应纳税款。（　　　）

二、单项选择题

1. 下列消费品中，实行从量征收的有（　　　）。

A. 黄酒　　　　　　　B. 涂料　　　　　　　C. 小汽车　　　　　　　D. 高尔夫球

2. 委托加工应税消费品是指（　　　）。

A. 由受托方以委托方名义购进原材料生产的产品

B. 由受托方提供原材料生产的产品

C. 由受托方将原材料卖给委托方，然后再接受加工的产品

D. 由委托方提供原材料和主要材料，受托方只收取加工费和代垫部分辅助材料加工的产品

3. 现行消费税的计税依据是指（　　　）。

A. 含消费税而不含增值税的销售额　　　　B. 含消费税且含增值税的销售额

C. 不含消费税而含增值税的销售额　　　　D. 不含消费税也不含增值税的销售额

4. 纳税人用外购应税消费品连续生产应税消费品，在计算纳税时，其外购应税消费品的已纳消费税税款应按下列办法处理（　　　）。

A. 该已纳税款当期可以全部扣除

B. 该已纳税款当期可扣除50%

C. 可对外购应税消费品当期领用部分的已纳税款予以扣除

D. 该已纳税款当期不得扣除

5. 自产自用应税消费品计算消费税时，若没有同类应税消费品销售价格的，按组成计税价格计算，其组成计税价格为（　　　）。

A. (成本＋利润)÷(1－消费税税率)

B. (成本＋利润)÷(1＋消费税税率)

C. (成本＋利润)÷(1－增值税税率或征收率)

D. (成本＋利润)÷(1＋增值税税率或征收率)

6. 纳税人进口应税消费品，应当自海关填发税款缴款书的次日起（　　　）日内缴纳税款。

A. 5　　　　　　　　B. 7　　　　　　　　C. 10　　　　　　　　D. 15

7. 某酒厂某月生产税率为20%的粮食白酒，又生产税率为10%的其他酒，该厂未分别核算上述两种酒的销售额，在计算消费税应纳税额时，应使用的税率为（　　　）。

A. 20%　　　　　　　B. 15%　　　　　　　C. 不确定　　　　　　　D. 10%

8. 某汽车轮胎厂为增值税一般纳税人，本月销售汽车轮胎取得专用发票注明的销售额400 000元，价外费用8 588元，增值税税额69 292元，则消费税的计税依据为（　　　）元。

A. 12 228　　　　　　B. 407 600　　　　　　C. 408 892　　　　　　D. 400 000

9. 某卷烟厂将一批特制的烟丝作为福利分给本厂职工，已知该批烟丝的生产成本为

10 000元，其应纳消费税为（　　）元。

A. 4 200 　　　B. 3 000 　　　C. 4 500 　　　D. 4 285

10. 委托加工应税消费品的组成计税价格为（　　）。

A.（材料成本＋加工费）÷（1－消费税税率）

B.（材料成本＋利润）÷（1－消费税税率）

C.（材料成本＋加工费）÷（1＋消费税税率）

D.（材料成本＋利润）÷（1＋消费税税率）

11. 进口应税消费品组成计税价格为（　　）。

A.（关税完税价格＋关税）÷（1－消费税税率）

B.（关税完税价格＋关税）÷（1＋消费税税率）

C.（关税完税价格＋关税）×消费税税率

D.（关税完税价格－关税）÷（1－消费税税率）

12. 消费税纳税人发生下列行为，其具体纳税地点正确的是（　　）。

A. 纳税人到外县（市）销售应税消费品的，应向销售地税务机关申报缴纳消费税

B. 纳税人直接销售应税消费品的，必须向纳税人核算地主管税务机关申报缴纳消费税

C. 委托加工应税消费品的，一律由受托方向其所在地主管税务机关缴纳消费税

D. 进口应税消费品，由进口人或者其代理人向报关地海关申报纳税

13. 按照现行消费税制度规定，纳税人委托加工应税消费品，由受托方代收代缴税款，以下哪种情况可以由委托方回原地纳税（　　）。

A. 委托国有企业加工应税消费品　　　B. 委托私营企业加工应税消费品

C. 委托外商投资企业加工应税消费品　　D. 委托个人加工应税消费品

14. 委托加工应税消费品委托方收回后直接用于销售，支付代扣代缴消费税的会计分录为（　　）。

A. 借：委托加工物资

　　贷：银行存款

B. 借：税金及附加

　　贷：银行存款

C. 借：应交税费——应交消费税

　　贷：银行存款

D. 借：应交税费——代扣消费税

　　贷：银行存款

15. 某外贸公司2019年3月从生产企业购进化妆品一批，取得增值税专用发票注明价款25万元，增值税3.25万元，支付购化妆品的运输费用3万元，当月该批化妆品全部出口取得销售收入35万元。该外贸公司出口化妆品应退的消费税为（　　）。

A. 7.5万元 　　　B. 8.4万元 　　　C. 9.7万元 　　　D. 10.5万元

三、多项选择题

1. 下列消费品中属于消费税征税范围的有（　　）。

A. 贵重首饰　　　B. 鞭炮　　　C. 木制一次性筷子　　　D. 摩托车

2. 纳税人自产自用的应税消费品，用于（　　）的，应缴纳消费税。

A. 在建工程　　　　　　　　　　B. 职工福利

C. 管理部门   D. 连续生产应税消费品

3. 我国消费税的特点有（   ）。

A. 征税项目具有普遍性   B. 征税环节具有单一性

C. 征税方法具有多样性   D. 税收调节具有特殊性

4. 在从量定额计算消费税时，其计税依据包括（   ）。

A. 销售应税消费品，为销售数量

B. 委托加工应税消费品，为加工收回的应税消费品数量

C. 自产自用应税消费品，为移送使用数量

D. 进口的应税消费品，为进口应税数量

5. 在下列情形中，对于（   ）在计税时，准予扣除外购或委托加工应税消费品已纳的消费税税款。

A. 用外购已税的烟丝生产的卷烟

B. 用外购已税的化妆品生产的化妆品

C. 以委托加工收回的已税实木地板为原料生产的实木地板

D. 以委托加工收回的已税酒精为原料生产的白酒

6. 下列表述中，正确的规定有（   ）。

A. 消费税是价内税

B. 消费税是价外税

C. 实行从价定率征收的消费品，是以含消费税而不含增值税的销售额为计税依据

D. 实行从价定率征收的消费品，是以含消费税和增值税的销售额为计税依据

7. 消费税纳税环节包括（   ）。

A. 批发环节   B. 进口环节   C. 零售环节   D. 生产销售环节

8. 下列应税消费品中，采用复合计税方法计算消费税的有（   ）。

A. 烟丝   B. 卷烟   C. 白酒   D. 酒精

9. 下列消费品中采用从量定额计征消费税的有（   ）。

A. 啤酒   B. 游艇   C. 成品油   D. 实木地板

10. 下列表述中符合消费税纳税义务发生时间规定的有（   ）。

A. 纳税人生产销售应税消费品，采取托收承付结算方式的，为发出应税消费品的当天

B. 纳税人自产自用的应税消费品，为移送使用的当天

C. 纳税人委托加工的应税消费品，为纳税人提货的当天

D. 纳税人进口的应税消费品，为报关进口的次日

11. 木材加工厂将自产的一批实木地板用于在建工程的会计分录为（   ）。

A. 借：在建工程
　　贷：应交税费——应交增值税（销项税额）

B. 借：在建工程
　　贷：应交税费——应交消费税

C. 借：税金及附加
　　贷：应交税费——应交消费税

D. 借：在建工程
　　贷：库存商品

12. 某烟草商进口烟丝，报关时由海关征收的税种有（　　）。

A. 关税　　　　　　　B. 增值税　　　　　　C. 营业税　　　　　　D. 消费税

四、业务题

1. 某化妆品公司为庆祝三八"妇女节"，特别生产精美套装化妆品，全公司 600 名职工每人发一套，此套化妆品没有供应市场，每套生产成本为 100 元，若国家税务总局确定化妆品全国平均成本利润率为 5%，成套化妆品消费税税率为 15%，试计算该公司应纳消费税税额，并做账务处理。

2. 某酒厂向当地举办的酒文化节无偿赠送 500 瓶薯类白酒，计 250 千克，每瓶酒的市场价格为 67.8 元（含增值税）。试计算该厂应纳消费税税额，并做账务处理。

3. 某黄酒厂 5 月份销售情况如下。

（1）销售瓶装黄酒 100 吨，每吨 5 000 元（含增值税），随黄酒发出不单独计价包装箱 1 000 个，一个月内退回，每个收取押金 100 元，共收取押金 100 000 元。

（2）销售散装黄酒 40 吨，取得含增值税的价款 180 000 元。

（3）作为福利发给职工黄酒 10 吨，计算价款为 40 000 元，参加展示会赞助 4 吨，价款为 16 000 元。

试计算该黄酒厂本月应纳消费税税额，并做账务处理。

4. A 卷烟厂 2019 年 8 月份发生如下经济业务：

（1）8 月 5 日购买一批烟叶，取得增值税专用发票注明的价款为 10 万元，增值税为 1.3 万元。

（2）8 月 15 日，将 8 月 5 日购进的烟叶发往 B 烟厂，委托 B 烟厂加工烟丝，收到的专用发票注明的支付加工费 4 万元，税款为 5 200 元。

（3）A 卷烟厂收回烟丝后领用一半用于卷烟生产，另一半直接出售，取得价款为 18 万元，增值税为 23 400 元。

（4）8 月 25 日，A 卷烟厂销售卷烟 100 箱，每箱不含税售价 5 000 元，款项存入银行。

（5）B 烟厂无同类烟丝销售价格。

计算该厂当期应纳的消费税，并分别为 A、B 烟厂做账务处理。

5. 某日化厂某年 8 月份发生以下业务。

（1）从国外进口一批化妆品，关税完税价格为 60 000 元，缴纳关税 35 000 元。

（2）以价值 80 000 元的原材料委托他厂加工防皱化妆品，支付加工费 55 000 元，该批加工产品已收回（防皱化妆品，受托方没有同类货物价格可以参照）。

计算该日化厂当期应纳的消费税。

项目四
关税计算申报与核算

知识目标

1. 掌握进出口商品应纳关税税额的计算；
2. 熟悉关税的会计处理；
3. 了解关税的基本知识。

能力目标

1. 能根据有关规定计算进出口商品应纳关税税额；
2. 能填制海关进出口关税专用缴款书；
3. 能根据进出口业务进行关税的会计处理。

素质目标

1. 培养学生的爱国主义精神；
2. 培养学生的国际主义精神。

情境导入

辽宁美联化妆品有限公司 2016 年 7 月进口高档化妆品一批，到岸价格为 100 万元。该公司 7 月份如何计算应缴纳的关税？

知识铺垫

一、关税的相关概念

关税是由海关对进出国境或关境的货物和物品征收的一种流转税。货物是贸易性商品，其纳税人是经营进出口货物的收、发货人；物品指入境旅客随身携带的行李物品、个人邮递物品、运输工具、服务人员携带的自用物品，以及以其他方式进境的个人物品，其纳税人是物品的持有人、所有人或收件人。国境是一个国家以边界为界限，全面行使主权的境域，包括领土、领海和领空。关境是一个国家关税法令完全施行的境域。一般情况下，一个国家的国境与关境是一致的，但当一个国家在国境内设立自由贸易港、自由贸易区、保税区、保税仓库时，关境就小于国境；当几个国家结成关税同盟，成员国之间相互取消关税，对外实行共同的关税税则时，就其成员国而言，关境大于国境。

二、关税税率的确定

我国《进出口关税条例》规定，进出口货物应当依照税则规定的归类原则归入合适的税号，确定适用的税率。

关税税率是整个关税制度的核心要素。目前我国的关税税率主要有以下几种。

1. 进口货物税率

改革开放后，我国多次降低进口关税税率。从 1992 年初的 44.4%（简单算术平均，下同）至 1996 年初的 23%。1997 年 10 月 1 日起，平均税率为 17%。2001 年 12 月 11 日起我国正式成为世界贸易组织成员方，2001 年平均税率为 15.3%；按 2002 年的新税则，我国的关税总水平已降至 12.7%；2006 年，我国的关税总水平为 9.9%；2007 年，我国的关税总水平为 9.8%。

进口关税设置最惠国税率、协议税率、特惠税率、普通税率、配额税率等税率，对进口货物在一定期限内可以实行暂定税率。

（1）最惠国税率　适用原产于与我国共同适用最惠国待遇条款的世界贸易组织成员国或地区的进口货物，或原产于与我国签订有相互给予最惠国待遇条款的双边贸易协议的国家或地区的进口货物，以及原产于我国境内的进口货物。

（2）协议税率　适用原产于我国参加的含有关税优惠条款的区域性贸易协议的有关缔约方的进口货物。

（3）特惠税率　适用原产于与我国签订有特殊优惠关税协议的国家或地区的进口货物。

（4）普通税率　适用原产于上述国家或地区以外的国家或地区的进口货物。

（5）暂定税率　是对某些税号中的部分货物在适用最惠国税率的前提下，通过法律程序暂时实施的进口税率，具有非全税目的特点，低于最惠国税率。适用最惠国税率的进口货物有暂定税率的，应当适用暂定税率；适用协议税率、特惠税率的进口货物有暂定税率的，应当从低适用税率；适用普通税率的进口货物，不适用暂定税率。

（6）配额税率　配额内关税是对一部分实行关税配额的货物，按低于配额外税率的进口税率征收的关税。按照国家规定实行关税配额管理的进口货物，关税配额内的，适用关税配额税率；关税配额外的，其税率的适用按照前述的规定执行。

2. 出口货物税率

出口货物税率没有普通税率和优惠税率之分。为鼓励国内企业出口创汇，又能够控制一些商品的盲目出口，我国对绝大部分出口货物不征收出口关税，只对少数产品征收出口关税。目前主要是对鳗鱼苗、部分有色金属矿砂及其精矿、生锑、磷、氟钽酸钾、苯、山羊板皮、部分铁合金、钢铁废碎料、铜和铝原料及其制品、镍锭、锌锭、锑锭等 30 多种商品征收出口关税。对出口货物也可在一定期限内实行暂定税率，适用出口税率的出口货物有暂定税率的，应当适用暂定税率。对上述范围内的 20 多种商品实行 0～20% 暂定税率，10 多种商品为零关税。

3. 特别关税

特别关税包括报复性关税、反倾销税与反补贴税、保障性关税。征收特别关税的货物、适用国别、税率、期限和征收办法，由国务院关税税则委员会决定，海关总署负责实施。

（1）报复性关税　是指为报复他国对本国出口货物的关税歧视，而对相关国家的进口货物征收的一种进口附加税。任何国家或地区对其进口的原产于我国的货物征收歧视性关税或者给予其他歧视性待遇的，我国对原产于该国家或者地区的进口货物征收报复性关税。

（2）反倾销税与反补贴税　是指进口国海关对外国的倾销商品，在征收关税的同时附加征收的一种特别关税，其目的在于抵销他国补贴。倾销是指正常贸易过程中以低于正常价值的出口价格，大量输出商品到另一个国家或地区市场的行为，是一种不公平的贸易做法。补贴是出口国（或地区）政府或者其任何公共机构提供的并为接受者带来利益的财政资助以及任何形式的对收入或者价格的支持，是一种比较隐蔽的降低经营者经营成本的措施。

（3）保障性关税　当某类商品进口量剧增，对我国相关产业带来巨大威胁或损害时，可按有关法规规定，采取保障措施，征收保障性关税。任何国家或地区对我国出口成品采取歧视性保障措施的，我国可以根据实际情况对该国或地区采取相应的税收措施。

三、关税的优惠政策

关税减免是对某些纳税人和征税对象给予鼓励和照顾的一种特殊调节手段。关税减免是贯彻国家关税政策的一项重要措施，其权限属于中央，未经中央许可，各地海关不得擅自决定减免。关税减免主要有以下几种。

1. 法定减免

符合税法规定的可予减免税的进出口货物，纳税人无须提出申请，海关可按规定直接予以减免税。《中华人民共和国海关法》（以下简称《海关法》）和《中华人民共和国货物进出口管理条例》（以下简称《货物进出口管理条例》）明确规定下列货物、物品予以减免税。

① 下列货物经海关审查无讹，可以免税：关税额在人民币50元以下的一票货物；无商业价值的广告品和货样；外国政府、国际组织无偿赠送的物资；进出境运输工具装载的途中必需的燃料、物料和饮食用品。

② 有下列情形之一的进口货物，海关可以酌情减免：在境外运输途中或起卸时，遭受损坏或者损失的；起卸后海关放行前，因不可抗力遭受损坏或损失的；海关查验已经破漏、损坏或腐烂，经证明不是保管不慎造成的。

③ 为境外厂商加工、装配成品和为制造外销产品而进口原材料、辅料、零部件、配套件和包装物者，海关按照实际加工出口的成品数量，免征进口关税；或对进口料件先征进口关税，再按照实际加工出口的成品数量予以退税。

④ 经海关核准暂进境或暂出境并在六个月内复运出境或复运进境的特定货物，若货物收发货人向海关缴纳相当于税款的保证金或提供担保者，准予暂时免纳关税。

⑤ 我国缔结或者参加的国际条约所规定减征、免征关税的货物、物品。

2. 特定减免

特定减免是指法律法规确定的法定减免以外，由国务院授权的机关颁布法规、规章特别规定的减免。特定减免税货物一般有地区、企业和用途的限制，如科教用品、残疾人专用品、扶贫及慈善性捐赠物资、加工贸易产品、边境贸易进口物资、保税区进出口货物、出口加工区进出口货物等。

3. 临时减免

临时减免是指法定减免和特定减免范围以外的其他减免税，即由国务院根据《海关法》对某个单位、某类商品、某个项目或者某批进出口货物的特殊情况，给予特别照顾，一案一批、专文下达的减免税。一般有单位、品种、期限、金额或数量等限制，不能比照执行。

任务一　关税完税价格的确定

关税完税价格是海关计征关税所使用的计税价格，是海关以进出口货物的实际成交价格为基础审定的完税价格。实际成交价格是一般贸易项下进口或出口货物的买方为购买该项货物向卖方实际支付或应当支付的价格。实际成交价格不能确定时，完税价格由海关依法估定。纳税人向海关申报的价格不一定等于完税价格，只有经海关审核并接受的申报价格才能作为完税价格。我国海关现在依据 2002 年 1 月 1 日起施行的《中华人民共和国海关审定进出口货物完税价格办法》审定进出口货物的完税价格。

一、进口货物完税价格的确定

1. 一般进口货物完税价格的确定

进口货物以海关审定的成交价格为基础的到岸价格为完税价格。到岸价格包括货价及货物运抵我国境内输入地点起卸前的运费、包装费、保险费和其他劳务费。"我国境内输入地"为入境海关地，包括内陆河、江口岸，一般为第一口岸。"成交价格"是指买方为购买该货物，并按有关规定调整后的实付或应付价格，即买方为购买进口货物直接或间接支付的总额。具体要注意以下几点。

（1）下列费用或价值未包含在进口货物的成交价格中，应一并计入完税价格

① 特许权使用费，但与进口货物无关或者不构成进口货物向境内销售要件的不计入完税价格；

② 除购货佣金以外的佣金和经纪费，比如卖方佣金；

③ 货物运抵我国关境内输入地点起卸前由买方支付的包装费、运费、保险费和其他劳务费用；

④ 由买方负担的与进口货物视为一体的容器费用；

⑤ 由买方负担的包装材料和包装劳务的费用；

⑥ 卖方直接或间接从买方对该货物进口后转售（含处置和使用）所得中获得的收益。

（2）下列费用如在货物的成交价格中单独列明的，应从完税价格中扣除

① 货物运抵境内输入地点之后的运输费用、保险费用和其他相关费用；

② 工业设施、机械设备类货物进口后发生的基建、安装、调试、技术指导等费用；

③ 进口关税及其他国内税收。

（3）进口货物完税价格中的运费和保险费按下列规定确定

① 海运进口货物应计算至该项货物运抵我国境内的卸货口岸。

② 陆运进口货物应计算至该项货物运抵我国关境的第一口岸为止。若成交价格中所包括的运费、保险费、杂费计算至内地到达口岸的，关境的第一口岸至到达口岸的内地一段的以上费用，不予扣除。

③ 空运进口货物应计算至进入境内的第一口岸。若成交价格为进入关境的第一个口岸外的其他口岸，则应计算至目的地口岸。

进口货物的运费应当按照实际支付的费用计算。如果进口货物的运费无法确定或未实际发生，海关应按该货物进口同期运输行业公布的运费率（额）计算运费；按照"货价加运

费"总额的 0.3%计算保险费。

2. **进口货物完税价格的估定**

进口货物的成交价格经海关审查未能确定的,应当依次以下列价格为基础,估定完税价格。

① 相同货物成交价格法。即以从该进口货物的同一出口国(地区)购进的相同货物的成交价格作为该被估货物完税价格的依据。

② 类似货物成交价格法。即以从该进口货物的同一出口国(地区)购进的类似货物的成交价格作为被估货物完税价格的依据。

③ 国际市场价格法。即以该进口货物的相同或类似货物在国际市场上公开的成交价格为该进口货物完税价格的依据。

④ 国内市场价格倒扣法。即以该进口货物的相同或类似货物在国内市场上的批发价格,减去进口关税和进口环节其他税费以及进口后的正常运输、储存、营业费用及利润后的价格。

⑤ 其他合理方法。如果按上述几种方法顺序估价仍不能确定其完税价格时,则可由海关按照规定的估价原则,采用其他合理方法估定完税价格。

3. **特殊进口货物完税价格的确定**

(1) 运往境外加工的货物 运往境外加工的货物,出境时向海关报明,并在海关规定期限内复运进境的,按下列顺序确定其完税价格。

① 以加工后的货物进境时的到岸价格与原出境货物相同或类似货物在进境时的到岸价格的差额作为完税价格。

② 若无法得到原出境货物在进境时的到岸价格,可用原出境货物申报出境时的离岸价格替代。

③ 若上述方法均不能确定,可用该出境货物在境外加工时支付的工缴费,加上运抵我国关境输入地点起卸前的包装费、运费、保险费和其他劳务费等一切费用作为完税价格。

(2) 运往境外修理的货物 运往境外修理的机械器具、运输工具或其他货物,出境时已向海关报明,并在海关规定期限内复运进境的,按海关审定的境外修理费和料件费作为完税价格。

(3) 以租赁和租借方式进口的货物 以租赁和租借方式进境的货物,以海关审查确定进境货物的租金作为完税价格。如租赁进境的货物是一次性支付租金,则可以海关审定进口货物的成交价格作为完税价格。

(4) 暂时进境货物 经海关批准的暂时进境的货物,应按照一般进口货物估价办法的规定,估定完税价格。

(5) 留购的进口货样等货物 国内单位留购的进口货样、展览品及广告陈列品,以海关审定的留购价格为完税价格。

二、出口货物完税价格的确定

1. **以成交价格为基础的完税价格**

出口货物的完税价格,由海关以该货物向境外销售的成交价格以及该货物运至我国境内输出地点装卸前的运输及相关费用、保险费为基础审定,但不包括出口关税税额。出口货物的成交价格，是指该货物出口销售到我国境外时买方向卖方实付或应付的价格。下列费用应予扣除。

① 成交价格中含有支付给国外的佣金，与货物成交价格分列的，应予扣除；未单独列明的，则不予扣除。

② 出口货物的销售价格如果包括离境口岸至境外口岸之间的运输费、保险费的，该运输费、保险费应予扣除。

出口货物完税价格的计算公式为：

$$完税价格＝离岸价格÷（1＋出口关税税率）$$

2. 由海关估定的完税价格

出口货物的发货人或其代理人应如实向海关申报出口货物售予境外的价格，对出口货物的成交价格不能确定时，完税价格由海关依次按下列方法予以估定：

① 同时或大约同时向同一国家或地区销售出口的相同货物的成交价格；

② 同时或大约同时向同一国家或地区销售出口的类似货物的成交价格；

③ 根据境内生产相同或类似货物的成本、储运和保险费用、利润及其他杂费计算所得的价格；

④ 按照其他合理方法估定的价格。

任务二　关税应纳税额的计算

关税税额的计算公式为：

$$应纳关税税额＝关税完税价格×关税税率$$

一、进口货物应纳关税

1. 从价应纳税额的计算

$$关税税额＝应税进口货物数量×单位完税价格×关税税率$$

具体分以下几种情况。

（1）以我国口岸到岸价格（CIF）成交的，或者和我国毗邻的国家以两国共同边境地点交货价格成交的进口货物，其成交价格即为完税价格。应纳关税税额的计算公式为：

$$应纳进口关税税额＝CIF×关税税率$$

【例 4-1】 辽宁美联化妆品有限公司于 2019 年 7 月从美国进口一批甲醛，到岸价格为 CIF 上海 400 000 美元，另外在货物成交过程中，公司向卖方支付佣金 20 000 美元，已知当时外汇牌价为 1 美元＝7.1 元人民币，甲醛进口关税税率为 15%。计算该公司进口该批货物应纳的关税税额。

该批甲醛的完税价格包括到岸价格和支付给卖方的佣金，故：

$$完税价格＝（400\,000＋20\,000）×7.1＝2\,982\,000（元）$$
$$应纳进口关税税额＝2\,982\,000×15\%＝447\,300（元）$$

（2）以国外口岸离岸价（FOB）或国外口岸到岸价格成交的，应另加从发货口岸或国外交货口岸运到我国口岸以前的运杂费和保险费作为完税价格。应纳关税税额的计算公式为：

$$应纳进口关税税额＝（FOB＋运杂费＋保险费）×关税税率$$

　　在国外口岸成交情况下，完税价格中包括的运杂费、保险费，原则上应按实际支付的金额计算，若无法得到实际支付金额，也可以外贸系统海运进口运杂费率或按协商规定的固定运杂费率计算运杂费，保险费按中国人民保险公司的保险费率计算。计算公式为：

$$应纳进口关税税额＝（FOB＋运杂费）÷（1－保险费率）×关税税率$$

　　【例 4-2】　辽宁美联化妆品有限公司 2019 年 8 月从美国进口工业皮革 50 吨，进口工业皮革的 FOB 价格为每吨 5 000 美元，运费 6 000 美元，保险费率 3‰。8 月 15 日，货物到达我国宁波口岸，进口工业皮革的关税税率为 14%，外汇牌价为 1 美元＝6.82 元人民币。计算这批进口商品应缴纳多少关税？

$$完税价格＝（250 000＋6 000）×6.82÷（1－3‰）＝1 751 173.5（元）$$
$$应纳进口关税税额＝1 751 173.5×14%＝245 164.29（元）$$

　　（3）以国外口岸离岸价格加运费（即 CFR 价格）成交的，应另加保险费作为完税价格。计算公式为：

$$应纳进口关税额＝（CFR＋保险费）×关税税率＝CFR÷（1－保险费率）×关税税率$$

　　【例 4-3】　辽宁美联化妆品有限公司从我国香港地区进口原产地为韩国的设备 3 台，该设备的总成交价格为 CFR 上海港 180 000 港元，保险费率为 3‰，设备进口关税税率为 10%，当日外汇牌价 1 港元＝1.07 元人民币，计算这批设备应缴纳的关税。

$$完税价格＝180 000×1.07÷（1－3‰）＝193 179.54（元）$$
$$应纳进口关税税额＝193 179.54×10%＝19 317.95（元）$$

　　（4）特殊进口商品的关税计算

　　特殊进口货物种类繁多，需在确定完税价格的基础上，再计算应纳税额，应纳关税的计算公式为：

$$应纳进口关税税额＝特殊进口货物完税价格×关税税率$$

　　【例 4-4】　辽宁美联化妆品有限公司于 2019 年 1 月以 100 万元的价格进口一台设备。2016 年 2 月因出现故障运往美国修理，出境时已向海关报备。同年 5 月按海关规定期限复运进境。此时，该仪器的国际市场价为 150 万元。若经海关审定的修理费和料件费为 40 万元，进口关税税率为 5%。计算该设备复运进境时应纳的进口关税税额。

　　根据规定，运往境外修理的设备，出境时已向海关报备，并在海关规定期限内复运进境的，按海关审定的境外修理费和料件费作为完税价格，故：

$$应纳进口关税税额＝40×5%＝2（万元）$$

　　2. 从量应纳税额的计算

$$应纳进口关税税额＝应税进口货物数量×定额税率$$

　　3. 复合税应纳税额的计算

　　我国目前实行的复合税都是先计征从量税，再计征从价税。

$$应纳进口关税税额＝应税进口货物数量×定额税率＋应税进口货物数量×单位完税价格×税率$$

　　4. 滑准税应纳税额的计算

$$应纳进口关税税额＝应税进口货物数量×单位完税价格×滑准税税率$$

二、出口货物应纳关税

　　1. 从价应纳税额的计算

$$关税税额＝应税出口货物数量×单位完税价格×税率$$

具体分以下几种情况：

① 以我国口岸离岸价格（FOB）成交的出口关税计算公式：

$$应纳出口关税税额＝FOB÷（1＋关税税率）×关税税率$$

② 以国外口岸到岸价格（CIF）成交的出口关税计算公式：

$$应纳出口关税税额＝（CIF－保险费－运费）÷（1＋关税税率）×关税税率$$

③ 以国外口岸价格加运费价格（CFR）成交的出口关税公式：

$$应纳出口关税税额＝（CFR－运费）÷（1＋关税税率）×关税税率$$

【例 4-5】 辽宁美联化妆品有限公司出口产品一批，成交价格为 FOB 大连 193 800 美元，其中含支付国外佣金 2％，另外进口方还支付货物包装费 5 000 美元，当日外汇牌价为 1 美元＝7.1 元人民币，关税税率为 10％，计算应交出口关税。

FOB 价格内包含的支付国外的佣金应扣除，而买方在出口货物 FOB 价外另支付的包装费应计入完税价格。则：

$$不含佣金的 FOB 价格＝193\,800÷（1＋2％）＝190\,000（美元）$$
$$完税价格＝（190\,000＋5\,000）÷（1＋10％）＝177\,272.73（美元）$$
$$应交出口关税＝177\,272.73×7.1×10％＝125\,863.64（元）$$

2. 从量应纳税额的计算

$$应纳出口关税税额＝应税出口货物数量×单位货物税额$$

3. 复合税应纳税额的计算

我国目前实行的复合税都是先计征从量税，再计征从价税。

$$应纳出口关税税额＝应税出口货物数量×单位货物税额＋应税出口货物数量×单位完税价格×税率$$

4. 滑准税应纳税额的计算

$$应纳出口关税税额＝应税出口货物数量×单位完税价格×滑准税税率$$

任务三 关税的征收管理

一、进出口货物报关

1. 报关时间

进口货物的纳税人应当自运输工具申报进境之日起 14 日内，向货物的进境地海关申报，如实填写海关进口货物报关单，并提交进口货物的发票、装箱清单、进口货物提货单或运单、关税免税或免予查验的证明文件等。

出口货物的发货人除海关特准外，应当在装货的 24 小时以前，填报出口货物报关单，交验出口许可证和其他证件，申报出口，由海关放行，否则货物不得离境出口。

2. 报关应提交的相关材料

进出口货物时应当提交以下材料：

① 进出口货物报关单；

② 合同；

③ 发票；

④ 装箱清单；

⑤ 载货清单（舱单）；

⑥ 提（运）单；

⑦ 代理报关授权委托协议；

⑧ 进出口许可证件；

⑨ 海关要求的加工贸易手册（纸质或电子数据的）及其他进出口有关单证。

二、关税的缴纳

1. 缴纳地点

根据纳税人的申请及进出口货物的具体情况，关税可以在关境地缴纳，也可在主管地缴纳。关境地缴纳是指进出口货物在哪里通关，纳税人即在哪里缴纳关税，这是最常见的做法。主管地缴纳是指纳税人住址所在地海关监管其通关并征收关税，它只适用于集装箱运载的货物。

2. 缴纳凭证

海关在接受进出口货物通关手续申报后，逐票计算应征关税并向纳税人或其代理人填发《海关进（出）口关税专用缴款书》，纳税人或其代理人持《海关进（出）口关税专用缴款书》在规定期限内向银行办理税款交付手续。

海关填发的《海关进（出）口关税专用缴款书》一式六联：第一联为"收据"，由国库收款签章后交缴款单位或缴纳人；第二联为"付款凭证"，由缴款单位开户银行作付出凭证；第三联为"收款凭证"，由国库收款作收入凭证；第四联为"回执"，由国库盖章后退回海关财务部门；第五联为"报查"，关税由国库收款后将退回海关，进口环节税送当地税务机关；第六联为"存根"，是由填发单位存查。进出口货物收货人或其代理人缴纳税款后，应将盖有"收讫"章的《海关进（出）口关税专用缴款书》第一联送签发海关验核，海关凭予办理有关手续。

3. 缴纳期限

纳税人应当自海关填发税款缴款书之日起 15 日内，向指定银行缴纳税款。如果关税缴纳期限的最后 1 日是周末或法定节假日，则关税缴纳期限顺延至周末或法定节假日过后的第 1 个工作日。关税纳税人因不可抗力或者在国家税收政策调整的情形下，不能按期缴纳税款的，经海关总署批准，可以延期缴纳税款，但最长不得超过 6 个月。

三、关税的强制执行

根据《海关法》规定，纳税人或其代理人应当在海关规定的缴款期限内缴纳税款，逾期未缴的即构成关税滞纳。为保证海关决定的有效执行和国家财政收入的及时入库，《海关法》赋予海关对滞纳关税的纳税人强制执行的权力。强制措施主要有以下两类。

1. 征收滞纳金

滞纳金自关税缴纳期限届满滞纳之日起，至纳税人缴纳关税之日止，按滞纳税款万分之五的比例按日征收，周末或法定节假日不予扣除。计算公式为：

$$关税滞纳金金额 = 滞纳关税税额 \times 0.05\% \times 滞纳天数$$

2. 强制征收

纳税人自海关填发缴款书之日起 3 个月仍未缴纳税款的，经海关关长批准，海关可以采取强制措施扣缴。强制措施主要有强制扣缴和变价抵扣两种。

（1）强制扣缴 强制扣缴是指海关依法自行或向人民法院申请采取从纳税人的开户银行或者其他金融机构的存款中将相当于纳税人应纳税款的款项强制划拨入国家金库的措施。即书面通知其开户银行或者其他金融机构从其存款中扣缴税款。

（2）变价抵扣 变价抵扣是指如果纳税人的银行账户中没有存款或存款不足以强制扣缴时，海关可以将未放行的应税货物依法变卖，以销售货物所得价款抵缴应缴税款。如果该货物已经放行，海关可以将该纳税人的其他价值相当于应纳税款的货物或其他财产依法变卖，以变卖所得价款抵缴应缴税款。

强制扣缴和变价抵扣的税款含纳税人未缴纳的税款滞纳金。

四、关税退还

关税的退还是关税纳税人缴纳税款后，因某种原因的出现，海关将实际征收多于应当征收的税款退还给原纳税人的一种行政行为。根据《海关法》规定，海关多征的税款，海关发现后应当立即退还。

按规定，有下列情形之一的，纳税人可以自缴纳税款之日起 1 年内，书面声明理由，连同原纳税收据向海关申请退还税款并加算银行同期活期存款利息，逾期不予受理：

① 因海关误征，多纳税款的；

② 海关核准免验进口的货物，在完税后发现有短缺情况，经海关审查认可的；

③ 已征出口关税的货物，因故未装运出口，申报退关，经海关查明属实的。

对已征出口关税的出口货物和已征进口关税的进口货物，因货物品种或规格原因（非其他原因）原状复运进境或出境的，经海关查验属实的，也应退还已征关税，海关应当在受理退税申请之日起 30 日内作出书面答复并通知退税申请人。

五、关税的补征和追征

关税的补征和追征是海关在纳税人按海关规定缴纳关税后，发现实际征收税额少于应当征收的税额时，责令纳税人补缴所差税款的一种行政行为。

关税的补征不是因纳税人违反海关规定造成少征关税。根据《海关法》规定，进出境货物或物品放行后，海关发现少征或漏征税款，应当自缴纳税款或者货物、物品放行之日起 1 年内，向纳税人补征。关税的追征是由于纳税人违反海关规定造成少征关税。因纳税人违反规定而造成的少征或者漏征的税款，自纳税人应缴纳税款之日起 3 年以内可以追征，并从缴纳税款之日起按日加收少征或者漏征税款万分之五的滞纳金。

六、关税的纳税争议

为保护纳税人的合法权益，我国《海关法》和《进出口关税条例》都规定了纳税人对海关确定的进出口货物的征税、减税、补税或者退税等有异议时，有提出申诉的权利。在纳税义务人同海关发生纳税争议时，可以向上一级海关申请复议，但同时应当在规定期限内按海关核定的税额缴纳关税，逾期则构成滞纳，海关有权按规定采取强制执行措施。纳税争议的内容一般为进出境货物和物品的纳税人对海关在原产地认定、税则归类、税率或汇率适用、完税价格确定、关税减征、免征、追征、补征和退还等征税行为是否合法或适当，是否侵害了纳税义务人的合法权益，而对海关征收关税的行为表示异议。

纳税争议的申诉程序：纳税义务人自海关填发税款缴款书之日起 30 日内，向原征税海关的上一级海关书面申请复议。逾期申请复议的，海关不予受理。海关应当自收到复议申请之日起 60 日内作出复议决定，并以复议决定书的形式正式答复纳税人；纳税人对海关复议决定仍然不服的，可以自收到复议决定书之日起 15 日内，向人民法院提起诉讼。

任务四 关税的会计核算

一、会计核算的依据

1. 合同、发票及各种付款的结算凭证

企业发生进出口业务在支付和收取各种相关的款项时，必须取得原始凭证和结算凭证。主要有：发票、汇票、收账通知单、保险单、进口付汇核销单、出口收汇核销单等。进口货物的各种原始凭证和结算凭证不仅是确定关税完税价格、计算应纳税额的依据，同时也是记账的原始依据。

2. 应税凭证

关税的应税凭证包括《进出口货物报关单》和《进出口许可证》。经海关对报关单和许可证所报的进出口货物检查验收和审定完税价格之后，纳税人以经过验收签字的单、证作为核算应纳关税的记账依据。

3. 完税凭证

关税的完税凭证是海关向纳税人开具的进出口货物《海关进（出）口关税专用缴款书》以及海关代收的增值税、消费税完税凭证《海关进（出）口增值税专用缴款书》《海关进（出）口消费税专用缴款书》，纳税人按规定的期限缴纳税款后，凭国库经收处收款签章后的"收据联"作为完税凭证，证明已完成税款缴纳义务，依此进行完税的账务处理。

二、会计科目的设置

经营进出口业务的企业在核算关税时，应设置"应交税费"科目，并在该科目下设"应交进口关税""应交出口关税"两个明细科目分别对进、出口关税进行账务处理。企业发生进口关税时，借记"材料采购"科目，贷记"应交税费——应交进口关税"科目，进口当时直接支付关税的，也可不通过"应交税费"科目，直接贷记"银行存款"；发生出口货物应纳关税时，应借记"税金及附加"科目，贷记"应交税费——应交出口关税"科目；缴纳税金时，借记"应交税费——应交进口关税或出口关税"科目，贷记"银行存款"科目。需要强调的是：在实际工作中，由于企业经营进出口业务的形式和内容不同，具体会计核算方式有所区别。

三、会计核算实务处理

1. 自营进出口关税的核算

自营进出口是指由有进出口自营权的企业办理对外洽谈和签订进出口合同，执行合同并

办理运输、开证、付汇全过程，并自负进出口盈亏。

企业自营进口商品计算应纳关税税额时，借记"材料采购"等科目，贷记"应交税费——应交进口关税"科目，进口当时直接支付关税的，也可不通过"应交税费"科目；企业自营出口商品计算应纳关税税额时，借记"营业税金及附加"等科目，贷记"应交税费——应交出口关税"。

【例 4-6】 根据【例 4-2】资料

① 购进商品并计算应纳关税时：

借：材料采购　　　　　　　　　　　　　　　1 996 337.79

　　贷：应交税费——应交进口关税　　　　　　　245 164.29

　　　　银行存款　　　　　　　　　　　　　　1 751 173.5

② 实际缴纳税款时：

借：应交税费——应交进口关税　　　　　　　245 164.29

　　　　——应交增值税（进项税额）　　　　259 523.91

　　贷：银行存款　　　　　　　　　　　　　　　504 688.2

③ 商品验收入库时：

借：库存商品　　　　　　　　　　　　　　　1 996 337.79

　　贷：材料采购　　　　　　　　　　　　　　1 996 337.79

【例 4-7】 根据【例 4-5】的数据，要求进行会计处理

① 销售时：

$$取得款项=(193\ 800+5\ 000)\times7.1=1\ 411\ 480（元）$$

借：银行存款　　　　　　　　　　　　　　　1 411 480

　　贷：主营业务收入　　　　　　　　　　　　1 411 480

② 支付国外佣金和包装费时：

借：主营业务收入（红字冲账）　　　　　　　62 480

　　贷：银行存款　　　　　　　　　　　　　　　62 480

③ 应交关税时：

借：税金及附加　　　　　　　　　　　　　　125 863.64

　　贷：应交税费——应交出口关税　　　　　　125 863.64

④ 缴纳关税时

借：应交税费——应交出口关税　　　　　　　125 863.64

　　贷：银行存款　　　　　　　　　　　　　　125 863.64

2. 代理进出口关税的核算

代理进出口是外贸企业接受国内委托方的委托，办理对外洽谈和签订进出口合同，执行合同并办理运输、开证、付汇全过程的进出口业务。受托企业不负担进出口盈亏，只按规定收取一定比例的手续费，因此，受托企业进出口商品计算应纳关税时，借记"应收账款"等有关科目，贷记"应交税费——应交进（出）口关税"科目；代缴进出口关税时，借记"应交税费——应交进（出）口关税"科目，贷记"银行存款"科目；收到委托单位的税款时，借记"银行存款"科目，贷记"应收账款"科目。

【例 4-8】 辽宁美联化妆品有限公司受甲单位委托代理进口商品一批，成交价格为 FOB 纽约 10 000 美元，另支付运费 500 美元，包装费 200 美元，保险费 300 美元，代理手续费按

CIF 价的 2％收取，关税税率为 10％，外汇牌价为 100 美元＝710 元人民币，甲单位已将款项12 400美元汇入辽宁美联化妆品有限公司的存款账户。现该批商品运达，向甲单位办理结算。计算其应纳关税，并做相应会计处理。

(1) 关税税额的计算：

$$应纳关税税额＝(10\,000＋500＋200＋300)×7.1×10\%＝7\,810（元）$$

$$代理手续费＝11\,000×7.1×2\%＝1\,562（元）$$

(2) 辽宁美联化妆品有限公司的有关会计处理：

① 收到甲单位汇来货款时：

借：银行存款　　　　　　　　　　　　　　　　　88 040

　贷：应付账款——甲单位　　　　　　　　　　　　　88 040

② 对外付汇进口商品时：

借：应收账款——外商　　　　　　　　　　　　　78 100

　贷：银行存款　　　　　　　　　　　　　　　　　78 100

③ 计算并缴纳关税时：

借：应付账款——甲单位　　　　　　　　　　　　7 810

　贷：应交税费——应交进口关税　　　　　　　　　7 810

借：应交税费——应交进口关税　　　　　　　　　7 810

　贷：银行存款　　　　　　　　　　　　　　　　　7 810

④ 将进口商品交付甲单位并收取手续费时：

借：应付账款——甲单位　　　　　　　　　　　　79 662

　贷：其他业务收入（或主营业务收入）　　　　　　1 562

　　应收账款——外商　　　　　　　　　　　　　　78 100

⑤ 将甲单位余款退回时：

借：应付账款——甲单位　　　　　　　　　　　　568

　贷：银行存款　　　　　　　　　　　　　　　　　568

【例 4-9】　辽宁美联化妆品有限公司代理乙企业出口商品一批，该商品的 FOB 价格折合人民币 300 000 元，出口关税税率 20％，手续费 12 800 元。计算其应纳关税税额，并做相应会计处理。

(1) 计算应缴纳关税时：

$$应纳关税税额＝300\,000÷(1＋20\%)×20\%＝50\,000（元）$$

借：应收账款——乙企业　　　　　　　　　　　　50 000

　贷：应交税费——应交出口关税　　　　　　　　　50 000

借：应交税费——应交出口关税　　　　　　　　　50 000

　贷：银行存款　　　　　　　　　　　　　　　　　50 000

(2) 计算应收手续费时：

借：应收账款——乙企业　　　　　　　　　　　　12 800

　贷：其他业务收入（或主营业务收入）　　　　　　12 800

(3) 收到乙单位支付的税款及手续费时：

借：银行存款　　　　　　　　　　　　　　　　　62 800

　贷：应收账款——乙企业　　　　　　　　　　　　62 800

本项目主要法律法规依据：

《中华人民共和国进出口关税条例》

《中华人民共和国海关进出口税则》

实战演练

一、判断题

1. 关税的征税对象是贸易性商品，不包括入境旅客携带的个人行李和物品。（　　）

2. 关税完税价格是纳税人向海关申报的价格，即货物实际成交价格。（　　）

3. 出口货物的完税价格，是由海关以该货物向境外销售的成交价格为基础审查确定，包括货物运至我国境内输出地点装卸前的运输费、保险费，但不包括出口关税。（　　）

4. 远洋客轮上的船员携带进口的自用物品，不属于关税征税物件。（　　）

5. 进口人向境外卖方支付的佣金，构成关税完税价格；而进口人向境外采购代理人支付的买方佣金，不构成关税完税价格。（　　）

6. 如一国境内设有自由贸易港时，关境大于国境。（　　）

7. 实际成交价格是一般贸易项下进出口货物的买方为购买该货物向卖方实际支付或应当支付的价格。（　　）

8. 外国政府、国际组织、国际友人和港、澳、台同胞无偿赠送的物资，经海关审查无误，可以免税。（　　）

9. 关税的补征是因纳税人违反海关规定造成少征关税。（　　）

10. 对已征出口关税的出口货物和已征进口关税的进口货物，因某种原因复运进境或出境的，经海关查验属实的，应退还已征的关税。（　　）

二、单项选择题

1. 我国关税由（　　）征收。

A. 税务机关　　　　　　　　　　B. 海关

C. 工商行政管理部门　　　　　　D. 人民政府

2. 海关对逾期未缴的关税，按日加收（　　）滞纳金。

A. 0.2%　　　　B. 0.05%　　　　C. 2%　　　　D. 0.1%

3. 在进口货物正常成交价格中若含（　　），可以从中扣除。

A. 包装费　　　B. 运输费　　　C. 卖方付的回扣　　　D. 保险费

4. 进出口货物的纳税人或代理人，应当自海关填发税款缴纳书之日起（　　）内缴纳税款。

A. 5 日　　　　B. 10 日　　　　C. 15 日　　　　D. 30 日

5. 特别关税包括报复性关税、反倾销税与反补贴税、保障性关税。征收特别关税由（　　）决定。

A. 海关总署　　　　　　　　　　B. 国家税务总局

C. 财政部　　　　　　　　　　　D. 国务院关税税则委员会

6. 《进出口关税条例》规定，关税税额在人民币（　　）以下的一票货物，可以免税。

A. 5 元　　　　B. 10 元　　　　C. 50 元　　　　D. 100 元

7. 因收发货人或其代理人违反规定而造成的少征或漏征的税款，自纳税人义务应缴纳税款之日起，海关在（　　）内可以追征。

A. 1 年　　　　　　B. 2 年　　　　　　C. 3 年　　　　　　D. 5 年

8. 下列项目中，不计入进口完税价格的有（　　）。

A. 货物价款　　　　　　　　　　　B. 进口关税

C. 运杂费　　　　　　　　　　　　D. 由买方负担的包装费

9. 某外贸企业收购一批货物出口，离岸价格为 15 万元，该批货物应纳出口关税（关税税率为 50%）为（　　）。

A. 5 万元　　　　　B. 7.5 万元　　　　C. 10 万元　　　　D. 15 万元

10. 某公司进口一批货物，海关于 2008 年 3 月 1 日填发关税专用缴款书，但公司迟至 3 月 27 日才缴纳 500 万元的关税。海关应征收关税滞纳金（　　）。

A. 2.75 万元　　　　B. 3 万元　　　　C. 6.5 万元　　　　D. 6.75 万元

三、多项选择题

1. 下列货物、物品进境时属于关税纳税物件的是（　　）。

A. 个人邮递物品　　　B. 馈赠物品　　　C. 贸易性商品　　　D. 海员自用物品

2. 进口货物的关税税率形式有（　　）。

A. 最惠国税率　　　　B. 协议税率　　　C. 特惠税率　　　D. 普通税率

3. 以下属于关税的减免项目的有（　　）。

A. 关税税额在人民币 500 元以下的一票货物

B. 无商业价值的广告品和货样

C. 外国政府、国际组织无偿赠送的物资

D. 在海关放行前损失的货物

4. 进口货物的完税价格还包括以下费用（　　）。

A. 由买方负担的购货佣金以外的佣金和经纪费

B. 由买方负担的在审查确定完税价格时与该货物视为一体的容器的费用

C. 由买方负担的包装材料费用和包装劳务费用

D. 进口货物运抵境内输入地点起卸后的运输及其相关费用、保险费

5. 出口货物离岸价格可扣除（　　）。

A. 出口关税

B. 出口货物国内段运输、装卸等费用

C. 售价中包含的离境口岸至境外口岸之间的运输费用

D. 包含在成交价格中的支付给境外的佣金

6. 关税征收管理规定中，关于补征和追征的期限为（　　）。

A. 补征期 1 年内　　B. 追征期 1 年内　　C. 补征期 3 年内　　D. 追征期 3 年内

7. 下列应征进口关税的货物有（　　）。

A. 运往境外加工复运进境的货物　　　　B. 正在国内举办展览会的进口汽车展品

C. 外国政府无偿赠送的物资　　　　　　D. 海关核准免验进口的物资

8. 关税的纳税人包括（　　）。

A. 进口货物的收货人　　　　　　　　　B. 进口个人邮件的收件人

C. 进口货物的发货人　　　　　　　　　D. 携带进境物品的携带人

四、业务题

1. 某公司从日本进口 500 吨化肥，货物以境外口岸离岸价格成交，每吨 2 000 美元，外

汇牌价为 1 美元＝6.8 元人民币，货物运达我国境内输入地点起卸前的运输费、保险费和其他劳务费用为每吨人民币 1 000 元，关税税率为 10％，计算应缴纳的关税并做相关会计处理。

2. 信光公司从德国进口商品一批，货价为 420 万元，运费为 80 万元，保险费按货价加运费的 0.3％确定，其他杂费 10 万元，关税税率为 20％，计算应纳关税、海关代征的增值税并进行会计处理。

3. 某公司出口生丝一批，离岸价格为 450 万元人民币，关税税率为 50％，计算应纳出口关税并进行会计处理。

4. 某出版社印刷厂有一台印刷机 1 月运往香港修理，出境时已向海关报明该台印刷机的原值为 200 万元。6 月此台印刷机按海关规定期限复运进境，海关审查确定的修理费为 40 万元，料件费 60 万元。该印刷机复运进境时的市价为 300 万元，关税税率为 10％，计算该印刷机应纳的关税并做相关会计处理。

5. 某外贸公司 2019 年 10 月发生以下业务：

经有关部门批准从境外进口小汽车 20 辆，每辆货价 20 万元，运抵我国海关前的运输费、保险费为每辆车 2 万元。公司向海关缴纳了相关税款，并取得了完税凭证。该公司委托运输公司将小汽车从海关运回本单位，支付运费 5 万元，取得了运输公司开具的普通发票。当月售出小汽车 16 辆，每辆含税销售额为 56.5 万元，公司自用 2 辆小汽车作为本单位固定资产。（小汽车关税税率为 20％，增值税税率为 13％，消费税税率为 5％）

要求：

（1）计算小汽车在进口环节应缴纳的关税、增值税和消费税。

（2）计算国内销售环节 10 月份应缴纳的增值税。

（3）根据上述业务进行会计处理。

项目五
企业所得税计算申报与核算

知识目标

1. 掌握企业所得税的基本法规知识、应纳税所得额的调整和应缴所得税额的计算；
2. 理解企业所得税的月（季）度预缴、年终汇算清缴；
3. 熟悉企业所得税涉税业务的会计处理。

能力目标

1. 能判断居民纳税人、非居民纳税人，会根据业务资料计算应纳企业所得税税额；
2. 会根据业务资料填制企业所得税月（季）度预缴纳税申报表和企业所得税年度纳税申报表及相关附表，能办理年终企业所得税的汇缴清算工作；
3. 能根据业务数据进行所得税会计业务处理。

素质目标

1. 培养学生自主创业的精神；
2. 培养学生从小事做起、一点一滴做起的优良品质。

情境导入

辽宁美联化妆品有限公司 2016 年各项生产经营活动已结束，应如何汇算清缴 2016 年度企业所得税。

知识铺垫

企业所得税是指国家对境内企业生产经营所得和其他所得依法征收的一种税。它是国家参与企业利润分配的重要手段。2007 年 3 月 16 日召开的第十届全国人民代表大会第五次会议通过了《中华人民共和国企业所得税法》（以下简称《企业所得税法》）并于 2008 年 1 月 1 日起施行（个人独资企业、合伙企业不适用本法）。1991 年 4 月 9 日第七届全国人民代表大会第四次会议通过的《中华人民共和国外商投资企业和外国企业所得税法》和 1993 年 12 月 13 日国务院发布的《中华人民共和国企业所得税暂行条例》同时废止。

一、企业所得税的纳税义务人

企业所得税的纳税义务人分为居民企业纳税人和非居民企业纳税人。

1. 居民企业纳税人

居民企业是指依法在中国境内成立，或者依照外国（地区）法律成立但实际管理机构在中国境内的企业。居民企业应当就其来源于中国境内、境外的所得缴纳企业所得税。

2. 非居民企业纳税人

非居民企业是指依照外国（地区）法律成立且实际管理机构不在中国境内，但在中国境内设立机构、场所的，或者在中国境内未设立机构、场所，但有来源于中国境内所得的企业。非居民企业在中国境内设立机构、场所的，应当就其所设机构、场所取得的来源于中国境内的所得，以及发生在中国境外但与其所设机构、场所有实际联系的所得，缴纳企业所得税。非居民企业在中国境内未设立机构、场所的，或者虽设立机构、场所但取得的所得与其所设机构、场所没有实际联系的，应当就其来源于中国境内的所得缴纳企业所得税。

上述所称机构、场所，是指在中国境内从事生产经营活动的机构、场所，包括：

① 管理机构、营业机构、办事机构；

② 工厂、农场、开采自然资源的场所；

③ 提供劳务的场所；

④ 从事建筑、安装、装配、修理、勘探等工程作业的场所；

⑤ 其他从事生产经营活动的机构、场所。

非居民企业委托营业代理人在中国境内从事生产经营活动的，包括委托单位或者个人经常代其签订合同，或者储存、交付货物等，该营业代理人视为非居民企业在中国境内设立的机构、场所。

上述所称实际联系，是指非居民企业在中国境内设立的机构、场所拥有据以取得所得的股权、债权，以及拥有、管理、控制据以取得所得的财产等。

二、企业所得税的征税对象及所得来源地的确定

1. 征税对象

企业所得税的征税对象是指企业销售货物所得、提供劳务所得、转让财产所得、股息红利等权益性投资所得、利息所得、租金所得、特许权使用费所得、接受捐赠所得和其他所得。

2. 所得来源地的确定

来源于中国境内、境外的所得，按照以下原则确定：

① 销售货物所得，按照交易活动发生地确定；

② 提供劳务所得，按照劳务发生地确定；

③ 转让财产所得，不动产转让所得按照不动产所得地确定，动产转让所得按照转让动产的企业或者机构、场所所在地确定，权益性投资资产转让所得按照被投资企业所在地确定；

④ 股息、红利等权益性投资所得，按照分配所得的企业所在地确定；

⑤ 利息所得、租金所得、特许权使用费所得，按照负担、支付所得的企业或者机构、场所所在地确定，或者按照负担、支付所得的个人的住所地确定；

⑥ 其他所得，由国务院财政、税务主管部门确定。

三、企业所得税的税率

《企业所得税法》规定 2008 年 1 月 1 日起企业所得税税率分为以下几点。

1. 一般税率为 25%

2. 小型微利企业税率为 20%

符合条件的小型微利企业，是指从事国家非限制和禁止行业，并符合下列条件的企业。

（1）年度应纳税所得额不超过 300 万元，从业人数不超过 300 人，资产总额不超过 5 000 万元。

（2）应纳税所得额在 100 万元以下，税率为 5％；应纳税所得额在 100 万～300 万元之间的，税率为 10％。

3．优惠税率为 15％

优惠税率适用于国家需要重点扶持的高新技术企业。国家需要重点扶持的高新技术企业，是指拥有核心自主知识产权，并同时符合下列条件的企业：

① 产品（服务）属于《国家重点支持的高新技术领域》规定的范围；

② 研究开发费用占销售收入的比例不低于规定比例；

③ 高新技术产品（服务）收入占企业总收入的比例不低于规定比例；

④ 科技人员占企业职工总数的比例不低于规定比例；

⑤ 高新技术企业认定管理办法规定的其他条件。

《国家重点支持的高新技术领域》和高新技术企业认定管理办法由国务院科技、财政、税务主管部门等国务院有关部门制定，报国务院批准后公布施行。

四、企业所得税的税收优惠

（1）国债利息收入免征　是指企业持有国务院财政部门发行的国债取得的利息收入。

（2）居民企业之间的股息、红利等权益性投资收益免征　是指居民企业直接投资于其他国民企业取得的投资收益。

（3）在中国境内设立机构、场所的非居民企业从居民企业取得与该机构、场所有实际联系的股息、红利等权益性投资收益免征。

（4）符合条件的非营利组织的收入免征

① 依法履行非营利组织登记手续；

② 从事公益性或者非营利性活动；

③ 取得的收入除用于与该组织有关的、合理的支出外，全部用于登记核定或者章程规定的公益性或者非营利性事业；

④ 财产及其孳息不用于分配；

⑤ 按照登记核定或者章程规定，该组织注销后的剩余财产用于公益性或者非营利性目的，或者由登记管理机关转赠给与该组织性质、宗旨相同的组织，并向社会公告；

⑥ 投入人对投入该组织的财产不保留或者享有任何财产权利；

⑦ 工作人员工资福利开支控制在规定的比例内，不变相分配该组织的财产。

上述规定的非营利组织的认定管理办法由国务院财政、税务主管部门会同国务院有关部门制定。

（5）企业从事农、林、牧、渔业项目的所得，可以免征、减征企业所得税

第一，企业从事下列项目的所得，免征企业所得税：

① 蔬菜、谷物、薯类、油料、豆类、棉花、麻类、糖料、水果、坚果的种植；

② 农作物新品种的选育；

③ 中药材的种植；

④ 林木的培育和种植；

⑤ 牲畜、家禽的饲养；

⑥ 林产品的采集；

⑦ 灌溉、农产品初加工、兽医、农技推广、农机作业和维修等农、林、牧、渔服务业项目；

⑧ 远洋捕捞。

第二，企业从事下列项目的所得，减半征收企业所得税：

① 花卉、茶以及其他饮料作物和香料作物的种植；

② 海水养殖、内陆养殖。

（6）企业从事国家重点扶持的公共基础设施项目投资经营的所得，可以免征、减征企业所得税　国家重点扶持的公共基础设施项目，是指《公共基础设施项目企业所得税优惠目录》规定的港口码头、机场、铁路、公路、城市公共交通、电力、水利等项目。符合目录规定项目的投资经营所得，自项目取得第一笔生产经营收入所属纳税年度起，第一年至第三年免征企业所得税，第四年至第六年减半征收企业所得税。

企业承包经营、承包建设和内部自建自用以上项目，不得享受本条规定的企业所得税优惠。

（7）企业从事符合条件的环境保护、节能节水项目的所得，可以免征、减征企业所得税　符合条件的环境保护、节能节水项目，包括公共污水处理、公共垃圾处理、沼气综合开发利用、节能减排技术改造、海水淡化等。项目的具体条件和范围由国务院财政、税务主管部门商同国务院有关部门制定，报国务院批准后公布施行。

企业从事前款规定的符合条件的环境保护、节能节水项目的所得，自项目取得第一笔生产经营收入所属纳税年度起，第一年至第三年免征企业所得税，第四年至第六年减半征收企业所得税。

（8）符合条件的技术转让所得，可以免征、减征企业所得税　一个纳税年度内，居民企业技术转让所得不超过 500 万元的部分，免征企业所得税；超过 500 万元的部分，减半征收企业所得税。

（9）非居民企业在中国境内未设立机构、场所的，或者虽设立机构、场所但取得的所得与其所设机构、场所没有实际联系的，应当就其来源于中国境内的所得，减按 10% 的税率征收企业所得税，其中，下列所得可以免征企业所得税：

① 外国政府向中国政府提供贷款取得的利息所得；

② 国际金融组织向中国政府和居民企业提供优惠贷款取得的利息所得；

③ 经国务院批准的其他所得。

（10）企业的固定资产由于技术进步等原因，确需加速折旧的，可以缩短折旧年限或者采取加速折旧的方法。这些固定资产包括：

① 由于技术进步，产品更新换代较快的固定资产；

② 常年处于强震动、高腐蚀状态的固定资产。

采取缩短折旧年限方法的，最低折旧年限不得低于固定资产最低折旧年限的 60%；采取加速折旧方法的，可以采取双倍余额递减法或者年数总和法。

（11）企业以《资源综合利用企业所得税优惠目录》规定的资源作为主要原材料，生产国家非限制和禁止并符合国家和行业相关标准的产品取得的收入，减按 90% 计入收入总额。但原材料占生产产品材料的比例不得低于《资源综合利用企业所得税优惠目录》规定的标准。

（12）企业购置用于环境保护、节能节水、安全生产等专用设备的投资额，可以按一定比例实行税额抵免。所称税额抵免，是指企业购置并实际使用《环境保护专用设备企业所得税优惠目录》《节能节水专用设备企业所得税优惠目录》和《安全生产专用设备企业所得税优惠目录》规定的环境保护、节能节水、安全生产等专用设备的，该专用设备的投资额的10％可以从企业当年的应纳税额中抵免；当年不足抵免的，可以在以后5个纳税年度结转抵免。

享受上述规定的企业所得税优惠的企业，应当实际购置并自身实际投入使用上述规定的专用设备；企业购置上述专用设备在5年内转让、出租的，应当停止享受企业所得税优惠，并补缴已经抵免的企业所得税税款。

（13）企业的下列支出，可以在计算应纳税所得额时加计扣除

① 开发新技术、新产品、新工艺发生的研究开发费用。企业为开发新技术、新产品、新工艺发生的研究开发费用，未形成无形资产计入当期损益的，在按照规定据实扣除的基础上，按照研究开发费用的75％加计扣除；形成无形资产的，按照无形资产成本的175％摊销。

② 安置残疾人员及国家鼓励安置的其他就业人员所支付的工资。企业安置残疾人员所支付的工资的加计扣除，是指企业安置残疾人员的，在按照支付给残疾职工工资据实扣除的基础上，按照支付给残疾职工工资的100％加计扣除。残疾人员的范围适用《中华人民共和国残疾人保障法》的有关规定。企业安置国家鼓励安置的其他就业人员所支付的工资的加计扣除办法，由国务院另行规定。

（14）创业投资企业从事国家需要重点扶持和鼓励的创业投资，可以按投资额的一定比例抵扣应纳税所得额。创业投资企业采取股权投资方式投资于未上市的中小型高新技术企业2年以上的，可以按照其投资额的70％在股权持有满2年的当年抵扣该创业投资企业的应纳税所得额；当年不足抵扣的，可以在以后纳税年度结转抵扣。

任务一　企业所得税计税依据的确定

企业所得税的缴纳方式是"按年计算、按月（季）预缴、年终汇算清缴、多退少补"。年度企业所得税的计税依据是年度应纳税所得额。年度应纳税所得额是企业每一纳税年度的收入总额，减除不征税收入、免税收入、各项扣除以及允许弥补的以前年度亏损后的余额。

年度应纳税所得额＝收入总额－不征税收入－免税收入－各项扣除－允许弥补的以前年度亏损（此为直接法）

或＝利润总额＋纳税调增项目－纳税调减项目（此为间接法）

这里，年度应纳税所得额是依据税法的规定计算出来的，而年度利润总额是依据会计制度、会计准则计算出来的，二者是不相同的。

一、收入总额的确定

《企业所得税法》除规定"收入总额"外，还借鉴国外的立法经验，首次引入了"免税收入""不征税收入"的概念，并对"免税收入""不征税收入"做了具体明确的规定。

1．收入总额

企业以货币形式或非货币形式从各种来源取得的收入，为收入总额，包括：

（1）销售货物收入　是指企业销售商品、产品、原材料、包装物、低值易耗品以及其他存货取得的收入。

（2）提供劳务收入　是指企业从事建筑安装、修理修配、交通运输、仓储租赁、金融保险、邮电通信、咨询经纪、文化体育、科学研究、技术服务、教育培训、餐饮住宿、中介代理、卫生保健、小区服务、旅游、娱乐、加工以及其他劳务服务活动取得的收入。

（3）转让财产收入　是指企业转让固定资产、生物资产、无形资产、股权、债权等财产取得的收入。

（4）股息、红利等权益性投资收益　是指企业因权益性投资从被投资方取得的收入。

（5）利息收入　是指企业将资金提供他人使用但不构成权益性投资，或者因他人占用本企业资金取得的收入，包括存款利息、贷款利息、债券利息、欠款利息等收入。

（6）租金收入　是指企业提供固定资产、包装物或者其他有形资产的使用权取得的收入。

（7）特许权使用费收入　是指企业提供专利权、非专利技术、商标权、著作权以及其他特许权的使用权取得的收入。

（8）接受捐赠收入　是指企业接受的来自其他企业、组织或者个人无偿给予的货币性资产、非货币性资产。

（9）其他收入　是指企业取得的除上述第（1）项至第（8）项收入外的其他收入，包括企业资产溢余收入、逾期未退包装物押金收入、确实无法偿付的应付款项、已作坏账损失处理后又收回的应收款项、债务重组收入、补贴收入、违约金收入、汇兑收益等。

2．不征税收入

收入总额中的下列收入为不征税收入：财政拨款；依法收取并纳入财政管理的行政事业性收费、政府性基金；国务院规定的其他不征税收入。

3．免税收入

免税收入是指属于企业的应税所得但按照税法规定免予征收企业所得税的收入。它包括：国债利息收入；符合条件的居民企业之间的股息、红利等权益性投资收益；在中国境内设立机构、场所的非居民企业从居民企业取得与该机构、场所有实际联系的股息、红利等权益性投资收益；符合条件的非营利组织的收入。

二、收入的相关规定

1．企业的收入形式

企业的收入形式包括货币形式和非货币形式。

（1）收入的货币形式　包括现金、存款、应收账款、应收票据、准备持有至到期的债券投资以及债务的豁免等。

（2）收入的非货币形式　包括固定资产、生物资产、无形资产、股权投资、存货、不准备持有至到期的债券投资、劳务以及有关权益等。企业以非货币形式取得的收入，应当按照公允价值确定收入额。所谓的公允价值，是指在公平交易中，熟悉情况的交易双方自愿进行资产交换或债务清偿的金额。

2．收入确定时间的特别规定

（1）股息、红利等权益性投资收益　除国务院财政、税务主管部门另有规定外，按照被投资方作出利润分配决定的日期确认收入的实现。

（2）利息收入　按照合同约定的债务人应付利息的日期确认收入的实现。

（3）租金收入　按照合同约定的承租人应付租金的日期确认收入的实现。

（4）特许权使用费收入　按照合同约定的特许权使用人应付特许权使用费的日期确认收入的实现。

（5）企业的下列生产经营业务可以分期确认收入的实现　以分期收款方式销售货物的，按照合同约定的收款日期确认收入的实现；企业受托加工制造大型机械设备、船舶、飞机，以及从事建筑、安装、装配工程业务或者提供其他劳务等，持续时间超过 12 个月的，按照纳税年度内完工进度或者完成的工作量确认收入的实现。

（6）采取产品分成方式取得的收入，按照企业分得产品的时间确认收入的实现，其收入额按照产品的公允价值确定。

（7）企业发生非货币性资产交换，以及将货物、财产、劳务用于捐赠、偿债、赞助、集资、广告、样品、职工福利或者利润分配等用途的，应当视同销售货物、转让财产或者提供劳务，但国务院财政、税务主管部门另有规定的除外。

三、准予扣除项目

企业实际发生的与取得收入有关的、合理的支出，包括成本、费用、税金、损失和其他支出，准予在计算应纳税所得额时扣除。

（1）企业发生的支出应当区分收益性支出和资本性支出　收益性支出在发生当期直接扣除；资本性支出应当分期扣除或者计入有关资产成本，不得在发生当期直接扣除。

（2）企业发生的损失，减除责任人赔偿和保险赔款后的余额，按照国务院财政、税务主管部门的规定扣除。企业已经作为损失处理的资产，在以后纳税年度全部收回或者部分收回时，应当计入当期收入。

（3）企业发生的合理的工资薪金支出，准予扣除　工资薪金，是指企业每一纳税年度支付给在本企业任职或者受雇的员工的所有现金形式或者非现金形式的劳动报酬，包括基本工资、奖金、津贴、补贴、年终加薪、加班工资，以及与员工任职或者受雇有关的其他支出。

（4）企业按照国务院有关主管部门或者省级人民政府规定的范围和标准为职工缴纳的基本养老保险费、基本医疗保险费、失业保险费、工伤保险费、生育保险费等基本社会保险费和住房公积金，准予扣除。

（5）企业为投资者或者职工支付的补充养老保险费、补充医疗保险费，在国务院财政、税务主管部门规定的范围和标准内，准予扣除。

（6）企业按照国家有关规定为特殊工种职工支付的人身安全保险费和国务院财政、税务主管部门规定可以扣除的其他商业保险费准予扣除。

（7）企业在生产经营活动中发生的合理的不需要资本化的借款费用，准予扣除。企业为购置、建造固定资产、无形资产和经过 12 个月以上的建造才能达到可销售状态的存货发生借款的，在有关资产购置、建造期间发生的合理的借款费用，应当作为资本性支出计入有关资产的成本，并按照税法的有关规定扣除。

（8）企业在生产经营活动中发生的下列利息支出，准予扣除：

① 非金融企业向金融企业借款的利息支出、金融企业的各项存款利息支出和同业拆借利息支出、企业经批准发行债券的利息支出；

② 非金融企业向非金融企业借款的利息支出，不超过按照金融企业同期同类贷款利率计算的数额的部分。

（9）企业在货币交易中，以及纳税年度终了时将人民币以外的货币性资产、负债按照期末即期人民币汇率中间价折算为人民币时产生的汇兑损失，除已经计入有关资产成本与向所有者进行利润分配相关的部分外，准予扣除。

（10）企业发生的职工福利费支出，不超过工资薪金总额14%的部分，准予扣除。

（11）企业拨缴的工会经费，不超过工资薪金总额2%的部分，准予扣除。

（12）除国务院财政、税务主管部门另有规定外，企业发生的职工教育经费支出，不超过工资薪金总额8%的部分，准予扣除；超过部分，准予在以后纳税年度结转扣除。

（13）企业发生的与生产经营活动有关的业务招待费支出，按照实际发生额的60%扣除，但最高不得超过当年销售（营业）收入的5‰。

（14）企业发生的符合条件的广告费和业务宣传费支出，除国务院财政、税务主管部门另有规定外，不超过当年销售（营业）收入15%的部分，准予扣除；超过部分，准予在以后纳税年度结转扣除。

（15）企业依照法律、行政法规有关规定提取的用于环境保护、生态恢复等方面的专项资金，准予扣除。上述专项资金提取后改变用途的，不得扣除。

（16）企业参加财产保险，按照规定缴纳的保险费，准予扣除。

（17）企业根据生产经营活动的需要租入固定资产支付的租赁费，按照以下方法扣除。

① 以经营租赁方式租入固定资产发生的租赁费支出，按照租赁期限均匀扣除。

② 以融资租赁方式租入固定资产发生的租赁费支出，按照规定构成融资租入固定资产价值的部分应当提取折旧费用，分期扣除。

（18）企业发生的合理的劳动保护支出，准予扣除。

（19）非居民企业在中国境内设立的机构、场所，就其中国境外总机构发生的与该机构、场所生产经营有关的费用，能够提供总机构出具的费用汇集范围、定额、分配依据和方法等证明，并合理分摊的，准予扣除。

（20）企业发生的公益性捐赠支出，不超过年度利润总额12%的部分，准予扣除。超出部分，在未来三年计算应纳税所得额时可以直接在当年利润总额的12%以内扣除。年度利润总额，是指企业依照国家统一会计制度的规定计算的年度会计利润。公益性捐赠，是指企业通过公益性社会团体或者县级以上人民政府及其部门，用于《中华人民共和国公益事业捐赠法》规定的公益事业的捐赠。

（21）企业转让资产，该项资产的净值，准予在计算应纳税所得额时扣除。

（22）企业纳税年度发生的亏损，准予向以后年度结转，用以后年度的税前所得弥补，但结转年限最长不得超过5年。

四、不得扣除项目

（1）在计算应纳税所得额时，下列支出不得扣除：

① 向投资者支付的股息、红利等权益性投资收益款项；

② 企业所得税税款；

③ 税收滞纳金；

④ 罚金、罚款和被没收财物的损失（违约金可以扣除）；

⑤ 非公益性捐赠支出；

⑥ 赞助支出；

⑦ 未经核定的准备金支出；

⑧ 与取得收入无关的其他支出。

（2）企业对外投资期间，投资资产的成本在计算应纳税所得额时不得扣除。

（3）企业在汇总计算缴纳企业所得税时，其境外营业机构的亏损不得抵减境内营业机构的盈利。

（4）资本性支出应当分期扣除或者计入有关资产成本，不得在发生当期直接扣除。

（5）企业的不征税收入用于支出所形成的费用或者财产，不得扣除或者计算对应的折旧、摊销扣除。

（6）除企业所得税法和实施条例另有规定外，企业实际发生的成本、费用、税金、损失和其他支出，不得重复扣除。

（7）企业为投资者或者职工支付的商业保险费，不得扣除。

五、企业所得税计税依据的其他规定

① 非居民企业取得股息、红利等权益性投资收益和利息、租金、特许权使用费所得，以收入全额为应纳税所得额；转让财产所得，以收入全额减除财产净值后的余额为应纳税所得额。

② 规定的收入、扣除的具体范围、标准和资产的税务处理的具体办法，由国务院财政、税务主管部门规定。

③ 在计算应纳税所得额时，企业财务、会计处理办法与税收法律、行政法规的规定不一致的，应当依照税收法律、行政法规的规定计算。

六、特别纳税调整

为更好地防止避税行为发生，《企业所得税法》作出了特别纳税调整规定。

（1）企业与其关联方之间的企业来往，不符合独立交易原则而减少企业或者其关联方应纳税收入或者所得额的，税务机关有权按照合理方法调整。企业与其关联方共同开发、受让无形资产，或者共同提供、接受劳务发生的成本，在计算应纳税所得额时应当按照独立交易原则进行分摊。

（2）企业可以向税务机关提出与其关联方之间业务往来的定价原则和计算方法，税务机关与企业协商、确认后，达成预约定价安排。

（3）企业向税务机关报送年度企业所得税纳税申报表时，应当就其与关联方之间的业务往来，附送年度关联业务往来报告表。税务机关在进行关联业务调查时，企业及其关联方，以及与关联业务调查有关的其他企业，应当按照规定提供相关数据。

（4）企业不提供与其关联方之间业务往来数据，或者提供虚假、不完整数据，未能真实反映其关联业务往来情况的，税务机关有权依法核定其应纳税所得额。

（5）由居民企业，或者由居民企业和中国居民控制的设立在实际税负明显低于规定税率水平的国家（地区）的企业，并非由于合理的经营需要而对利润不作分配或者减少分配的，上述利润中应归属于该居民企业的部分，应当计入该居民企业的当期收入。这里的"控制"包括：

① 居民企业或者中国居民直接或者间接单一持有外国企业 10% 以上有表决权股份，且由其共同持有该外国企业 50% 以上股份；

② 居民企业，或者居民企业和中国居民持股比例没有达到第①项规定的标准，但在股份、资金、经营、购销等方面对该外国企业构成实质控制。

这里的"实际税负明显低于"税法规定税率水平，是指低于企业所得税法规定税率（25%）的 50%。

（6）企业从其关联方接受的债权性投资与权益性投资的比例超过规定标准而发生的利息支出，不得在计算应纳税所得额时扣除。这里的"利息"，应当按照税款所属纳税年度中国人民银行公布的与补税期间同期的人民币贷款基准利率加 5 个百分点计算。

（7）企业实施其他不具有合理商业目的的安排而减少其应纳税收入或者所得额的，税务机关有权按照合理方法进行调整。

（8）税务机关依照上述规定作出纳税调整，需要补征税款的，应当补征税款，并按照国务院规定加收利息。

任务二　资产的税务处理

一、固定资产的税务处理

1. 固定资产折旧

固定资产，是指企业为生产产品、提供劳务、出租或者经营管理而持有的、使用时间超过 12 个月的非货币性资产，包括房屋、建筑物、机器、机械、运输工具以及其他与生产经营活动有关的设备、器具、工具等。

固定资产按照直线法计算的折旧，准予扣除。企业应当自固定资产投入使用月份的次月起计算折旧；停止使用的固定资产，应当自停止使用月份的次月起停止计算折旧。企业应当根据固定资产的性质和使用情况，合理确定固定资产的预计净残值。固定资产的预计净残值一经确定，不得变更。下列固定资产不得计算折旧扣除：

① 房屋、建筑物以外未投入使用的固定资产；

② 以经营租赁方式租入的固定资产；

③ 以融资租赁方式租出的固定资产；

④ 已足额提取折旧仍继续使用的固定资产；

⑤ 与经营活动无关的固定资产；

⑥ 单独估价作为固定资产入账的土地；

⑦ 其他不得计算折旧扣除的固定资产。

2. 固定资产的最低折旧年限

除国务院财政、税务主管部门另有规定外，固定资产计算折旧的最低年限如下：

① 房屋、建筑物，为 20 年；

② 飞机、火车、轮船、机器、机械和其他生产设备，为 10 年；

③ 与生产经营活动有关的器具、工具、家具等，为 5 年；

④ 飞机、火车、轮船以外的运输工具，为 4 年；

⑤ 电子设备，为 3 年。

从事开采石油、天然气等矿产资源的企业，在开始商业性生产前发生的费用和有关固定资产的折耗、折旧方法，由国务院财政、税务主管部门另行规定。

3. 固定资产的计税基础

（1）外购的固定资产　以购买价款和支付的相关税费以及直接归属于使该资产达到预定用途发生的其他支出为计税基础。

（2）自行建造的固定资产　以竣工结算前发生的支出为计税基础。

（3）融资租入的固定资产　以租赁合同约定的付款总额和承租人在签订租赁合同过程中发生的相关费用为计税基础，租赁合同未约定付款总额的，以该资产的公允价值和承租人在签订租赁合同过程中发生的相关费用为计税基础。

（4）盘盈的固定资产　以同类固定资产的重置完全价值为计税基础。

（5）通过捐赠、投资、非货币性资产交换、债务重组等方式取得的固定资产　以该资产的公允价值和支付的相关税费为计税基础。

（6）改建的固定资产　除已足额提取折旧的固定资产及租入的固定资产外，以改建过程中发生的改建支出增加为计税基础。

二、无形资产的税务处理

1. 无形资产的摊销

无形资产，是指企业为生产产品、提供劳务、出租或者经营管理而持有的、没有实物形态的非货币性长期资产，包括专利权、商标权、著作权、土地使用权、非专利技术、商誉等。

无形资产的摊销年限不得低于 10 年。作为投资或者受让的无形资产，有关法律规定或者合同约定了使用年限的，可以按照规定或者约定的使用年限分期摊销。外购商誉的支出，在企业整体转让或者清算时，准予扣除。在计算应纳税所得额时，无形资产按照直线法计算的摊销费用，准予扣除。下列无形资产不得计算摊销费用扣除：

① 自行开发的支出已在计算应纳税所得额时扣除的无形资产；

② 自创商誉；

③ 与经营活动无关的无形资产；

④ 其他不得计算摊销费用扣除的无形资产。

2. 无形资产的计税基础

（1）外购的无形资产　以购买价款和支付的相关税费以及直接归属于使该资产达到预定用途发生的其他支出为计税基础。

（2）自行开发的无形资产　以开发过程中该资产符合资本化条件后至达到预定用途前发生的支出为计税基础。

（3）通过捐赠、投资、非货币性资产交换、债务重组等方式取得的无形资产　以该资产的公允价值和支付的相关税费为计税基础。

三、长期待摊费用的税务处理

在计算应纳税所得额时，企业发生的下列支出作为长期待摊费用，按照规定摊销的，准予扣除。

（1）已足额提取折旧的固定资产的改建支出 是指改变房屋或者建筑物结构、延长使用年限等发生的支出。按照固定资产预计尚可使用年限分期摊销。

（2）租入固定资产的改建支出，按照合同约定的剩余租赁期限分期摊销。

（3）固定资产的大修理支出 是指同时符合下列条件的支出：修理支出达到取得固定资产时的计税基础 50%以上；修理后固定资产的使用年限延长 2 年以上。

（4）其他应当作为长期待摊费用的支出，自支出发生月份的次月起分期摊销，摊销年限不得低于 3 年。

四、生产性生物资产的税务处理

1. 生产性生物资产折旧

生产性生物资产，是指企业为生产农产品、提供劳务或者出租等而持有的生物资产，包括经济林、薪炭林、产畜和役畜等。

生产性生物资产按照直线法计算的折旧，准予扣除。企业应当自生产性生物资产投入使用月份的次月起计算折旧；停止使用的生产性生物资产，应当自停止使用月份的次月起停止计算折旧。企业应当根据生产性生物资产的性质和使用情况，合理确定生产性生物资产的预计净残值。生产性生物资产的预计净残值一经确定，不得变更。

2. 生产性生物资产的计税基础

（1）外购的生产性生物资产 以购买价款和支付的相关税费为计税基础。

（2）通过捐赠、投资、非货币性资产交换、债务重组等方式取得的生产性生物资产 以该资产的公允价值和支付的相关税费为计税基础。

3. 生产性生物资产的最低折旧年限

（1）林木类生产性生物资产，为 10 年；

（2）畜类生产性生物资产，为 3 年。

五、资产税务处理的其他规定

（1）企业的各项资产 包括固定资产、生物资产、无形资产、长期待摊费用、投资资产、存货等，以历史成本为计税基础。企业持有各项资产期间产生资产增值或者减值，除国务院财政、税务主管部门规定可以确认损益外，不得调整该资产的计税基础。

（2）投资资产 是指企业对外进行权益性投资和债权性投资形成的资产。企业在转让或者处置投资资产时，投资资产的成本准予扣除。投资资产按照以下方法确定成本：

① 通过支付现金方式取得的投资资产，以购买价款为成本；

② 通过支付现金以外的方式取得的投资资产，以该资产的公允价值和支付的相关税费为成本。

（3）存货 是指企业持有以备出售的产品或者商品、处在生产过程中的在产品、在生产或者提供劳务过程中耗用的材料和物料等。存货按照以下方法确定成本。

① 通过支付现金方式取得的存货，以购买价款和支付的相关税费为成本。

② 通过支付现金以外的方式取得的存货，以该存货的公允价值和支付的相关税费为成本。

③ 生产性生物资产收获的农产品，以产出或者采收过程中发生的材料费、人工费和分摊的间接费用等必要支出为成本。

（4）企业使用或者销售的存货的成本计算方法，可以在先进先出法、加权平均法、个别计价法中选用一种。计价方法一经选用，不得随意变更。

（5）除国务院财政、税务主管部门另有规定外，企业在重组过程中，应当在交易发生时确认有关资产的转让所得或者损失，相关资产应当按照交易价格重新确定计税基础。

任务三　企业所得税应纳税额的计算

一、应纳税额的计算方法

企业的应纳税所得额乘以适用税率，减去依照《企业所得税法》关于税收优惠的规定减免和抵免的税额后的余额，为应纳税额。应纳税额的计算公式为：

应纳税额＝应纳税所得额×适用税率－减免税额－抵免税额

【例 5-1】　辽宁美联化妆品有限公司 2016 年度销售收入总额为 800 万元，利润总额为 100 万元，提取存货跌价准备为 20 万元，发生业务招待费 8 万元。假设没有其他调整项目，所得税税率为 25%，计算 2016 年度应纳的企业所得税。

业务招待费扣除限额＝800×5‰＝4（万元）<8×60%＝4.8（万元）

不允许扣除的业务招待费＝8－4＝4（万元）

全年应纳税所得额＝100＋20＋4＝124（万元）

全年应纳企业所得税＝124×25%＝31（万元）

二、抵免限额的规定

（1）企业取得的下列所得已在境外缴纳的所得税税额，可以从其当期应纳税额中抵免，抵免限额为该项所得依照我国税法规定计算的应纳税额；超过抵免限额的部分，可以在以后 5 个年度内，用每年度抵免限额抵免当年应抵税额后的余额进行抵补：

① 居民企业来源于中国境外的应税所得；

② 非居民企业在中国境内设立机构、场所，取得发生在中国境外但与该机构、场所有实际联系的应税所得。

已在境外缴纳的所得税税额，是指企业来源于中国境外的所得，依照中国境外税收法律以及相关规定应当缴纳并已经实际缴纳的企业所得税性质的税款。

抵免限额，是指企业来源于中国境外的所得，依照企业所得税法和实施条例的规定计算的应纳税额。除国务院财政、税务主管部门另有规定外，该抵免限额应当分国家（地区）不分项计算，其计算公式如下：

抵免限额＝中国境内、境外所得依照企业所得税法和实施条例的规定计算的应纳税总额×来源于某国（地区）的应纳税所得额÷中国境内、境外应纳税所得总额

【例 5-2】　辽宁美联化妆品有限公司 2016 年取得产品销售收入 1 000 万元，出租房屋取得租金收入 50 万元，产品销售成本为 500 万元，税金及附加为 10 万，各项费用合计 150 万元，营业外支出 40 万元，取得借款利息收入 30 万元，各项支出均已按税法规定予以调整。公司从 A 国分支机构分回利润 70 万元，该国所得税税率为 30%，国外已纳所得税 30 万元。设该企业所得税税率为 25%，请计算该企业当年应纳所得税额。

来源于 A 国的应纳税所得额＝70÷(1－30%)＝100（万元）

应纳税所得额＝1 000＋50＋30＋100－500－10－150－40＝480（万元）

应纳所得税总额＝480×25%＝120（万元）

抵免限额＝120×100÷480＝25（万元）＜30（万元）

应纳税所得额＝120－25＝95（万元）

（2）居民企业从其直接或者间接控制的外国企业分得的来源于中国境外的股息、红利等权益性投资收益，外国企业在境外实际缴纳的所得税税额中属于该项所得负担的部分，可以作为该居民企业的可抵免境外所得税税额，在上述规定的抵免限额内抵免。

任务四　企业所得税的会计核算

企业所得税的会计核算方法分为应付税款法和纳税影响会计法。为了清晰地理解两种核算方法，这里先介绍一些相关概念。

一、会计差异

由于会计制度、会计准则与税收法规的目的不同，两者对收益、费用、资产、负债确认的时间、范围也不同，从而产生年度税前会计利润与年度应纳税所得额之间的差异，这一差异分为永久性差异和暂时性差异。

1. 永久性差异

永久性差异是指在某一会计期间，由于会计准则、会计制度和税法在计算收益、费用或损失时的口径或标准不同，所产生的税前会计利润和应纳税所得额之间的差异。这种差异不会影响其他会计期间，也不会在其他会计期间得到转回。就我国《企业所得税法》而言，永久性差异包括免税收入和收益、税法作为应税收益的非会计收益、不可扣除的费用与损失和可扣除的非会计费用。

根据永久性差异产生的结果可将其分为两类。

（1）税前会计利润大于应纳税所得额　这种情况产生的永久性差异不需要缴纳所得税，在计算应纳税所得额时，应将永久性差异从税前会计利润中扣除，将税前会计利润调整为应纳税所得额。

（2）税前会计利润小于应纳税所得额　这种情况产生的永久性差异需要缴纳所得税，在计算应纳税所得额时，应加上永久性差异，将税前会计利润调整为应纳税所得额。

对于永久性差异，无论在哪种所得税会计方法下，均按照税前会计利润加减永久性差异调整应纳税所得额，再按照应纳税所得额和现行所得税税率计算的应交所得税作为当期所得税费用。永久性差异不会在将来产生应税金额或可扣除金额，只影响当期的应税收益。所以，永久性差异不需要进行账务调整。

2. 暂时性差异

暂时性差异是指资产或负债的账面价值与其计税基础之间的差额；未作为资产和负债确认的项目，按照税法规定可以确定其计税基础的，该计税基础与其账面价值之间的差额也属于暂时性差异，如企业的开办费等。这种差异会影响其他会计期间，会在其他会计期间得到转回或很可能转回。按照暂时性差异对未来期间应税金额的影响，分为应纳税暂时性差异和可抵扣暂时性差异。

(1) 应纳税暂时性差异　是指在确定未来收回资产或清偿负债期间的应纳税所得额时，将产生应税金额的暂时性差异。

应纳税暂时性差异通常产生于以下情况。

① 资产的账面价值大于其计税基础。一项资产的账面价值代表的是企业在持续使用及最终出售该项资产时会取得的经济利益的总额，而计税基础代表的是一项资产在未来期间可予税前扣除的总金额。资产的账面价值大于其计税基础，该项资产未来期间产生的经济利益不能全部税前抵扣，两者之间的差额需要交税，产生应纳税暂时性差异。

② 负债的账面价值小于其计税基础。一项负债的账面价值代表的是企业预计在未来期间清偿该项负债时的经济利益流出，而其计税基础是账面价值减去未来期间计算应纳税所得额时按照税法规定可予抵扣的金额。因此，负债的账面价值与计税基础的差额，代表该项负债在未来期间可予税前扣除的金额。负债的账面价值小于其计税基础，意味着该项负债在未来期间可予税前扣除的金额为负数，增加了未来期间应税所得，产生应纳税暂时性差异。但这种情况极少见。

(2) 可抵扣暂时性差异　是指在确定未来收回资产或清偿负债期间的应纳税所得额时，将导致可抵扣金额的暂时性差异。

可抵扣暂时性差异通常产生于以下情况。

① 资产的账面价值小于其计税基础。这意味着该项资产的未来经济利益流入小于税法允许税前扣除的金额，出现了税前扣除余额。这不仅使该项资产自身不需缴纳所得税，而且税前抵扣余额还可以抵扣未来期间的应税所得，形成可抵扣暂时性差异。

② 负债的账面价值大于其计税基础。这意味着该项负债在未来期间可予税前扣除的金额为正数，减少了未来期间的应税所得，产生可抵扣暂时性差异。

3. 产生暂时性差异的常见项目与交易

(1) 资产负债表项目

① 计提减值准备的项目。税法规定，企业计提的各项资产减值准备必须经过税务主管部门核定，未经核定的准备金支出不允许税前抵扣；会计准则规定，除交易性金融资产、采用公允价值模式计量的投资性房地产外，几乎所有资产均可计提减值准备，进而使一些资产的账面价值与计税基础产生差异。

② 交易性金融资产。会计上将持有期的公允价值变动计入当期损益并调整其账面价值；税法规定不确认持有期的尚未实现的公允价值变动，即不得调整计税基础，使交易性金融资产账面价值与计税基础产生差异。

③ 可供出售金融资产。会计上将持有期的公允价值变动计入资本公积并调整其账面价值；税法不确认公允价值变动，即不得调整计税基础，使可供出售金融资产账面价值与计税基础产生差异。

④ 长期股权投资。指采用权益法核算的长期股权投资。会计准则规定，在权益法下，

投资企业应在被投资单位实现净损益时，确认投资损益并调整长期股权投资的账面价值；税法规定，在被投资单位实际作利润分配时，确认投资损益且不调整长期股权投资的计税基础，使长期股权投资账面价值与计税基础产生差异。

⑤ 投资性房地产。采用公允价值模式计量的投资性房地产，会计上以公允价值为其账面价值；税法以原始成本扣除税法上的累计折旧作为计税基础。采用成本模式计量的投资性房地产，如果其折旧方法、折旧年限或预计净残值等方面与税法规定不一致，也会产生暂时性差异。

⑥ 固定资产。会计准则规定，固定资产的折旧方法、折旧年限由企业自定；税法要求按规定的折旧年限采用直线法计提折旧（符合条件的可以加速折旧），使固定资产账面价值与计税基础产生差异。

⑦ 无形资产。在无形资产摊销方法、摊销年限或预计净残值等方面，会计准则与税法规定可能不一致，进而使无形资产账面价值与计税基础产生差异。

⑧ 预计负债。按会计准则规定符合条件的或有支出确认为当期费用的，同时确认预计负债；而税法要求在该项支出发生时确认为费用，不允许预计这一负债。进而使预计负债账面价值与计税基础产生差异。如企业因销售商品提供售后服务等原因确认的预计负债。

（2）非资产负债表项目　某些交易或事项发生以后，因为不符合资产、负债的确认条件而未体现在资产负债表的资产或负债中，但按税法规定能够确定其计税基础的，其账面价值与计税基础之间的差异也构成暂时性差异。

① 开办费。按会计准则规定开办费通常在发生时计入当期损益，即正常经营期间开办费的账面价值为零；而税法规定，开办费在正常生产经营月份起，在不短于三年的期间摊销，即正常开始生产经营的三年内，开办费存在计税基础。

② 税前弥补亏损、税款抵减、超额广告宣传费支出、超额职工教育经费支出。对于按照税法规定可以结转以后年度的未弥补亏损、税款抵减、超额广告宣传费支出、超额职工教育经费支出等，虽不是因资产、负债账面价值与计税基础不同而产生的，但本质上可抵扣亏损和税款抵减与可抵扣暂时性差异具有同样的作用，均能减少未来期间所得税，在会计上视同可抵扣暂时性差异处理。

二、计税基础

1. 资产的计税基础

一项资产的计税基础就是按照税法的规定，该项资产在销售或使用时，可以作为成本或费用在税前扣除的金额。但是，如果该项资产在减少时产生的经济利益流入不需纳税，那么该项资产的计税基础即为其账面金额，如应收账款、其他应收款等，即：

一项资产的计税基础＝未来可税前扣除的金额

如果一项资产的账面价值比其计税基础高，意味着在未来期间按资产账面价值可回收的现金利益大，而允许抵扣的小，则产生应纳税额的暂时性差异，两者的差额作为未来利益而应纳税，在权责发生制下形成递延所得税负债；如果一项资产的账面价值比其计税基础低，意味着在未来期间按资产账面价值可回收的现金利益小，而允许抵扣的大，则产生可抵减的暂时性差异，两者的差额部分抵减应税收益，表现为所得税支付额减少，而使经济利益流入企业，应将其确认为递延所得税资产。

2. 负债的计税基础

一项负债的计税基础就是其账面价值减去该负债在未来期间可税前扣除的金额，即：

一项负债的计税基础＝该项负债的账面价值－未来可税前扣除的金额

如果一项负债的账面价值比其计税基础高，意味着在未来期间清偿的现金利益大，而不能抵减的应税收益小，则产生可抵减的暂时性差异，两者差额部分抵减的应税收益大，表现为所得税支付额减少，而使经济利益流入企业，应将其确认为递延所得税资产；如果一项负债的账面价值比其计税基础低，意味着在未来期间清偿的现金利益小，而不能抵减的应税收益大，则产生应纳税额的暂时性差异，两者差额部分应调增应税收益，表现为所得税支付额增加，而使经济利益流出企业，应将其确认为递延所得税负债。

3. 暂时性差异的处理

由于对所得税费用的确认时间以及税率的不同选择，各国在实务中纳税影响会计法分为递延法和债务法两种，债务法又分为利润表债务法和资产负债表债务法两种。

我国现行的《小企业会计准则》要求使用应付税款法；我国《企业会计准则第18号——所得税》则要求执行《企业会计准则》的企业采用资产负债表债务法。在我国所得税会计核算实务中，使用纳税影响会计法的企业甚少。鉴于此，以下只介绍应付税款法和资产负债表债务法。

三、应付税款法的会计核算

应付税款法是企业将本期税前会计利润与应纳税所得额之间的差额所造成的影响纳税的金额直接记入当期损益，而不递延到以后各期的一种所得税会计核算方法。

在应付税款法下，本期发生的暂时性差异不单独核算，与本期发生的永久性差异一并处理。将税前会计利润调整为应纳税所得额，再按应纳税所得额计算应交所得税，并将其作为本期所得税费用，即本期所得税费用等于本期应交所得税。暂时性差异产生的影响所得税的金额，在会计报表中不反映为一项负债或一项资产，仅在会计报表附注中说明其影响。由于这种方法的优点是操作简便，目前，这种方法在我国现行会计实务中广为应用。

由于应付税款法在执行《小企业会计准则》和《企业会计制度》的企业应用，因此，应按会计制度的规定设置账户。核算时需要设置"所得税费用"和"应交税金——应交所得税"账户。因不需要核算时间性差异对未来所得税的影响金额，故不需要设置"递延税款"账户。企业按应纳税所得额计算的应交所得税，借记"所得税费用"账户，贷记"应交税费——应交所得税"账户。实际缴纳所得税时，借记"应交税费——应交所得税"账户，贷记"银行存款"账户。期末将"所得税费用"账户的借方余额转入"本年利润"账户，结转后"所得税费用"账户应无余额。

【例5-3】 辽宁美联化妆品有限公司2019年所得税汇算清缴时，年度利润表上反映的全年主营业务收入为30 000 000元，没有发生其他业务收入。利润总额为1 180 000元，所得税税率为25％。

(1) 财务费用账户列支：从其他企业借入1 000 000元资金，支付的2016年度借款利息为200 000元，同期同类银行贷款年利率为10％。

(2) 管理费用账户列支：业务招待费300 000元；新产品研究开发费用共计550 000元。

(3) 营业外支出账户列支：税收滞纳金和罚款12 000元；与企业生产经营活动无关的非广告性质赞助支出100 000元。

（4）职工总数 200 人，全年实际发放工资总额 2 200 000 元，均属合理的工资薪金支出。其中，符合《中华人民共和国残疾人保障法》规定的残疾人工资薪金 200 000 元。

（5）实际拨付工会经费 40 000 元，实际发生职工福利费支出 400 000 元，实际发生职工教育经费支出 70 000 元。

（6）投资收益账户中包含国债利息收入 20 000 元。

（7）本期按企业选定的折旧年限计算的固定资产折旧费为 86 000 元，按税法规定的折旧年限计算的固定资产折旧费为 80 000 元。

（8）企业 2019 年度已预缴所得税 200 000 元。

根据上述资料，计算该公司 2016 年所得税汇算清缴时应补（退）所得税额并作出会计处理。

按税法规定计算纳税调整项目及金额：

（1）借款利息支出超过标准应调增的应纳税所得额：

应调增应纳税所得额＝200 000－1 000 000×10％＝100 000（元）

（2）超过业务招待费列支标准应调增的应纳税所得额：

业务招待费扣除限额＝30 000 000×5‰＝150 000（元）＜300 000×60％＝180 000（元）

不允许扣除的业务招待费＝300 000－150 000＝150 000（元）

业务招待费应调增应纳税所得额 150 000 元。

（3）新产品研究开发费用本年度投入 550 000 元，550 000 元可据实列支，并可按其实际发生额的 75％加计扣除当年度应纳税所得额：

应调减应纳税所得额＝550 000×75％＝412 500（元）

（4）发生的税收滞纳金和罚款以及非广告性质赞助支出不得扣除：

应调增应纳税所得额＝12 000＋100 000＝112 000（元）

（5）合理的工资薪金支出准予扣除，符合规定的残疾人工资加计 100％扣除：

应调减应纳税所得额＝200 000×100％＝200 000（元）

（6）实际拨付工会经费可按不超过工资薪金总额 2％的部分准予扣除；职工福利费实际发生不超过工资薪金总额 14％的部分准予扣除；职工教育经费实际发生不超过工资薪金总额 8％的部分准予扣除，超过部分准予结转到以后纳税年度扣除。

工会经费扣除限额＝2 200 000×2％＝44 000（元）＞40 000（元）

工会经费 40 000 元准予全部扣除。

职工福利费扣除限额＝2 200 000×14％＝308 000（元）＜400 000（元）

应调增应纳税所得额＝400 000－308 000＝92 000（元）

职工教育经费当年可扣除限额＝2 200 000×8％＝176 000（元）＞70 000（元）

教育经费准予全部扣除。

超过按合理工资总额提取的三项经费应调增的应纳税所得额＝92 000（元）

（7）国债利息收入免征所得税，应调减应纳税所得额 20 000 元。

（8）企业计提折旧超过按税法规定计提折旧的差额，应调增应纳税所得额：

应调增应纳税所得额＝86 000－80 000＝6 000（元）

（9）纳税调整项目金额：

应调增金额＝100 000＋150 000＋112 000＋92 000＋6 000＝460 000（元）

应调减金额＝412 500＋200 000＋20 000＝632 500（元）

全年应纳税所得额＝利润总额＋纳税调增金额－纳税调减金额

$$＝1\,180\,000＋460\,000－632\,500＝1\,007\,500（元）$$

全年应纳企业所得税额＝1 007 500×25％＝251 875（元）

企业已预缴所得税 200 000 元，所得税汇算清缴时：

$$应补缴所得税＝251\,875－200\,000＝51\,875（元）$$

编制会计分录如下：

借：以前年度损益调整   51 875

 贷：应交税费——应交所得税   51 875

借：应交税费——应交所得税   51 875

 贷：银行存款   51 875

四、资产负债表债务法的会计核算

按《企业会计准则（2006）》规定，对于执行《企业会计准则（2006）》的企业，应采用资产负债表债务法核算企业所得税。会计核算时，应设置"所得税费用""递延所得税资产""递延所得税负债""递延所得税资产减值准备""应交税费——应交所得税"科目。

1. 资产负债表债务法的特点

资产负债表债务法是指按预计转回年度的所得税税率计算其纳税影响数，将其作为递延所得税负债或递延所得税资产的一种方法。资产负债表债务法从资产或负债的账面价值与该资产或负债的计税基础不一致而产生暂时性差异这一本质出发，分析暂时性差异产生的原因以及对期末资产、负债的影响。作为资产负债表项目的递延，所得税资产或递延所得税负债直接由资产负债表项目的比较得出。

2. 资产负债表债务法基本核算程序

资产负债表债务法以资产负债表为重心，核算时对资产负债表项目直接确认，对利润表项目间接确认。具体核算步骤可归纳如下。

① 按照本期应纳税所得额和适用税率确认应交所得税税额。

② 确定资产负债表日每项资产或负债的计税基础。

③ 根据该资产或负债的账面价值与其计税基础的差额，确定暂时性差异。

④ 暂时性差异乘以适用税率，考虑结转以后年度的本期弥补亏损与所得税抵减，求得递延所得税资产或递延所得税负债的期末余额。

⑤ 本期发生或转回的递延所得税资产或递延所得税负债，即递延所得税费用（或利益）应是其期末、期初余额的差额。

⑥ 计算确定当期所得税费用时，将应交所得税税额加上递延所得税费用（或利益）即可。

上述过程用公式表示如下：

应交所得税＝（应纳税所得额－允许弥补的亏损）×适用税率－所得税抵减额

递延所得税费用＝（递延所得税负债期末余额－递延所得税负债期初余额）－［递延所得税资产（扣除备抵）期末余额－递延所得税资产（扣除备抵）期初余额］

当期所得税费用＝当期应纳税额＋（期末递延所得税负债－期初递延所得税负债）－（期末递延所得税资产－期初递延所得税资产）

【例 5-4】 辽宁美联化妆品有限公司 2019 年度利润表中利润总额为 3 000 万元,该公司适用的所得税税率为 25%。递延所得税资产及递延所得税负债不存在期初余额。与所得税核算有关的情况如下。

(1) 2019 年 1 月开始计提折旧的一项固定资产,成本为 1 500 万元,使用年限为 10 年,净残值为 0,会计处理按双倍余额递减法计提折旧,税收处理要求按直线法计提折旧。假定税法规定的使用年限及净残值与会计规定相同。

(2) 企业发生的非公益性捐赠支出 500 万元。

(3) 当年度末研发完毕一项无形资产,发生研究开发支出 1 250 万元,其中 750 万元资本计入无形资产成本,摊销期 10 年。

(4) 违反税法规定应支付罚款 250 万元。

(5) 存货实际成本为 2 075 万元,期末计提存货跌价准备 75 万元,账面余额为 2 000 万元。

要求计算该公司 2019 年应纳企业所得税税额。

分析:

(1) 2019 年度资产负债表日

企业当年按双倍余额递减法计提的折旧额＝1 500×(2÷10)＝300(万元)

按税法规定按直线法计提的折旧额＝1 500×(1÷10)＝150(万元)

计算应纳税所得额时,应调增 150 万元。

固定资产账面价值＝实际成本－会计折旧＝1 500－300＝1 200(万元)

计税基础＝实际成本－税法允许税前扣除的折旧额＝1 500－150＝1 350(万元)

计税基础大于账面价值的差额 150 万元(会计折旧比税法规定多提),对所得税的影响额为 150×25%＝37.5(万元),这项影响会减少未来期间应纳税所得额和应交所得税,属于可抵扣暂时性差异,应确认为递延所得税资产。

(2) 非公益性捐赠支出,按税法规定不允许列支、不得抵扣,应调增应纳税所得额。本例为 500 万元。

(3) 按税法规定,企业为开发新技术、新产品、新工艺发生的研究开发费用,未形成无形资产计入当期损益的,在按照规定据实扣除的基础上,按照研究开发费用的 75% 加计扣除;形成无形资产的,每年按照无形资产成本的 175% 摊销。

允许扣除的技术开发费用＝(1 250－750)×(1＋75%)＝875(万元)

在计算应纳税所得额时,应调减 375 万元。

由于形成的无形资产 750 万元,按税法规定应在不少于 10 年的受益期内每年按 175% 摊销,但本年度刚研发完毕,尚未开始摊销,因此账面价值与计税基础一致,为 750 万元,不存在差异,不会形成递延所得税,对当期所得税费用没有影响。

(4) 税法规定违反国家法律、法规支付罚款和滞纳金不允许税前扣除,应调增应纳税所得额,本例为 250 万元。

(5) 按税法规定,不符合国务院财政、税务主管部门规定的各项资产减值准备、风险准备等准备金支出不得列支。存货跌价准备就是属于不符合规定的准备金支出,所以不得列支。因此,应调增应纳税所得额 75 万元。由于计提了存货跌价准备,造成账面价值与计税基础不一致,形成 75 万元的可抵扣暂时性差异,应确认为相应的递延所得税资产。

综合上述情况,按税法规定:

$$应纳税所得额＝3\,000＋150＋500－375＋250＋75＝3\,600（万元）$$

$$应交所得税＝3\,600×25\%＝900（万元）$$

按《企业会计准则》规定，该公司 2019 年年末资产负债表相关项目金额及其计税基础见表 5-1。

表 5-1　2019 年年末资产负债表　　　　　　　单位：万元

项　　目		账面价值	计税基础	差异	
				应纳税暂时性差异	可抵扣暂时性差异
存　货		2 000	2 075		75
固定资产	固定资产原价	1 500	1 500		
	减：累计折旧	300	150		
	减：固定资产减值准备	0	0		
	固定资产账面价值	1 200	1 350		150
无形资产		750	750		
总　计					225

根据表 5-1，计算 2019 年度递延所得税费用：

$$期末递延所得税资产＝225×25\%＝56.25（万元）$$

$$递延所得税费用＝－56.25（万元）$$

利润表中应确认的所得税费用：

$$所得税费用＝900－56.25＝843.75（万元）$$

确认所得税费用的账务处理如下：

借：以前年度损益调整　　　　　　　　　　　8 437 500

　　递延所得税资产　　　　　　　　　　　　　562 500

　贷：应交税费——应交所得税　　　　　　　　9 000 000

【例 5-5】　承【例 5-4】假定该公司 2020 年当年应交所得税为 600 万元。当年发生相关的计提和摊销情况如下（企业所得税税率 25%）。

（1）当年摊销上述无形资产价值 75 万元；

（2）当年存货实际成本为 2 500 万元，账面价值为 2 400 万元；

（3）当年按双倍余额递减法计提上述固定资产折旧，税法允许使用直线法计提折旧；

（4）当年预计负债 100 万元；

（5）当年上述固定资产计提减值准备 50 万元。

除所列项目外，其他资产、负债项目不存在会计和税收的差异。

分析：

（1）当期所得税＝当期应交所得税＝600 万元

（2）当年会计摊销无形资产 75 万元，税法可以加计摊销 75%，因此，企业账面价值为 750－75＝675（万元），计税基础为 618.75 万元。

（3）当年会计按双倍余额递减法计提折旧：

$$企业当年按双倍余额递减法计提的折旧额＝(1\,500－300)×(2÷10)＝240（万元）$$

$$累计折旧＝300＋240＝540（万元）$$

$$税法规定允许扣除的折旧额＝1\,500×(1÷10)＝150（万元）$$
$$累计折旧＝150＋150＝300（万元）$$
$$固定资产账面价值＝1\,500－540－50＝910（万元）$$
$$计税基础＝1\,500－300＝1\,200（万元）$$

（4）根据企业上述变化，资产负债表中有关资产、负债的账面价值与其计税基础相关数据见表5-2。

表5-2　2020年年度资产负债表　　　　　　　　　　　　　单位：万元

项目		账面价值	计税基础	差异	
				应纳税暂时性差异	可抵扣暂时性差异
存货		2 400	2 500		100
固定资产	固定资产原价	1 500	1 500		
	减:累计折旧	540	300		
	减:固定资产减值准备	50	0		
	固定资产账面价值	910	1 200		290
无形资产		675	618.75	56.25	
预计负债		100	0		100
总计				56.25	490

根据表5-2，计算2020年年度递延所得税费用：

（1）期末递延所得税负债＝56.25×25％＝14.062 5（万元）

期初递延所得税负债为0

递延所得税负债增加14.062 5万元。

（2）期末递延所得税资产490×25％＝122.50（万元）

期初递延所得税资产为56.25万元

递延所得税资产增加66.25万元

递延所得税费用＝14.062 5－66.25＝－52.187 5（万元）

（3）确认所得税费用：

所得税费用＝600－52.187 5＝547.812 5（万元）

确认所得税费用的账务处理如下：

借：以前年度损益调整　　　　　　　　　　5 478 125

　　递延所得税资产　　　　　　　　　　　 662 500

　贷：应交税费——应交所得税　　　　　　　 6 000 000

　　递延所得税负债　　　　　　　　　　　 140 625

任务五　企业所得税的申报与缴纳

一、源泉扣缴

（1）对非居民企业在中国境内未设立机构、场所的，或者虽设立机构、场所但取得的所得与其所设机构、场所没有实际联系的，就其来源于中国境内的所得应缴纳的所得税，实行源泉扣缴，以支付人为扣缴义务人。税款由扣缴义务人在每次支付或者到期应支付时，从支付或者到期应支付的款项中扣缴。

（2）依照企业所得税法对非居民企业应当缴纳的企业所得税实行源泉扣缴的，股息、红利等权益性投资收益和利息、租金、特许权使用费所得，以收入全额为应纳税所得额；转让财产所得，以收入全额减除财产净值后的余额为应纳税所得额。收入全额，是指非居民企业向支付人收取的全部价款和价外费用。

（3）对非居民企业在中国境内取得工程作业和劳务所得应缴纳的所得税，税务机关可以指定工程价款或者劳务费的支付人为扣缴义务人。可以指定扣缴义务人的情形包括：

① 预计工程作业或者提供劳务期限不足一个纳税年度，且有证据表明不履行纳税义务的；

② 没有办理税务登记或者临时税务登记，且未委托中国境内的代理人履行纳税义务的；

③ 未按照规定期限办理企业所得税纳税申报或者预缴申报的。

扣缴义务人由县级以上税务机关指定，并同时告知扣缴义务人所扣税款的计算依据、计算方法、扣缴期限和扣缴方式。

（4）扣缴义务人依照上述第（2）项、第（3）项规定应当扣缴的所得税，未依法扣缴或者无法履行扣缴义务的，由纳税人在所得发生地缴纳。纳税人未依法缴纳的，税务机关可以从该纳税人在中国境内其他收入项目的支付人应付的款项中，追缴该纳税人的应纳税款。

（5）扣缴义务人每次代扣的税款，应当自代扣之日起 7 日内缴入国库，并向所在地的税务机关报送扣缴企业所得税报告表。

二、纳税期限

（1）企业所得税按纳税年度计算　纳税年度自公历 1 月 1 日起到 12 月 31 日止。企业在一个纳税年度中间开业，或者终止经营活动，使该纳税年度的实际经营期不足 12 个月的，应当以其实际经营期为一个纳税年度。企业依法清算时，应当以清算期间作为一个纳税年度。

（2）企业所得税分月或者分季预缴　企业应当自月份或者季度终了之日起 15 日内，向税务机关报送预缴企业所得税纳税申报表，预缴税款。企业应当自年度终了之日起 5 个月内，向税务机关报送年度企业所得税纳税申报表，并汇算清缴，结清应缴应退税款。企业在报送企业所得税纳税申请表时，应当按照规定附送财务会计报告和其他有关资料。

（3）企业在年度中间终止经营活动的，应当自实际经营终止之日起 60 日内，向税务机关办理当期企业所得税汇算清缴。企业应当在办理注销登记前，就其清算所得向税务机关申报并依法缴纳企业所得税。

（4）缴纳的企业所得税，以人民币计算　所得以人民币以外的货币计算，应当折合成人民币计算并缴纳税款。

三、纳税地点

企业所得税的征收管理除按《企业所得税法》的规定外，还依照《中华人民共和国税收征收管理法》的规定执行。

（1）除税收法律、行政法规另有规定外，居民企业以企业登记注册地为纳税地点，但登记注册地在境外的，以实际管理机构所在地为纳税地点。居民企业在中国境内设立不具有法人资格的营业机构的，应当汇总计算并缴纳企业所得税。

表 5-3　中华人民共和国

企业所得税月（季）度预缴纳税申报表（A 类）

税款所属时间：　　　年　　月　　日至　　　年　　月　　日

纳税人识别号（统一社会信用代码）：□□□□□□□□□□□□□□□□□□

纳税人名称：　　　　　　　　　　　　　　　　　金额单位：人民币元（列至角分）

预缴方式	□ 按照实际利润额预缴	□ 按照上一纳税年度应纳税所得额平均额预缴	□ 按照税务机关确定的其他方法预缴
企业类型	□ 一般企业	□ 跨地区经营汇总税企业总机构	□ 跨地区经营汇总纳税企业分支机构

预缴税款计算

行次	项　　目	本年累计金额
1	营业收入	
2	营业成本	
3	利润总额	
4	加:特定业务计算的应纳税所得额	
5	减:不征税收入	
6	减:免税收入、减计收入、所得减免等优惠金额(填写 A201010)	
7	减:固定资产加速折旧(扣除)调减额(填写 A201020)	
8	减:弥补以前年度亏损	
9	实际利润额(3+4-5-6-7-8)\按照上一纳税年度应纳税所得额平均额确定的应纳税所得额	
10	税率(25%)	
11	应纳所得税额(9×10)	
12	减:减免所得税额(填写 A201030)	
13	减:实际已缴纳所得税额	
14	减:特定业务预缴(征)所得税额	
15	本期应补(退)所得税额(11-12-13-14)\ 税务机关确定的本期应纳所得税额	

汇总纳税企业总分机构税款计算

行次		项目	金额
16	总机构填报	总机构本期分摊应补(退)所得税额(17+18+19)	
17		其中:总机构分摊应补(退)所得税额(15×总机构分摊比例____%)	
18		财政集中分配应补(退)所得税额(15×财政集中分配比例____%)	
19		总机构具有主体生产经营职能的部门分摊所得税额(15×全部分支机构分摊比例____%×总机构具有主体生产经营职能部门分摊比例____%)	
20	分支机构填报	分支机构本期分摊比例	
21		分支机构本期分摊应补(退)所得税额	

附报信息

小型微利企业	□ 是 □ 否	科技型中小企业	□ 是 □ 否
高新技术企业	□ 是 □ 否	技术入股递延纳税事项	□ 是 □ 否
期末从业人数			

谨声明:此纳税申报表是根据《中华人民共和国企业所得税法》《中华人民共和国企业所得税法实施条例》以及有关税收政策和国家统一会计制度的规定填报的,是真实的、可靠的、完整的。

法定代表人(签字):　　　　年　　月　　日

纳税人公章: 会计主管: 填表日期:　　年　月　日	代理申报中介机构公章: 经办人: 经办人执业证件号码: 代理申报日期:　　年　月　日	主管税务机关受理专用章: 受理人: 受理日期:　　年　月　日

国家税务总局监制

表 5-4　中华人民共和国

企业所得税月（季）度预缴纳税申报表（B类）

税款所属时间：　　年　月　日至　　年　月　日

纳税人识别号：□□□□□□□□□□□□□□□□□□

纳税人名称：　　　　　　　　　　　　　　金额单位：人民币元（列至角分）

项　目			行次	累计金额
应纳税所得额的计算	按收入总额核定应纳税所得额	收入总额	1	
		税务机关核定的应税所得税率（%）	2	
		应纳税所得额（1×2）	3	
	按成本费用核定应纳税所得额	成本费用总额	4	
		税务机关核定的应税所得税率（%）	5	
		应纳税所得额[4÷（1−5）×5]	6	
	按经费支出换算应纳税所得额	经费支出总额	7	
		税务机关核定的应税所得税率（%）	8	
		换算的收入额[7÷（1−8）]	9	
		应纳税所得额（8×9）	10	
应纳所得税额的计算		税率（25%）	11	
		应纳所得税额（3×11 或 6×11 或 10×11）	12	
		减免所得税额	13	
应补（退）所得税额的计算		已预缴所得税额	14	
		应补（退）所得税额（12−13−14）	15	

　　谨声明:此纳税申报表是根据《中华人民共和国企业所得税法》《中华人民共和国企业所得税法实施条例》和国家有关税收规定填报的,是真实的、可靠的、完整的。

法定代表人（签字）：　　　　年　月　日

纳税人公章： 会计主管： 填表日期：　　年　月　日	代理申报中介机构公章： 经办人： 经办人执业证件号码： 代理申报日期：　　年　月　日	主管税务机关受理专用章： 受理人： 受理日期：　　年　月　日

国家税务总局监制

表 5-5　企业所得税年度纳税申报表填报表单

表单编号	表单名称	选择填报情况	
		填报	不填报
A000000	企业基础信息表	√	×
A100000	中华人民共和国企业所得税年度纳税申报表（A类）	√	×
A101010	一般企业收入明细表	□	□
A101020	金融企业收入明细表	□	□
A102010	一般企业成本支出明细表	□	□
A102020	金融企业支出明细表	□	□

表单编号	表单名称	选择填报情况	
		填报	不填报
A103000	事业单位、民间非营利组织收入、支出明细表	□	□
A104000	期间费用明细表	□	□
A105000	纳税调整项目明细表	□	□
A105010	视同销售和房地产开发企业特定业务纳税调整明细表	□	□
A105020	未按权责发生制确认收入纳税调整明细表	□	□
A105030	投资收益纳税调整明细表	□	□
A105040	专项用途财政性资金纳税调整明细表	□	□
A105050	职工薪酬纳税调整明细表	□	□
A105060	广告费和业务宣传费跨年度纳税调整明细表	□	□
A105070	捐赠支出纳税调整明细表	□	□
A105080	资产折旧、摊销情况及纳税调整明细表	□	□
A105081	固定资产加速折旧、扣除明细表	□	□
A105090	资产损失税前扣除及纳税调整明细表	□	□
A105091	资产损失(专项申报)税前扣除及纳税调整明细表	□	□
A105100	企业重组纳税调整明细表	□	□
A105110	政策性搬迁纳税调整明细表	□	□
A105120	特殊行业准备金纳税调整明细表	□	□
A106000	企业所得税弥补亏损明细表	□	□
A107010	免税、减计收入及加计扣除优惠明细表	□	□
A107011	符合条件的居民企业之间的股息、红利等权益性投资收益优惠明细表	□	□
A107012	综合利用资源生产产品取得的收入优惠明细表	□	□
A107013	金融、保险等机构取得的涉农利息、保费收入优惠明细表	□	□
A107014	研发费用加计扣除优惠明细表	□	□
A107020	所得减免优惠明细表	□	□
A107030	抵扣应纳税所得额明细表	□	□
A107040	减免所得税优惠明细表	□	□
A107041	高新技术企业优惠情况及明细表	□	□
A107042	软件、集成电路企业优惠情况及明细表	□	□
A107050	税额抵免优惠明细表	□	□
A108000	境外所得税收抵免明细表	□	□
A108010	境外所得纳税调整后所得明细表	□	□
A108020	境外分支机构弥补亏损明细表	□	□
A108030	跨年度结转抵免境外所得税明细表	□	□
A109000	跨地区经营汇总纳税企业年度分摊企业所得税明细表	□	□
A109010	企业所得税汇总纳税分支机构所得税分配表	□	□
说明:企业应当根据实际情况选择需要填表的窗体。			

表 5-6 企业基本信息表（A000000）

正常申报□	更正申报□	补充申报□

100 基本信息		
101 汇总纳税企业	是（总机构□　　按比例缴纳总机构□　）　否□	
102 注册资本（万元）		106 境外中资控股居民企业	是□　　　否□
103 所属行业明细代码		107 从事国家非限制和禁止行业	是□　　　否□
104 从业人数		108 存在境外关联交易	是□　　　否□
105 资产总额（万元）		109 上市公司	是（境内□境外□）　否□

200 主要会计政策和估计		
201 适用的会计准则或会计制度	企业会计准则(一般企业)□　银行□　证券□　保险□　担保□ 小企业会计准则□ 企业会计制度□ 事业单位会计准则(事业单位会计制度□　科学事业单位会计制度□　医院会计制度□ 高等学校会计制度□　中小学校会计制度□　彩票机构会计制度□) 民间非营利组织会计制度□ 村集体经济组织会计制度□ 农民专业合作社财务会计制度(试行)□ 其他□		
202 会计档案的存放地		203 会计核算软件	
204 记账本位币	人民币□　其他□	205 会计政策和估计是否发生变化	是□　　否□
206 固定资产折旧方法	年限平均法□　工作量法□　双倍余额递减法□　年数总和法□　其他□		
207 存货成本计价方法	先进先出法□　移动加权平均法□　月末一次加权平均法□ 个别计价法□　毛利率法□　零售价法□　计划成本法□　其他□		
208 坏账损失核算方法	备抵法□　　直接核销法□		
209 所得税计算方法	应付税款法□　资产负债表债务法□　其他□		

300 企业主要股东及对外投资情况					
301 企业主要股东(前5位)					
股东名称	证件种类	证件号码	经济性质	投资比例	国籍(注册地址)

302 对外投资(前5位)					
被投资者名称	纳税人识别号	经济性质	投资比例	投资金额	注册地址

表 5-7 中华人民共和国企业所得税年度纳税申报表

(A 类，2014 年版)

税款所属时间：　　年　月　日至　　年　月　日

纳税人识别号：□□□□□□□□□□□□□□□□□□

纳税人名称：

金额单位：人民币元（列至角分）

谨声明：此纳税申报表是根据《中华人民共和国企业所得税法》《中华人民共和国企业所得税法实施条例》和国家有关税收政策以及国家统一会计制度的规定填报的，是真实的、可靠的、完整的。

法定代表人（签章）：　　年　月　日

纳税人公章：	代理申报中介机构公章：	主管税务机关受理专用章：
会计主管：		受理人：
	经办人： 经办人执业证件号码：	
填表日期：　　年　月　日	代理申报日期：　　年　月　日	受理日期：　　年　月　日

国家税务总局监制

表 5-8 中华人民共和国企业所得税年度纳税申报表（A类，A100000）

行次	类别	项　　目	金额
1	利润总额计算	一、营业收入(填写 A101010\101020\103000)	
2		减:营业成本(填写 A102010\102020\103000)	
3		营业税金及附加	
4		销售费用(填写 A104000)	
5		管理费用(填写 A104000)	
6		财务费用(填写 A104000)	
7		资产减值损失	
8		加:公允价值变动收益	
9		投资收益	
10		二、营业利润(1−2−3−4−5−6−7+8+9)	
11		加:营业外收入(填写 A101010\101020\103000)	
12		减:营业外支出(填写 A102010\102020\103000)	
13		三、利润总额(10+11−12)	
14	应纳税所得额计算	减:境外所得(填写 A108010)	
15		加:纳税调整增加额(填写 A105000)	
16		减:纳税调整减少额(填写 A105000)	
17		减:免税、减计收入及加计扣除(填写 A107010)	
18		加:境外应税所得抵减境内亏损(填写 A108000)	
19		四、纳税调整后所得(13−14+15−16−17+18)	
20		减:所得减免(填写 A107020)	
21		减:抵扣应纳税所得额(填写 A107030)	
22		减:弥补以前年度亏损(填写 A106000)	
23		五、应纳税所得额(19−20−21−22)	
24	应纳税额计算	税率(25%)	
25		六、应纳所得税额(23×24)	
26		减:减免所得税额(填写 A107040)	
27		减:抵免所得税额(填写 A107050)	
28		七、应纳税额(25−26−27)	
29		加:境外所得应纳所得税额(填写 A108000)	
30		减:境外所得抵免所得税额(填写 A108000)	
31		八、实际应纳所得税额(28+29−30)	
32		减:本年累计实际已预缴的所得税额	
33		九、本年应补(退)所得税额(31−32)	
34		其中:总机构分摊本年应补(退)所得税额(填写 A109000)	
35		财政集中分配本年应补(退)所得税额(填写 A109000)	
36		总机构主体生产经营部门分摊本年应补(退)所得税额(填写 A109000)	
37	附列资料	以前年度多缴的所得税额在本年抵减额	
38		以前年度应缴未缴在本年入库所得税额	

（2）非居民企业在中国境内设立机构、场所的，应当就其所设机构、场所取得的来源于中国境内的所得，以及发生在中国境外但与其所设机构、场所有实际联系的所得，以机构、场所所在地为纳税地点。

非居民企业在中国境内设立两个或者两个以上机构、场所的，经税务机关审核批准，可以选择由其主要机构、场所汇总缴纳企业所得税。

非居民企业在中国境内未设立机构、场所的，或者虽设立机构、场所但取得的所得与其所设机构、场所没有实际联系的，应当就其来源于中国境内的所得，以扣缴义务人所在地为纳税地点。

（3）除国务院另有规定外，企业之间不得合并缴纳企业所得税。

四、纳税申报

纳税人在纳税年度内无论盈利或亏损，都应当按照《企业所得税法》规定的纳税期限，向当地主管税务机关纳税申报，报送相关的所得税申报表。

1. 企业预缴所得税申报表

企业预缴所得税申报表主要有：

①《中华人民共和国企业所得税月（季）度预缴纳税申报表（A类）》（适用于查账征收的企业）（见表5-3）；

②《中华人民共和国企业所得税月（季）度预缴纳税申报表（B类）》（适用于核定征收的企业）（见表5-4）。

2. 企业所得税年度汇算清缴纳税申报表

按照2014年的新要求，年度纳税申报表（A类）共有41张，其中企业基本信息表一张，年度纳税申报表主表一张，附表39张，见表5-5～表5-8，其他见本项目后二维码。

企业所得税申报表附表

本项目主要法律法规依据：

《企业所得税法》

《企业所得税法暂行条例》

实战演练

一、判断题

1. 企业所得税的纳税人仅指企业，不包括社会团体。（　　　）

2. 利息收入和股息收入一样都表现为全额增加企业所得税的应纳税所得额。（　　　）

3. 企业自产产品的广告宣传费均可在企业所得税前列支。（　　　）

4. 企业取得的所有技术服务收入均可暂免征企业所得税。（　　　）

5. 企业所得税法也适用于个人独资企业、合伙企业。（　　　）

6. 纳税人在生产、经营期间的借款利息支出作为费用，在计算应纳税所得时，可以按实际发生数扣除。（　　　）

7. 企业发生的年度亏损，可用以后五个盈利年度的利润弥补。（　　　）

8. 某内资企业当年应纳税所得额为 50 万元，但上一年度利润表上亏损 48 万元，则当年应缴纳企业所得税 5 000 元。（　　　）

9. 确定应纳税所得额时，对企业生产、经营期间，向经人民银行批准从事金融业务的非银行金融机构的借款利息支出，可按照实际发生额从税前扣除。（　　　）

10. 纳税人来源于境外的所得在境外实际缴纳的所得税税款，准予在汇总纳税时从其应纳税额中扣除；其在境外发生的亏损也可用境内的利润弥补。（　　　）

11. 年度终了，某企业填报的利润表反映全年利润总额为 -17 万元，因此，当年不需缴纳企业所得税。（　　　）

12. 企业接受其他单位的捐赠物资，不计入应纳税所得额。（　　　）

13. 确认由可抵扣暂时性差异产生的递延所得税资产，应当以未来期间很可能取得用来抵扣可抵扣暂时性差异的应纳税所得额为限。（　　　）

14. 负债的计税基础是指负债的账面价值中按照税法规定可予抵扣的金额。（　　　）

15. 资产的账面价值大于其计税基础或者负债的账面价值小于其计税基础的，产生可抵扣暂时性差异。（　　　）

二、单项选择题

1. 下列利息收入中，不计入企业所得税应纳税所得额的是（　　　）。
A. 企业债券利息
B. 外单位欠款付给的利息收入
C. 购买国库券的利息收入
D. 银行存款利息收入

2. 企业缴纳的下列税种，在计算企业所得税应纳税所得额时，不准从收入总额中扣除的是（　　　）。
A. 增值税　　　　　B. 消费税　　　　C. 城建税　　　　D. 土地增值税

3. 下列项目中，准予在计算企业所得税应纳税所得额时从收入总额中扣除的项目是（　　　）。
A. 资本性支出
B. 无形资产开发未形成资产的部分
C. 违法经营的罚款支出
D. 各项税收滞纳金、罚金、罚款支出

4. 在一个纳税年度内，居民企业技术转让所得不超过（　　　）的部分，免征企业所得税，超过部分，减半征收企业所得税。
A. 5 万元　　　　　B. 10 万元　　　　C. 20 万元　　　　D. 500 万元

5. 企业所得税法中所称的小型微利工业企业，必须符合年度应纳税所得额不超过（　　　）万元，从业人数不超过（　　　）人，资产总额不超过（　　　）万元。
A. 30，80，3 000
B. 30，80，1 000
C. 20，100，3 000
D. 300，300，5 000

6. 某工业生产企业，从业人员 85 人，资产总额 2 800 万元，全年销售额 1 520 万元，成本 600 万元，销售税金及附加 460 万元，按规定列支各种费用 400 万元。已知上述成本费用中包括新产品开发费 80 万元。该企业当年应纳企业所得税（　　　）。
A. 15 万元　　　　　B. 19.8 万元　　　　C. 0 万元　　　　D. 6.6 万元

7. 根据企业所得税法等有关规定，不得提取折旧的固定资产是（　　　）。

A. 以经营租赁方式租出的固定资产　　　　B. 以融资租赁方式租入的固定资产

C. 以经营租赁方式租入的固定资产　　　　D. 季节性停用的机器设备

8. 纳税人通过国内非营利的社会团体、国家机关的公益、救济性捐赠，在年度（　　）12％以内的部分准予扣除。

A. 收入总额

B. 利润总额

C. 应纳税所得额

D. 应纳所得税额

9. 除国务院财政、税务主管部门另有规定外，企业所得税法等规定：固定资产计算折旧的最低年限为（　　）。

A. 房屋、建筑物，为25年

B. 与生产经营活动有关的器具、工具、家具、电子设备等，为5年

C. 飞机、火车、轮船、机器、机械和其他生产设备，为10年

D. 飞机、火车、轮船以外的运输工具，为6年

10. 缴纳企业所得税，月份或季度终了后要在规定的期限内预缴，年度终了后要在规定的期限内汇算清缴，其预缴、汇算清缴的规定期限分别是：（　　）。

A. 7日、45日　　B. 15日、45日　　C. 15日、4个月　　D. 15日、5个月

11. 企业来源于境外所得，已在境外实际缴纳的所得税税款，在汇总纳税并按规定计算扣除限额时，如果境外实际缴纳的税款超过扣除限额，对超过部分的处理方法是（　　）。

A. 列为当年费用支出

B. 从本年的应纳所得税额中扣除

C. 用以后年度税额扣除的余额补扣，补扣期限最长不得超过5年

D. 从以后年度境外所得中扣除

12. 纳税人在纳税年度内无论盈利或亏损，都应当在年度终了后（　　），向其所在地主管税务机关报送年度会计报表和所得税申报表。

A. 15日　　　　　B. 45日　　　　　C. 5个月　　　　　D. 60日

13. 企业与其关联方共同开发、受让无形资产，或者共同提供、接受劳务发生的成本，在计算应纳税所得额时应当按照（　　）进行分摊。

A. 公平交易原则　　　　　　　　　　B. 方便交易原则

C. 独立交易原则　　　　　　　　　　D. 节约成本原则

14. 甲股份有限公司2015年12月购入一台设备，原价为3 010万元，预计净残值为10万元，税法规定的折旧年限为5年，按直线法计提折旧，公司按照3年计提折旧，折旧方法与税法相一致。2017年1月1日起，公司所得税税率由33％降为25％。除该事项外，历年来无其他纳税调整事项。公司采用资产负债表债务法进行所得税会计处理。该公司2017年末资产负债表中反映的"递延所得税资产"项目的金额为（　　）万元。

A. 186.67　　　　B. 400　　　　　C. 200　　　　　D. 320

15. 资料同14题，2017年年初"递延所得税资产"的余额为（　　）万元。

A. 140　　　　　B. 120　　　　　C. 132　　　　　D. 152

16. 数据同14题，如果甲公司2017年年税前会计利润为500万元，则当年的所得税费用为（　　）万元。

A. 145　　　　　B. 162　　　　　C. 157　　　　　D. 147

17. 乙公司采用资产负债表债务法核算所得税，2016年年末"递延所得税负债"账户的

贷方余额为 330 万元，适用的所得税税率为 33％，2017 年年初所得税税率由原来的 33％改为 25％，本期新增应纳税暂时性差异 350 万元。乙公司 2017 年"递延所得税负债"的本期发生额为（　　　）。

A. 借记 7.5 万元　　　B. 借记 6 万元　　　C. 贷记 7.5 万元　　　D. 贷记 6 万元

18. 乙公司采用资产负债表债务法核算所得税，2016 年年末"递延所得税资产"账户的贷方余额为 660 万元，适用的所得税税率为 33％，2017 年年初所得税税率由原来的 33％改为 25％，本期转回可抵扣暂时性差异 300 万元。乙公司 2017 年"递延所得税资产"的本期发生额为（　　　）。

A. 借记 300 万元　　　B. 贷记 235 万元　　　C. 借记 235 万元　　　D. 贷记 300 万元

三、多项选择题

1. 企业从事（　　）项目的所得，减半征收企业所得税。

A. 中药材的种植

B. 花卉、茶以及其他饮料作物和香料作物的种植

C. 海水养殖、内陆养殖

D. 牲畜、家禽的饲养

2. 下列项目中，在会计利润的基础上应调整增加应纳税所得额的项目有（　　　）。

A. 职工教育经费支出超标准　　　　　B. 利息费用支出超标准

C. 公益救济性捐赠超标准　　　　　　D. 查补的营业税

3. 下列项目中，在会计利润的基础上应调整减少应纳税所得额的项目有（　　　）。

A. 查补的消费税　　　　　　　　　　B. 多提的职工福利费

C. 国库券利息收入　　　　　　　　　D. 多列的无形资产摊销费

4. 按照企业所得税法及实施条例规定，工业企业要享受企业所得税法规定的小型微利企业的优惠税率，必须同时符合的条件有（　　　）。

A. 年度应纳税所得额不超过 300 万元　　B. 从事加工业

C. 从业人数不超过 300 人　　　　　　D. 资产总额不超过 5 000 万元

5. 在资产负债表债务法下，应设置的账户有（　　　）。

A. 所得税费用　　　　　　　　　　　B. 应交税费——应交所得税

C. 递延所得税资产　　　　　　　　　D. 应交所得税

6. 下列叙述正确的是（　　　）。

A. 企业从事国家重点扶持的公共基础设施项目的投资经营的所得，自项目取得第一笔生产经营收入所属纳税年度起，第一年至第三年免征企业所得税，第四年至第六年减半征收企业所得税（简称"三免三减半"）

B. 企业从事符合条件的环境保护、节能节水项目的所得，自项目取得第一笔生产经营收入所属纳税年度起，实行"三免三减半"

C. 企业从事以《资源综合利用企业所得税优惠目录》规定的资源作为主要原材料，生产国家非限制和禁止并符合国家和行业相关标准的产品取得的收入，减按 90％计入收入总额

D. 企业从事开发新技术、新产品、新工艺发生的研究开发费用，未形成无形资产的计入当期损益，在按照规定据实扣除的基础上，按照研究开发费用的 75％加计扣除；形成无形资产的，按照无形资产成本的 175％摊销

7. 下列支出项目不得列为成本、费用和损失的有（　　）。

A. 无形资产的受让、开发支出　　　　B. 资本的利息

C. 对外投资所发生的投资费用或损失　　D. 违法经营的罚款和被没收财物的损失

8. 以下对资产负债表债务法的表述正确的有（　　）。

A. 税率变动时，"递延所得税资产"的账面余额不需要进行相应的调整

B. 根据新的会计准则规定，商誉产生的应纳税暂时性差异不确认相应的递延所得税负债

C. 与联营企业、合营企业投资等相关的应纳税暂时性差异不确认相应的递延所得税负债

D. 递延所得税＝当期递延所得税负债的增加＋当期递延所得税资产的减少－当期递延所得税负债的减少－当期递延所得税资产的增加

9. 以下业务不影响"递延所得税资产"的有（　　）。

A. 资产减值准备的计提

B. 非公益性捐赠支出

C. 国债利息收入

D. 税务上对使用寿命不确定的无形资产执行不超过 10 年的摊销标准

10. 下列有关资产计税基础的判定中，正确的有（　　）。

A. 某交易性金融资产，取得成本为 100 万元，该时点的计税基础为 100 万元，会计期末公允价值变为 90 万元，会计确认账面价值为 90 万元，税法规定的计税基础保持不变，仍为 100 万元

B. 一项按照权益法核算的长期股权投资，企业最初以 1 000 万元购入，购入时期初始投资成本及计税基础均为 1 000 万元，当期期末按照持股比例计算应享有被投资单位的净利润份额 50 万元后，会计账面价值为 1 050 万元，而其计税基础依然为 1 000 万元

C. 一项用于出租的房屋，取得成本为 500 万元，会计处理按照双倍余额递减法计提折旧，税法规定按直线法计提折旧，使用年限为 10 年，净残值为 0，一年的折旧后，该投资性房地产的账面价值为 400 万元，其计税基础为 450 万元

D. 企业支付了 3 000 万元购入另一企业 100％的股权，购买日被购买方各项可辨认净资产公允价值为 2 600 万元，则企业应确认的合并商誉为 400 万元，税法规定，该商誉的计税基础为 0

11. 下列有关所得税的论断中，正确的有（　　）。

A. 当负债的账面价值大于计税基础时，会派生可抵扣暂时性差异

B. 在计算应税所得时，新增可抵扣暂时性差异额应追加税前会计利润

C. 在计算应税所得时，转向应纳税暂时性差异额应抵减当期税前会计利润

D. 所有长期资产的减值计提均派生可抵扣暂时性差异

12. 下列有关负债计税基础的判定中，正确的有（　　）。

A. 企业因销售商品提供售后三包等原因于当期确认了 100 万元的预计负债，则该预计负债的账面价值为 100 万元，计税基础为 0

B. 企业因债务担保确认了预计负债 1 000 万元，则该项预计负债的账面价值为 1 000 万元，计税基础也是 1 000 万元

C. 企业收到客户的一笔款项为 80 万元，因不符合收入确认条件，会计上作为预收账款

反映，但符合税法规定的收入确认条件，该笔款项已计入当期应纳税所得额，则预收账款的账面价值为 80 万元，计税基础为 0

D. 企业收到客户的一笔款项为 80 万元，因不符合收入确认条件，会计上作为预收账款反映，如果税法规定的收入确认时点与会计准则保持一致，则预收账款的账面价值为 80 万元，计税基础也是 80 万元

四、业务题

1. 2019 年度，某企业产品销售收入 800 万元，劳务收入 40 万元，出租固定资产租金收入 5 万元。该企业全年发生的产品销售成本 430 万元，销售费用 80 万元，管理费用 20 万元，财务费用 10 万元，营业外支出 3 万元（其中缴纳税收滞纳金 1 万元），按税法规定缴纳增值税 90 万元，其他税金 7.2 万元。按照税法规定，在计算该企业应纳税所得额时，其他准予扣除项目金额为 23 万元，已知该企业适用所得税税率为 25%。

要求：

(1) 计算该企业 2019 年度应纳税所得额，并列出计算过程。

(2) 计算该企业 2019 年度应纳所得税税额，并列出计算过程。

2. 假如某生产企业 2019 年度生产经营情况如下：产品销售收入 500 万元，产品销售成本 300 万元，产品销售费用 40 万元，发生管理费用 35 万元（其中业务招待费 5 万元），当年出租固定资产取得收入 40 万元，购买国家公债取得利息收入 10 万元，准许税前扣除的有关税费 30 万元，经批准向企业职工集资 100 万元，支付年息 15 万元，同期银行贷款利率为 10%，通过县级人民政府向南方遭受雪灾地区捐款 20 万元。

要求：计算该企业 2019 年度应缴纳的企业所得税额。

3. 假定某企业为居民企业，2019 年经营业务如下。

(1) 取得销售收入 2 500 万元。

(2) 销售成本 1 100 万元。

(3) 发生销售费用 670 万元（某中广告费 450 万元）；管理费用 480 万元（其中业务招待费 15 万元）；财务费用 60 万元。

(4) 销售税金 160 万元（含增值税 120 万元）。

(5) 营业外收入 70 万元，营业外支出 50 万元（含通过公益性社会团体向贫困山区捐款 30 万元，支付税收滞纳金 6 万元）。

(6) 计入成本、费用中的实发工资总额 150 万元，拨缴职工工会经费 3 万元，支出职工福利费和职工教育经费 29 万元。

要求：计算该企业 2019 年度实际应纳的企业所得税额。

4. 假定甲企业 2019 年利润总额为 1 500 万元，企业适用的所得税税率为 25%。

(1) 该企业 2019 年会计与税收之间差异包括以下事项：

① 国债利息收入 100 万元；

② 税款滞纳金 120 万元；

③ 交易性金融资产公允价值增加 140 万元；

④ 计提固定资产减值准备 400 万元；

⑤ 因售后服务预计费用 220 万元。

(2) 假定甲企业 2019 年 12 月 31 日资产负债表中部分项目账面价值与计税基础情况如下：

项目	账面价值	计税基础	差异	
			应纳税差异	可抵扣差异
交易性金融资产	5 400 000	4 000 000	1 400 000	
固定资产	30 000 000	34 000 000		4 000 000
预计负债	2 200 000	0		2 200 000
总计			1 400 000	6 200 000

（3）假定 2020 年利润总额为 2 000 万元，2020 年资产负债表中部分项目情况如下：

项目	账面价值	计税基础	差异	
			应纳税差异	可抵扣差异
交易性金融资产	5 800 000	6 000 000		200 000
固定资产	30 000 000	34 000 000		4 000 000
预计负债	1 200 000	0		1 200 000
无形资产	2 000 000	0	2 000 000	
总计			2 000 000	5 400 000

要求：

① 计算确认 2019 年度递延所得税资产及递延所得税负债的发生额；

② 计算确认 2019 年度应纳税所得额及应交所得税；

③ 编制 2019 年度所得税费用确认的会计分录；

④ 计算确认 2020 年度递延所得税资产的年末余额及当年的变动额；

⑤ 计算确认 2020 年度递延所得税负债的年末余额及当年的变动额；

⑥ 编制确认的 2020 年度所得税费用会计分录。

5. 某企业 5 年内暂时性差异是因某项固定资产折旧方法不同所致，即企业在计算税前会计利润时采用直线法，而在申报所得税时采用年数总和法，这种方法每年计提折旧费及其税前会计利润如表所示，所得税税率为 25%。

某企业有关纳税数据　　　　　　　　　　　　单位：万元

年份	税前利润	年数总和法下折旧额	直线法下折旧额
1	100	150	90
2	250	120	90
3	300	90	90
4	380	60	90
5	470	30	90
合计		450	450

要求：用资产负债表债务法分别反映该企业五年内有关所得税核算的会计分录。

项目六
个人所得税计算扣缴与核算

知识目标
1. 理解个人所得税基本法律知识；
2. 掌握各项所得的个人所得税应纳税额的计算；
3. 掌握自行申报和源泉扣缴两种个人所得税的申报方式；
4. 熟悉代扣代缴个人所得税涉税业务的会计处理。

能力目标
1. 能判断居民纳税人与非居民纳税人；
2. 能根据业务资料计算应纳个人所得税额；
3. 会根据个人所得资料填制个人所得税纳税申报表；
4. 会办理个人所得税代扣代缴业务；
5. 能根据业务数据进行代扣代缴个人所得税的会计处理。

素质目标
1. 培养学生诚实守信主动纳税的行为品质；
2. 培养学生创新创业的勇气。

情境导入

辽宁美联化妆品有限公司 2016 年 5 月有 20 名职工工资收入为 5 000 多元，这些职工应如何缴纳个人所得税。

知识铺垫

一、个人所得税概述

个人所得税是对我国公民、居民来源于我国境内外的各项应税所得征收的一种税。个人取得的应纳税所得形式包括现金、实物、有价证券和其他形式的经济利益。《中华人民共和国个人所得税法》以下简称《个人所得税法》，于 1980 年 9 月 10 日制定，1993 年进行了第一次修订，1999 年进行了第二次修订，2005 年进行了第三次修订，2007 年进行了第四次修订，2011 年进行了第五次修订，2018 年进行了第六次修订。2000 年 9 月，国家制定了《关于个人独资企业和合伙企业投资者征收个人所得税的规定》，明确从 2000 年 1 月 1 日起，个人独资企业和合伙企业停征企业所得税，只对其投资者的经营所得依法征收个人所得税。

（一）个人所得税的纳税义务人

个人所得税的纳税义务人是指在中国境内有住所，或者无住所但在境内居住累计满 183

天，以及无住所又不居住或者居住不满183天但有来源于中国境内所得的个人，包括中国公民、个体工商户以及在中国有所得的外籍人员（包括无国籍人员，下同）和我国香港、澳门、台湾同胞，以及华侨。上述纳税义务人依据住所和居住时间两个标准区分为居民纳税义务人和非居民纳税义务人，分别承担不同的纳税义务。

1. 居民纳税义务人

根据《个人所得税法》的规定，居民纳税义务人是指在中国境内有住所，或者无住所但在境内居住累计满183天的个人。居民纳税义务人负有无限纳税义务，应就其来源于中国境内、境外的应税所得，在中国缴纳个人所得税。在中国境内有住所的个人，是指因户籍、家庭、经济利益关系而在中国境内习惯性居住的个人。所谓习惯性居住是指个人因学习、工作、探亲、旅游等原因消除之后，没有理由在其他地方继续居留时所要回到的地方，而不是指实际居住地或在某一个特定时期内的居住地。例如某人因学习、工作、探亲、旅游等原因，在中国境外居住，但是在这些原因消除之后，如果必须回到中国境内居住，则中国就是这个人的习惯性居住地。

2. 非居民纳税义务人

非居民纳税义务人是指不符合居民纳税义务人条件的纳税义务人。根据税法规定，非居民纳税义务人就是在中国境内无住所又不居住或者无住所而在境内居住累计不满183天的个人。也就是说，非居民纳税义务人是指习惯性居住地不在中国境内，而且不在中国居住，或者在一个纳税年度内在中国境内居住累计不满183天的个人。在现实生活中，非居民纳税义务人实际上只能是在一个纳税年度中，没有在中国境内居住，或者居住但累计不满183天的外籍人员，包括我国香港、澳门、台湾同胞及华侨。非居民纳税义务人负有有限纳税义务，仅就其从中国境内取得的所得，在中国缴纳个人所得税。

在中国境内无住所的居民个人，在境内居住累计满183天的年度连续不满5年的，或满5年但其间有单次离境超过30天情形的，其来源于中国境外的所得，经向主管院务机关备案，可以只就由中国境内企事业单位和其他经济组织或者居民个人支付的部分缴纳个人所得税；在境内居住累计满183天的年度连续满5年的纳税人，且在5年内未发生单次离境超过30天情形的，从第6年起，中国境内居住累计满183天的，应当就其来源于中国境外的全部所得缴纳个人所得税。

在中国境内无住所且在一个纳税年度中在中国境内连续或者累计居住不超过90天的个人，其来源于中国境内的所得，由境外雇主支付并且不由该雇主在中国境内的机构、场所负担的部分，免予缴纳个人所得税。

3. 所得来源地的确定

对于非居民纳税义务人，因其只依据来源于中国境内的所得征税。因此，应分清所得的来源地。根据税法规定，下列所得不论支付地点是否在中国境内，均为来源于中国境内的所得。

① 因任职、受雇、履约等而在中国境内提供劳务取得的所得。

② 将财产出租给承租人在中国境内使用而取得的所得。

③ 转让中国境内的建筑物、土地使用权等财产或者在中国境内转让其他财产取得的所得。

④ 许可各种特许权在中国境内使用而取得的所得。

⑤ 从中国境内的公司、企业以及其他经济组织或者个人取得的利息、股息、红利所得。

⑥ 在中国境内任职、受雇取得的工资、薪金所得。

⑦ 在中国境内从事生产、经营活动而取得的生产经营所得。

⑧ 在中国境内以图书、报刊方式出版、发表作品取得的稿酬所得。

⑨ 在中国境内参加竞赛取得的奖金所得；参加有关部门组织的有奖活动取得的中奖所得；购买有关部门发行的彩票取得的中彩所得。

（二）应税所得项目

按应纳税所得的来源划分，现行个人所得税共分为 9 个应税项目。

（1）工资、薪金所得　工资、薪金所得是指个人因任职或者受雇而取得的工资、薪金、奖金、年终加薪、劳动分红、津贴、补贴以及与任职或者受雇有关的其他所得。下列项目不属于工资、薪金性质的补贴、津贴，不予征收个人所得税。这些项目包括：

① 独生子女补贴；

② 执行公务员工资制度未纳入基本工资总额的补贴、津贴差额和家属成员的副食补贴；

③ 托儿补助费；

④ 差旅费津贴、误餐补助。

（2）劳务报酬所得　劳务报酬所得是指个人独立从事非雇佣的各种劳务所取得的所得。内容包括设计、装潢、安装、制图、化验、测试、医疗、法律、会计、咨询、讲学、新闻、广播、翻译、审稿、书画、雕刻、影视、录音、录像、演出、表演、广告、展览、技术服务、介绍服务、经纪服务、代办服务、其他劳务。

（3）稿酬所得　稿酬所得是指个人因其作品以图书、报刊形式出版、发表而得的所得。作品包括文学作品、书画作品、摄影作品以及其他作品。作者去世后，财产继承人取得的遗作稿酬，也应征收个人所得税。

（4）特许权使用费所得　特许权使用费所得是指个人提供专利权、商标权、著作权、非专利技术以及其他特许权的使用权取得的所得。

（5）经营所得　经营所得包括：

① 个人通过在中国境内注册登记的个体工商户、个人独资企业、合伙企业从事生产、经营活动取得的所得；

② 个人依法取得执照，从事办学、医疗、咨询以及其他有偿服务活动取得的所得；

③ 个人承包、承租、转包、转租取得的所得；

④ 个人从事其他生产、经营活动取得的所得。

（6）利息、股息、红利所得　利息、股息、红利所得是指个人拥有债权、股权而取得的利息、股息、红利所得。其中，利息一般是指存款、贷款和债券的利息。股息、红利是指个人拥有股权取得的公司、企业分红。按照一定的比率派发的每股息金，称为股息。根据公司、企业应分配的超过股息部分的利润，按股派发的红股，称为红利。

（7）财产租赁所得　财产租赁所得是指个人出租不动产、土地使用权、机器设备、车船以及其他财产取得的所得。

（8）财产转让所得　财产转让所得是指个人转让有价证券、股权、合伙企业中的财产份额、不动产、土地使用权、机器设备、车船以及其他财产取得的所得。

（9）偶然所得　偶然所得是指个人得奖、中奖、中彩以及其他偶然性质的所得。得奖是指参加各种有奖竞赛活动，取得名次得到的奖金；中奖、中彩是指参加各种有奖活动，如有奖储蓄，或者购买彩票，经过规定程序，抽中、摇中号码而取得的奖金。

个人取得的所得，难以界定应纳税所得项目的，由主管税务机关确定。

居民个人取得上述 1 至 4 项所得（综合所得），按纳税年度合并计算个人所得税；非居民个人取得上述 1 至 4 项所得，按月或者按次分项计算个人所得税。纳税人取得上述 5 至 9 项所得，依照法律规定分别计算个人所得税。

二、个人所得税的税率及优惠政策

（一）个人所得税适用税率

（1）综合所得 综合所得适用 3%～45% 的七级超额累进税率，见表 6-1。

表 6-1 个人所得税税率表（综合所得适用）

级数	全年应纳税所得额（含税级距）	税率/%	速算扣除数/元
1	不超过 36 000 元的部分	3	0
2	超过 36 000 元至 144 000 元的部分	10	2 520
3	超过 144 000 元至 300 000 元的部分	20	16 920
4	超过 300 000 元至 420 000 元的部分	25	31 920
5	超过 420 000 元至 660 000 元的部分	30	52 920
6	超过 660 000 元至 960 000 元的部分	35	85 920
7	超过 960 000 元的部分	45	181 920

注：1. 本表所称全年应纳税所得额是指依照税法规定，居民个人取得综合所得以每一纳税年度收入额减除费用 6 万元以及专项扣除、专项附加扣除和依法确定的其他扣除后的余额。

2. 非居民个人取得工资、薪金所得，劳务报酬所得，稿酬所得，和特许权使用费所得，依照本表按月换算后计算应纳税额。

个人工资、薪金按月缴纳个人所得税适用税率表，见表 6-2。

表 6-2 个人所得税税率表（工资、薪金所得适用）

级数	全月应纳税所得额（含税级距）	全月应纳税所得额（不含税级距）	税率/%	速算扣除数/元
1	不超过 3 000 元的部分	不超过 2 910 元的部分	3	0
2	超过 3 000 元至 12 000 元的部分	超过 2 910 元至 11 010 元的部分	10	210
3	超过 12 000 元至 25 000 元的部分	超过 11 010 元至 21 410 元的部分	20	1 410
4	超过 25 000 元至 35 000 元的部分	超过 21 410 元至 28 910 元的部分	25	2 660
5	超过 35 000 元至 55 000 元的部分	超过 28 910 元至 42 910 元的部分	30	4 410
6	超过 55 000 元至 80 000 元的部分	超过 42 910 元至 59 160 元的部分	35	7 160
7	超过 80 000 元的部分	超过 59 160 元的部分	45	15 160

（2）经营所得 经营所得适用 5%～35% 的五级超额累进税率，见表 6-3。

表 6-3 个人所得税税率表（经营所得适用）

级数	全年应纳税所得额（含税级距）	税率/%	速算扣除数/元
1	不超过 30 000 元的部分	5	0
2	超过 30 000 元至 90 000 元的部分	10	1 500
3	超过 90 000 元至 300 000 元的部分	20	10 500
4	超过 300 000 元至 500 000 元的部分	30	40 500
5	超过 500 000 元的部分	35	65 500

（3）劳务报酬所得，稿酬所得，特许权使用费所得，利息、股息、红利所得，财产租赁

所得，财产转让所得，偶然所得，经国务院财政部门确定的其他所得适用20％税率。

对劳务报酬所得一次收入畸高的，实行加成征收。即：一次取得劳务报酬应纳税所得额超过2万元至5万元的部分，按20％计算应纳税额后，再按照应纳税额加征五成；超过5万元的部分，按20％计算应纳税额后，再按照应纳税额加征十成。见表6-4。稿酬所得按应纳税额减征30％。

《财政部、国家税务总局关于调整住房租赁市场税收政策的通知》（财税〔2000〕125号）规定，从2001年1月1日起，对个人出租房屋取得的所得暂减按10％的税率征收个人所得税。

表6-4　劳务报酬所得适用个人所得税税率表

级数	含税应纳税所得额	不含税应纳税所得额	税率	速算扣除数/元
1	不超过20 000元的部分	不超过21 000元的部分	20％	0
2	超过20 000元至50 000元的部分	超过21 000元至49 500元的部分	30％	2 000
3	超过50 000元的部分	超过49 500元的部分	40％	7 000

（二）个人所得税费用扣除标准

个人所得税法规定，对纳税人的所得，应按不同的所得项目分别扣除费用、成本和损失，分别计算各所得项目的应纳税所得额。在计算应纳税所得额时，还必须按人、按项和按国内、国外分别计算。个人所得税费用扣除标准及税率的确定见表6-5。

表6-5　个人所得税各项所得费用扣除标准及对应的税率

序号	征税对象	费用扣除标准	税率
1	工资、薪金所得	每月5 000元（全年60 000元）加专项扣除、专项附加扣除等	3％～45％的累进税率
2	经营所得	年度收入总额减除成本、费用、税金、损失	5％～35％的累进税率
3	劳务报酬所得	每次所得不足4 000元的减除费用800元；每次所得超过4 000元的减除费用20％	20％，一次收入畸高的则实行加成征收
4	稿酬所得	每次所得不足4 000元的减除费用800元；每次所得超过4 000元的减除费用20％	20％，按应纳税额减征30％
5	特许权使用费所得	每次所得不足4 000元的减除费用800元；每次所得超过4 000元的减除费用20％	20％
6	财产租赁所得	每次所得不足4 000元的减除费用800元；每次所得超过4 000元的减除费用20％，及修缮费用	20％
7	财产转让所得	以转让财产的收入额减除财产原值和合理费用	20％
8	利息、股息、红利所得	不扣除费用	20％
9	偶然所得	不扣除费用	20％

关于专项扣除、专项附加扣除及其他费用扣除的规定如下。

（1）专项扣除　包括居民个人按照国家规定的范围和标准缴纳的基本养老保险、基本医疗保险、失业保险、生育保险等社会保险费和住房公积金等。

（2）专项附加扣除　是指个人所得税法规定的子女教育、继续教育、大病医疗、住房贷款利息、住房租金和赡养老人6项专项附加扣除。

①子女教育专项附加扣除。纳税人的子女接受学前教育和学历教育的相关支出，按照每个子女每年12 000元（每月1 000元）的标准定额扣除。学前教育包括年满3岁至小学入学前教育。学历教育包括义务教育（小学和初中教育）、高中阶段教育（普通高中、中等职业教育）、高等教育（大学专科、大学本科、硕士研究生、博士研究生教育）。受教育子女的

父母分别按扣除标准的 50％ 扣除；经父母约定，也可以选择由其中一方按扣除标准的 100％ 扣除。具体扣除方式在一个纳税年度内不得变更。

② 继续教育专项附加扣除。纳税人接受学历继续教育的支出，在学历教育期间按照每年 4 800 元（每月 400 元）定额扣除。纳税人接受技能人员职业资格继续教育、专业技术人员职业资格继续教育支出，在取得相关证书的年度，按照每年 3 600 元定额扣除。个人接受同一学历教育事项，符合本办法规定扣除条件的，该项教育支出可以由其父母按照子女教育支出扣除，也可以由本人按照继续教育支出扣除，但不得同时扣除。

③ 大病医疗专项附加扣除。一个纳税年度内，在社会医疗保险管理信息系统记录的（包括医保目录范围内的自付部分和医保目录范围外的部分）由个人负担超过 15 000 元的医药费用支出部分，为大病医疗支出，可以按照每年 60 000 元标准限额据实扣除。大病医疗专项附加扣除由纳税人办理汇算清缴时扣除。纳税人发生的大病医疗支出由纳税人本人扣除。纳税人应当留存医疗服务收费相关票据原件或复印件。

④ 住房贷款利息专项附加扣除。纳税人本人或配偶使用商业银行或住房公积金个人住房贷款为本人或其配偶购买住房，发生的首套住房贷款利息支出，在偿还贷款期间，可以按照每年 12 000 元（每月 1 000 元）标准定额扣除。非首套住房贷款利息支出，纳税人不得扣除。纳税人只能享受一套首套住房贷款利息扣除。经夫妻双方约定，可以选择由其中一方扣除，具体扣除方式在一个纳税年度内不得变更。纳税人应当留存住房贷款合同、贷款还款支出凭证。

⑤ 住房租金专项附加扣除。纳税人本人及配偶在纳税人的主要工作城市没有住房，而在主要工作城市租赁住房发生的租金支出，可以按照以下标准定额扣除：承租的住房位于直辖市、省会城市、计划单列市以及国务院确定的其他城市，扣除标准为每年 14 400 元（每月 1 200 元）；承租的住房位于其他城市的，市辖区户籍人口超过 100 万的，扣除标准为每年 12 000 元（每月 1 000 元）；承租的住房位于其他城市的，市辖区户籍人口不超过 100 万（含）的，扣除标准为每年 9 600 元（每月 800 元）。

主要工作城市是指纳税人任职受雇所在城市，无任职受雇单位的，为其经常居住城市。城市范围包括直辖市、计划单列市、副省级城市、地级市（地区、州、盟）全部行政区域范围。夫妻双方主要工作城市相同的，只能由一方扣除住房租金支出。夫妻双方主要工作城市不相同的，且各自在其主要工作城市都没有住房的，可以分别扣除住房租金支出。住房租金支出由签订租赁住房合同的承租人扣除。纳税人及其配偶不得同时分别享受住房贷款利息专项附加扣除和住房租金专项附加扣除。纳税人应当留存住房租赁合同。

⑥ 赡养老人专项附加扣除。纳税人赡养 60 岁（含）以上父母以及其他法定赡养人的赡养支出，可以按照以下标准定额扣除：纳税人为独生子女的，按照每年 24 000 元（每月 2 000 元）的标准定额扣除。纳税人为非独生子女的，应当与其兄弟姐妹分摊每年 24 000 元（每月 2 000 元）的扣除额度，分摊方式包括平均分摊、被赡养人指定分摊或者赡养人约定分摊，具体分摊方式在一个纳税年度内不得变更。采取指定分摊或约定分摊方式的，每一纳税人分摊的扣除额最高不得超过每年 12 000 元（每月 1 000 元），并签订书面分摊协议。指定分摊与约定分摊不一致的，以指定分摊为准。纳税人赡养两个及以上老人的，不按老人人数加倍扣除。

（3）其他费用扣除规定

① 个人将其所得对教育、扶贫、济困等公益慈善事业进行捐赠，捐赠额未超过纳税人

申报的应纳税所得额 30％的部分，可以从其应纳税所得额中扣除。这里的应纳税所得额是指计算扣除捐赠额之前的应纳税所得额。

② 个人通过非营利性的社会团体和国家机关向红十字事业的捐赠，在计算缴纳个人所得税时，准予在税前的所得额中全额扣除。

③ 个人通过非营利性的社会团体和国家机关向农村义务教育的捐赠，在计算缴纳个人所得税时，准予在税前的所得额中全额扣除。

④ 个人通过非营利性的社会团体和国家机关对公益性青少年活动场所的捐赠，在计算缴纳个人所得税时，准予在税前的所得额中全额扣除。

⑤ 个人的所得（不含偶然所得）用于对非关联的科研机构和高等学校研究开发新产品、新技术、新工艺所发生的研究开发经费的资助，可以全额在下月（工资薪金所得）或下次（按次征税的所得）或当年（按年计征的所得）计征个人所得税时，从应纳税所得额中扣除，不足抵扣的，不得结转抵扣。

⑥ 根据财政部、国家税务总局的规定，个人通过非营利性的社会团体和政府部门向福利性、非营利性老年服务机构捐赠、通过宋庆龄基金会等 6 家单位、中国医药卫生事业发展基金会、中国教育发展基金会、中国老龄教育发展基金会等 8 家单位、中华健康快车基金会等 5 家单位用于公益救济性的捐赠，符合相关条件的，准予在缴纳个人所得税税前全额扣除。

⑦ 自 2017 年 7 月 1 日起，对个人购买符合规定的商业健康保险产品的支出，允许在当年（月）计算应纳税所得额时予以税前扣除，扣除限额为 2 400 元/年（200 元/月）。

（4）每次收入的确定

① 财产租赁所得，以一个月内取得的收入为一次。

② 劳务报酬、稿酬所得、特许权使用费所得属于一次性收入的，以取得该项收入为一次；属于同一项目连续性收入的，以一个月内取得的收入为一次。

（三）个人所得税的税收优惠

个人所得税的税收优惠

任务一　个人所得税应纳税额计算及会计核算

一、综合所得应纳税额的计算

应纳税额＝应纳税所得额×适用税率－速算扣除数

　　　　　＝（每一纳税年度的收入额－费用 6 万元－专项扣除－专项附加扣除－依法确定的其他扣除）×适用税率－速算扣除数

综合所得包括工资薪金所得、劳务报酬所得、稿酬所得和特许权使用费所得

二、工资、薪金所得

1. 一般计算方法

（1）应纳税所得额的确定 工资、薪金所得实行按月计征办法，即以每月应税收入全额扣除规定标准费用后的余额为应纳税所得额。内籍人员以每月收入额减除费用 3 500 元后的余额为应纳税所得额。其计算公式为：

应纳税所得额＝每月收入额－费用扣除额－专项扣除－专项附加扣除

（2）应纳税额的计算 应纳税额＝应纳税所得额×适用税率－速算扣除数

【例 6-1】 2019 年 4 月，辽宁美联化妆品有限公司职员张某本月取得工资收入 9 000 元、奖金收入 500 元、各类应纳税补贴收入 200 元，按照规定允许扣除的各种社会保险费等支出 600 元，子女教育经费 1 000 元。计算张某本月应纳税额。

全月应纳税所得额＝9 000＋500＋200－600－1 000－5 000＝3 100（元）

全月应纳税额＝3 100×10％－210＝100（元）

2. 特殊计算方法

（1）个人取得全年一次性奖金的计税方法 一次性奖金包括年终加薪、实行年薪制和绩效工资办法的单位，根据考核情况兑现的年薪绩效工资。纳税人取得全年一次性奖金，单独作为一个月工资、薪金所得计算纳税。

① 个人取得全年一次性奖金且获取奖金当月个人的工资、薪金所得高于（或等于）税法规定的费用扣除额的，其应纳税额的计算方法是：用全年一次性奖金总额除以 12 个月，按其商数对照工资、薪金所得项目税率表，确定适用税率和对应的速算扣除数，计算缴纳个人所得税。计算公式为：

应纳税额＝个人当月取得的全年一次性奖金×适用税率－速算扣除数

个人当月工资、薪金所得与全年一次性奖金应分别计算缴纳个人所得税。

② 个人取得全年一次性奖金且获取奖金当月个人的工资、薪金所得低于税法规定的费用扣除额的，其应纳税额的计算方法是：用全年一次性奖金减去"个人当月工资、薪金所得与费用扣除额的差额"后的余额除以 12 个月，按其商数对照工资、薪金所得项目税率表，确定适用税率和对应的速算扣除数，计算缴纳个人所得税。计算公式为：

应纳税额＝（个人当月取得的全年一次性奖金－个人当月工资、薪金

所得与费用扣除额的差额）×适用税率－速算扣除数

由于上述计算纳税方法是一种优惠办法，在一个纳税年度内，对每一个人，该计算纳税办法只允许采用一次。对于全年考核，分次发放奖金的，该办法也只能采用一次。

【例 6-2】 刘某 2019 年 1 月 10 日取得当月工资收入 6 000 元，1 月 20 日取得 2018 年度一次性奖金 24 000 元；同期，李某取得当月工资收入 3 500 元，全年一次性奖金 5 000 元。计算两人 1 月份各应缴纳多少个人所得税。

刘某应纳税额计算：

1 月份工资部分应纳税额＝（6 000－5 000）×3％＝30（元）

确定一次性奖金应纳税额适用税率：24 000÷12＝2 000（元），故适用 3％的税率，对应的速算扣除数为 0。则：

一次性奖金应纳税额＝24 000×3％－0＝720（元）

所以，刘某应纳税额合计为750元。

李某应纳税额计算：

李某1月份的工资收入没有超5 000元，不需纳税。

确定一次性奖金适用税率：[5 000－（5 000－3 500）]÷12＝291.67（元），故适用税率为3％，速算扣除数为0。

$$应纳税额＝[5 000－（5 000－3 500）]×3％＝105（元）$$

（2）同时取得雇佣单位和派遣单位工资、薪金所得的计税方法　雇佣和派遣单位分别支付工资、薪金的，由支付者一方减除费用，即雇佣单位减除费用，派遣单位不再减除费用，以支付全额计算扣税。

【例6-3】　薛某为辽宁美联化妆品有限公司雇佣的中方人员。2019年3月，公司支付给薛某薪金6 000元，同月其派遣单位发给工资7 000元。薛某本月应纳多少个人所得税？

公司应扣缴薛某个人所得税：

$$扣缴税额＝（6 000－5 000）×3％－0＝30（元）$$

派遣单位应扣缴薛某个人所得税：

$$扣缴税额＝7 000×10％－210＝490（元）$$

薛某应纳税额合计为520元。

（3）同时取得境内、境外工资、薪金所得的计税方法　境内、境外分别取得工资、薪金所得的，如果能够提供其在境内和境外同时任职或受雇及其工薪标准的有效证明，可判定其所得是分别来自境内和境外的，应分别减除费用后计税；如纳税人不能提供上述文件，则认定为来源于一国所得合并纳税。

（4）不满一个月的工资薪金所得的计税方法　在中国境内无住所的个人，凡应仅就其不满一个月期间的工资、薪金所得申报纳税的，均应按全月工资、薪金所得计算实际应纳税额。计算公式为：

$$应纳税额＝（当月工资、薪金应纳税所得额×适用税率－速算扣除数）×$$
$$当月实际在中国境内的天数/当月天数$$

如果个人取得的是日工资、薪金，应以日工资、薪金乘以当月天数换算成月工资、薪金后，再按上述公式计算应纳税额。

【例6-4】　德国公司派某雇员来辽宁美联化妆品有限公司安装、调试从德国公司进口的自动化生产线。该雇员2019年4月1日来华，在我国居住21天，其工资由辽宁美联支付，月工资合人民币30 000元。计算该德国雇员4月份在我国应缴纳的个人所得税。

$$应纳税所得额＝30 000－5 000＝25 000（元）$$
$$应纳所得税额＝（25 000×20％－1 410）×21÷30＝2 513（元）$$

（5）特定行业职工的工资、薪金所得的计税方法　为了照顾采掘业、远洋运输业、远洋捕捞业因季节、产量等因素而使职工的工资、薪金收入呈现波动的实际情况，对这三个特定行业的职工取得的工资、薪金所得，可按月预缴，年度终了后30日内，合计其全年工资、薪金所得，再按12个月平均并计算实际应纳的税款，多退少补。计算公式为：

全年应纳税额＝[（全年工资、薪金收入/12－费用扣除标准）×税率－速算扣除数]×12

（6）对个人因解除劳动合同取得一次性补偿收入的计税方法　企业依照国家有关规定宣告破产，个人从该破产企业取得的一次性安置费收入免征个人所得税；个人因与用人单位解除劳动关系而取得的一次性补偿收入（包括用人单位发放的经济补偿金、生活补助费和其他补助费用），其收入在当地上年企业职工年平均工资 3 倍数额以内的部分，免征个人所得税；超过 3 倍数额部分的一次性补偿收入，可视为一次取得数月的工资、薪金收入，允许在一定时期内计算个人所得税。

方法为：以超过 3 倍数额部分的一次性补偿收入，除以个人在本企业的工作年限数（超过 12 年的按 12 年计算），以其商数作为个人的月工资、薪金收入，按照税法规定计算缴纳个人所得税。个人在解除劳动合同后又再次任职、受雇的，已纳税的一次性补偿收入不再与再次任职、受雇的工资、薪金所得合并计算补缴个人所得税。

（7）个人取得退职费收入的计税方法　对退职人员一次取得较高退职费收入的，可视为其一次取得数月的工资、薪金收入，并以原每月工资、薪金收入总额为标准分为若干月份的工资、薪金收入后，计算个人所得税。但按上述方法划分超过 6 个月工资、薪金收入的，应按 6 个月平均划分计算。

3. 单位为个人代扣代缴工资、薪金应纳个人所得税的账务处理

借：应付职工薪酬

　　贷：应交税费——应交个人所得税

三、经营所得

查账征收的个体工商户、个人独资企业、合伙企业以及对企事业单位承包租赁生产经营所得应纳税额计算公式为：

应纳税额＝应纳税所得额×适用税率－速算扣除数＝（年度收入－成本、费用、税金及损失、其他支出及以前年度亏损）×适用税率－速算扣除数

成本、费用、税金及损失参照企业计算应纳税所得额时的相关规定。

除查账征收外，采用定期定额核定征收。

【例 6-5】　厦门京华酒店属个体经营户，账册比较健全。2019 年 12 月取得营业收入为 150 000 元，购进菜、肉、蛋、面粉等原料费为 65 000 元，缴纳电费、水费、房租、煤气费等 40 000 元，缴纳其他税费合计为 8 250 元。当月支付给 10 名雇员工资共 25 000 元，1～11 月累计应纳税所得额为 11 750 元，1～11 月累计已预缴个人所得税为 11 750 元。计算该个体户 12 月份应纳的个人所得税。

（1）12 月份应纳税所得额＝150 000－65 000－40 000－8 250－25 000＝11 750（元）

（2）全年累计应纳税所得额＝110 000＋11 750＝121 750（元）

（3）12 月份应纳个人所得税＝121 750×20％－10 500－11 750＝2 100（元）

计提个人所得税时：

借：利润分配　　　　　　　　　　　　　　　　　2 100

　　贷：应交税费——应交个人所得税　　　　　　　　　2 100

上缴个人所得税时：

借：应交税费——应交个人所得税　　　　　　　　2 100

　　贷：银行存款　　　　　　　　　　　　　　　　　2 100

四、劳务报酬所得

1. 应纳税所得额的确定

每次收入不超过 4 000 元的，应纳税所得额＝每次收入额－800。

每次收入超过 4 000 元的，应纳税所得额＝每次收入额×(1－20％)。

对劳务报酬所得，属于一次性收入的，以取得该项收入为一次；属于同一项目连续收入的，以一个月内取得的收入为一次；考虑到属地管辖与时间划定有交叉的特殊情况，统一规定以县（含县级市、区）为一地，其管辖内的一个月内同一项目的劳动服务为一次，当月跨县地域的，应分别计算。

纳税人兼有不同项目劳务报酬所得的，应当分别按不同的项目确定应纳税所得额。获得劳务报酬的纳税人从其收入中支付给中介人和相关人员的报酬，除另有规定者外，在定率扣除 20％ 的费用后，一律不再扣除。对中介人员和相关人员取得的报酬，应分别计征个人所得税。

2. 应纳税额的计算

(1) 每次应纳税所得额未超过 2 万元的，应纳税额计算公式为：

$$应纳税额＝应纳税所得额×20\%$$

(2) 每次应纳税所得额超过 2 万元的，实行加成征收。计算公式为：

$$应纳税额＝应纳税所得额×适用税率－速算扣除数$$

3. 劳务报酬个人所得税的会计核算

单位在向个人支付劳务报酬时，应按税法规定代扣代缴个人所得税。计算出应代扣代缴的个人所得税，按代扣的所得税，借记"管理费用""销售费用""固定资产""主营业务成本"等相关科目，贷记"应交税费——代扣代缴个人所得税"科目；税款实际上缴入库时，借记"应交税费——代扣代缴个人所得税"科目，贷记"银行存款"等科目。

【例 6-6】 郑某 2019 年 10 月外出参加商业性演出，一次取得劳务报酬 60 000 元。计算其应缴纳的个人所得税（不考虑其他税费）。

$$应纳税额＝60 000×(1－20\%)×30\%－2 000＝12 400（元）$$

代扣单位的会计处理为：

借：主营业务成本　　　　　　　　　　　　　　　　　60 000
　　贷：应交税费——代扣代缴个人所得税　　　　　　　12 400
　　　　库存现金　　　　　　　　　　　　　　　　　　47 600

五、稿酬所得

1. 应纳税所得额的确定（与劳务报酬所得相同）

稿酬所得，以每次出版、发表取得的收入为一次。具体又可细分以下几方面。

① 同一作品再版取得的所得，应视为另一次稿酬所得。

② 同一作品先在报刊上连载，再出版或先出版，再在报刊上连载的，视为两次稿酬所得，即连载作为一次，出版作为一次。

③ 同一作品在报刊上连载分次取得收入的，以连载完成后取得的所有收入合并为一次计税。

④ 同一作品在出版和发表时，以预付稿酬或分次支付稿酬等形式取得的稿酬收入，应合并计算为一次。

⑤ 同一作品因添加印数而追加稿酬的，应与以前出版、发表时取得的稿酬合并计算为一次。

2. 应纳税额的计算

$$应纳税额＝应纳税所得额×适用税率×(1－30\%)$$

3. 稿酬所得应纳个人所得税的会计核算

因为稿酬是出版社、报社、杂志社经营过程中的主要成本，应将其作为直接成本计入图书或报纸杂志的成本。计算出应代扣代缴的个人所得税，按代扣的所得税，借记"图书成本"等相关账户，贷记"应交税费——代扣代缴个人所得税"账户；税款实际上缴入库时，借记"应交税费——代扣代缴个人所得税"账户，贷记"银行存款"等账户。

【例6-7】　刘某写了一本著作，在报刊上连载（2个月），1月和2月分别取得稿酬收入为1 000元和800元。后经本人同意出书，刘某从某出版社取得8 000元稿酬。由于该书很畅销，一年后再版，刘某又取得5 000元稿酬。计算刘某应缴纳的个人所得税。

　　　　报刊连载应纳税额＝[（1 000＋800）－800]×20%×（1－30%）＝140（元）
　　　　出书应纳税额＝8 000×（1－20%）×20%×（1－30%）＝896（元）
　　　　再版应纳税额＝5 000×（1－20%）×20%×（1－30%）＝560（元）

报刊连载的会计处理如下（出书和再版的会计处理基本相同）：

借：报刊成本　　　　　　　　　　　　　　　　　　1 800
　　贷：应交税费——代扣代缴个人所得税　　　　　　　　140
　　　　库存现金　　　　　　　　　　　　　　　　　　1 660

六、特许权使用费所得

1. 应纳税所得额的确定（与劳务报酬所得相同）

对个人从事技术转让中所支付的中介费，若能提供有效合法凭证，允许其在所得中扣除。

2. 应纳税额的计算

　　　　　　　　应纳税额＝应纳税所得额×适用税率（20%）

3. 特许权使用费所得应纳个人所得税的会计核算

企业在向个人支付特许权使用费时，一般应将发生的代扣代缴的个人所得税记入"管理费用"。发生购买特许权使用费业务时，计算出应代扣代缴的个人所得税，按代扣的所得税，借记"管理费用"等期间费用账户，贷记"应交税费——代扣代缴个人所得税"账户；

税款实际上缴入库时，借记"应交税费——代扣代缴个人所得税"账户，贷记"银行存款"等账户。

【例6-8】　贾某经专利事务所介绍，将其拥有的一项专利权授予华天公司使用，使用费为24 000元，同时按协议向专利事务所支付中介费3 600元，并能提供有效合法凭证。则华天公司在支付该特许权使用费时应当代扣代缴个人所得税税额为：

　　　　　　应纳税额＝（24 000－3 600）×（1－20%）×20%＝3 264（元）

华天公司进行会计核算时，应当作如下会计分录：

借：管理费用　　　　　　　　　　　　　　　　　24 000
　　贷：库存现金（或银行存款）　　　　　　　　　　20 736
　　　　应交税费——代扣代缴个人所得税　　　　　　　3 264

七、财产租赁所得

1. 应纳税所得额的确定（与劳务报酬所得相同）

（1）个人出租财产取得的财产租赁收入，在计算个人所得税时，应依次扣除以下费用：

① 财产租赁过程中缴纳的税费；

② 由纳税人负担的该出租财产实际开支的修缮费用（以 800 元为限，一次扣除不完的，准予在下一次继续扣除，直至扣完）。

（2）税法规定的费用扣除标准及计算公式

① 每次（月）收入不超过 4 000 元的

应纳税所得额＝每次（月）收入额－准予扣除项目－修缮费用（800 元为限）－800

② 每次（月）收入超过 4 000 元的

应纳税所得额＝［每次（月）收入额－准予扣除项目－修缮费用（800 元为限）］×（1－20％）

2. 应纳税额的计算

应纳税额＝应纳税所得额×适用税率（20％）

说明：个人租赁财产应纳的营业税、城市维护建设税、教育费附加、房产税、个人所得税等，一般是由个人到税务机关申报并开具发票时，由税务机关一并征收。

3. 财产租赁所得的会计核算

企业在向个人支付财产租赁费时，一般应将发生的代扣代缴的个人所得税计入管理费用、制造费用或销售费用。支付租赁费时，计算出应代扣代缴的个人所得税，按代扣的所得税，借记"管理费用""销售费用""制造费用"等科目，贷记"应交税费——代扣代缴个人所得税"科目；税款实际上缴入库时，借记"应交税费——代扣代缴个人所得税"科目，贷记"银行存款"等科目。

【例 6-9】 辽宁美联化妆品有限公司于 2019 年 1 月与吴某签订合同，租用吴某的一幢私房作为办公室使用，面积为 1 000 平方米，地处市区，租期为 3 年，合同约定的月租金为 40 000 元，按月支付。吴某到税务机关代开发票时，税务机关计缴吴某出租私房的营业税 600 元，房产税 1 600 元，城市维护建设税 42 元，教育费附加 18 元，地方教育费附加 6 元。

应纳税所得额＝（40 000－2 266）×（1－20％）＝30 187.20（元）

应纳税额＝30 187.2×10％＝3 018.72（元）

（注：私房出租个人所得税率为 10％）

辽宁美联化妆品有限公司收到吴某从税务部门开具的发票，支付租赁费时的会计处理如下：

借：管理费用——租赁费　　　　　　　　　　　40 000

　　贷：银行存款（或库存现金）　　　　　　　　　　40 000

八、财产转让所得

1. 应纳税所得额的确定

应纳税所得额＝转让财产收入－财产原值－合理费用

财产转让过程中缴纳的各种税费及手续费属于合理费用。

2. 应纳税额的计算

应纳税额＝应纳税所得额×20％

3. 财产转让所得的会计核算

企业在受让财产代扣代缴个人所得税时，一般应将发生的代扣代缴的个人所得税计入相应资产的成本，比如企业购买房产，要将代扣代缴税额计入固定资产成本。发生受让财产业务时，计算出应代扣代缴的个人所得税，按代扣的所得税，借记"固定资产"等相关资产科目，贷记"应交税费——代扣代缴个人所得税"科目；税款实际上缴入库时，借记"应交税费——代扣代缴个人所得税"科目，贷记"银行存款"等科目。

九、利息、股息、红利所得，偶然所得

利息、股息、红利所得和偶然所得属于间接性投资所得或消极所得，直接以每次收入额为应纳税所得额，而不扣除任何费用。应纳税额的计算公式为：

$$应纳税额＝每次收入额×20\%$$

【例6-10】 为解决企业资金的暂时困难，辽宁美联化妆品有限公司进行内部集资，共向职工集资200万元，期限为3年，约定的年利息率为8%，利息每年支付一次。当年企业共支付利息16万元，则企业应代扣代缴利息个人所得税如下：

$$应纳税额＝160\,000×20\%＝32\,000（元）$$

某企业的会计处理如下：

（1）收到集资款时：

借：库存现金   2 000 000

    贷：其他应付款——职工集资款   2 000 000

（2）支付职工集资利息时：

借：财务费用   160 000

    贷：应交税费——代扣代缴个人所得税   32 000

        库存现金   128 000

【例6-11】 辽宁美联化妆品有限公司2019年4月派发2015年股利，每股派发现金股利0.1元，每20股配发股票股利1股。企业发行在外的个人股100万股，每股面值1元。按规定，以股票形式向股东个人支付股利，应以派发红股的股票票面金额为收入额计算应代扣的个人所得税。则企业在派发红利时应当代扣代缴个人所得税税额为：

$$应纳税所得额＝1\,000\,000×0.1＋(1\,000\,000÷20)×1＝150\,000（元）$$

$$应纳税额＝150\,000×20\%＝30\,000（元）$$

在具体进行会计核算时，应当做如下会计分录：

借：应付股利   150 000

    贷：银行存款   70 000

        股本   50 000

        应交税费——代扣代缴个人所得税   30 000

十、个人所得税特殊计税

1. 雇主为其雇员负担个人所得税的计税

在实际工作中，存在雇主（单位或个人）为纳税人代付个人所得税款的情况，即支付给纳税人的报酬（包括工资、薪金、劳务报酬等所得）是不含税的净所得（又称为税后所得），纳税人的应纳税额由雇主代为缴纳。雇主在代付纳税人个人所得税时，首先应当将不含税收入换算成含税收入，然后再计算应代付的个人所得税。具体又可以分为如下两种情况：

（1）企业为职工负担全部税款 企业为职工负担全部税款的，其计算公式为：

$$应纳税所得额＝(不含税收入额－费用扣除标准－速算扣除数)÷(1－税率)$$

$$应纳税额＝应纳税所得额×税率－速算扣除数$$

应当注意：在上述两个公式中，计算应纳税所得额税率是指不含税收入按不含税级距对应的税率，而计算应纳税额公式中的税率则是按含税级距对应的税率，下面通过具体例子加以说明。

【例 6-12】 辽宁美联化妆品有限公司聘用林某担任工程师，合同规定月薪为税后净所得。2019 年 4 月 15 日企业按规定向林某支付 3 月份工资 9 000 元。对于林某 3 月份的工资，公司应负担的个人所得税计算如下：

$$应纳税所得额＝（9\,000－5\,000－210）÷（1－10\%）＝4\,211.11（元）$$

在上式中，不含税应税收入额为 4 000 元（9 000－5 000），查"工资、薪金所得税率表"，其对应的级距为"超过 2 910 元至 11 010 元的部分"，则其相应的税率为 10%，速算扣除数为 210。

根据上述应纳税所得额，计算应纳税额为：

$$应纳税额＝4\,211.11×10\%－210＝211.11（元）$$

在具体进行会计核算时，对于由企业负担的个人所得税应作为企业应付职工薪酬，作如下会计分录：

借：应付职工薪酬	9 211.11	
贷：库存现金		9 000
应交税费——代扣代缴个人所得税		211.11

（2）企业为职工负担部分税款　企业为职工负担部分税款又可以分为两种情况：一种是定额负担部分税款，另一种是定率负担部分税款。所谓定额负担部分税款是指企业每月为职工负担固定金额的税款；定率负担部分税款是指企业为职工负担一定比例的工资所应纳的税款或者负担职工工资应纳税款的一定比例。

① 企业为职工定额负担部分税款的，其计算公式为：

$$应纳税所得额＝职工工资＋企业负担的税款－费用扣除标准$$
$$应纳税额＝应纳税所得额×税率－速算扣除数$$

【例 6-13】 2019 年 6 月，辽宁美联化妆品有限公司聘请高级工程师高某为公司的总工程师，合同约定由公司每月支付月薪 15 000 元，并负担其工资 500 元的税款。则在支付工资时，应代扣税款为：

$$应纳税所得额＝15\,000＋500－5\,000＝10\,500（元）$$
$$应纳税额＝10\,500×10\%－210＝840（元）$$
$$应从高某工资中扣个人所得税 340 元（840－500）$$

在具体进行会计核算时，应作如下会计分录：

借：应付职工薪酬（15 000＋500）	15 500	
贷：库存现金（15 000－340）		14 660
应交税费——代扣代缴个人所得税		840

② 企业为职工定率负担部分税款的，其计算公式为：

$$应纳税所得额＝（未含企业负担税款的职工工资－费用扣除标准－$$
$$速算扣除数×负担比例）÷（1－税率×负担比例）$$
$$应纳税额＝应纳税所得额×税率－速算扣除数$$

注：计算应纳税所得额公式中的税率和速算扣除数是指不含税收入对应的税率和速算扣除数。

【例 6-14】 2019 年 5 月，辽宁美联化妆品有限公司聘请张某为销售总监，合同约定由企业支付月薪 12 000 元，并负担其月薪应纳个人所得税税款的 50%。则在支付工资时，应代扣税款为：

$$应纳税所得额 = (12\,000 - 5\,000 - 210 \times 50\%) \div (1 - 10\% \times 50\%) = 7\,257.89（元）$$

$$应纳税额 = 7\,257.89 \times 10\% - 210 = 515.79（元）$$

$$应代扣税款 = 515.79 \times 50\% = 257.9（元）$$

在具体进行会计核算时，应作如下会计分录：

借：应付职工薪酬（12 000＋257.9）　　　　　　　　12 257.90

　　贷：库存现金（12 000－257.9）　　　　　　　　　　11 742.11

　　　　应交税费—代扣代缴个人所得税　　　　　　　　　 515.79

（3）雇主为纳税人的劳务报酬代付税款的计税　单位或个人为纳税人负担个人所得税税款的，应将纳税人取得的不含税收入额换算为应纳税所得额，计算征收个人所得税。

① 不含税收入额为 3 360 元（既含税收入额为 4 000 元）以下的，其计算公式为：

$$应纳税所得额 = (不含税收入额 - 800) \div (1 - 税率)$$

② 不含税收入额为 3 360 元（既含税收入额为 4 000 元）以上的，其计算公式为：

$$应纳税所得额 = [(不含税收入额 - 速算扣除数) \times (1 - 20\%)] \div [1 - 税率 \times (1 - 20\%)]$$

注：公式中的税率是指不含税所得按不含税级距对应的税率。

【例 6-15】 辽宁美联化妆品有限公司聘请某一外单位张技术员设计制造某一特种加工设备，设备设计加工完成并投入正常运行后，支付劳务报酬 30 000 元，劳务报酬所得的应纳税款由甲企业承担。公司本次应代扣张技术员应纳税款计算如下：

$$应纳税所得额 = [(30\,000 - 2\,000) \times (1 - 20\%)] \div [1 - 30\% \times (1 - 20\%)] = 29\,473.68（元）$$

$$应纳税额 = 29\,473.68 \times 30\% - 2\,000 = 6\,842.10（元）$$

借：在建工程　　　　　　　　　　　　　　　　　　　36 842.10

　　贷：库存现金　　　　　　　　　　　　　　　　　　　30 000

　　　　应交税费——代扣代缴个人所得税　　　　　　　　 6 842.10

2. 共同取得同一项收入的分解计税

两个或两个以上的纳税人共同取得一项所得的，可以对每一个人分得的收入分别减除费用，各自计算应纳税款。

【例 6-16】 甲、乙、丙三人利用业余时间合作为某企业设计完成了一项装饰工程的设计，共获得设计费 50 000 元。根据各人在项目中的贡献，甲分得 30 000 元，乙分得 16 500 元，丙分得 3 500 元。试计算这三人各应缴纳多少个人所得税。

甲、乙、丙三人的收入为共同取得的劳务报酬，应该分别按各自取得的收入计税。

$$甲应纳税额 = 30\,000 \times (1 - 20\%) \times 30\% - 2\,000 = 5\,200（元）$$

$$乙应纳税额 = 16\,500 \times (1 - 20\%) \times 20\% = 2\,640（元）$$

$$丙应纳税额 = (3\,500 - 800) \times 20\% = 540（元）$$

该单位的会计处理如下：

借：在建工程　　　　　　　　　　　　　　　　　　　50 000

　　贷：库存现金　　　　　　　　　　　　　　　　　　　41 620

　　　　应交税费——代扣代缴个人所得税　　　　　　　　 8 380

3. 有公益、救济性捐赠的个人收入计税

【例 6-17】 某著名歌星一次受某演艺团体的邀请到外地演出，个人获得演出收入 8 万元，并将其中 3 万元通过当地慈善机构捐赠给希望工程。试计算该歌星应缴纳的个人所得税税款，并作代扣代缴的会计处理。

$$未扣除捐赠的应纳税所得额＝80\,000×(1－20\%)＝64\,000（元）$$

$$捐赠的扣除标准＝64\,000×30\%＝19\,200（元）$$

$$应缴纳的个人所得税＝(64\,000－19\,200)×30\%－2\,000＝11\,440（元）$$

借：主营业务成本	80 000	
贷：库存现金（或银行存款）	38 560	
其他应付款——慈善机构	30 000	
应交税费——代扣代缴个人所得税	11 440	

4. 一人多项应税所得的个人收入计税

【例6-18】 北京某大学黄教授2019年8月的收入情况如下：获得工资收入12 000元；为甲企业进行税收的筹划获得报酬8 000元；从事乙企业管理咨询获得收入3 000元。

试计算他当月应缴纳的个人所得税，并作出相关的会计处理。

$$工资所得应纳税额＝(12\,000－5\,000)×10\%－210＝490（元）$$

$$甲企业税收筹划报酬应纳税额＝8\,000×(1－20\%)×20\%＝1\,280（元）$$

$$乙企业管理咨询收入应纳税额＝(3\,000－800)×20\%＝440（元）$$

$$当月应纳所得税额＝490＋1\,280＋440＝2\,210（元）$$

北京某大学会计处理：

借：应付职工薪酬	12 000	
贷：银行存款	11 510	
应交税费——代扣代缴个人所得税	490	

甲企业支付税收筹划报酬代扣个人所得税：

借：管理费用	8 000	
贷：库存现金（或银行存款）	6 720	
应交税费——代扣代缴个人所得税	1 280	

乙企业支付管理咨询费用代扣个人所得税：

借：管理费用	3 000	
贷：库存现金（或银行存款）	2 560	
应交税费——代扣代缴个人所得税	440	

5. 有境内、境外所得的个人收入计税

居民纳税人从中国境外取得的所得应单独计税，并准予抵免已在境外缴纳的税额，抵免限额应分国分项计算：

抵免限额＝（来自某国或地区的某应税项目的所得－费用扣除标准）×适用税率－速算扣除数

可抵免数额为抵免限额与实际已在境外缴纳的税额中的较小数。

境外已纳税额＞抵免限额，不退国外多交税款；

境外已纳税额＜抵免限额，在我国补缴差额部分税额。

【例6-19】 某英国籍来华人员已在中国境内居住10年。2019年8月取得英国一家公司净支付的薪金所得20 000元，已被扣缴所得税1 200元。同月还从美国取得净股息所得8 500元，已被扣缴所得税1 500元。经核查，境外完税凭证无误。计算境外所得在我国境内应补缴的个人所得税。

该纳税人上述来源于两国的所得应分国计算抵免限额。

来自英国所得的抵免限额＝（20 000＋1 200－5 000）×20％－1 410＝1 830（元）

来自美国所得的抵免限额＝（8 500＋1 500）×20％＝2 000（元）

由于该纳税人在英国和美国已被扣缴的所得税额均不超过抵免限额，故来自英国和美国的所得允许抵免额分别为1 200元和1 500元。

应补缴个人所得税＝（1 830－1 200）＋（2 000－1 500）＝1 130（元）

任务二　个人所得税纳税申报

一、纳税申报

1. 个人所得税以所得人为纳税人，以支付所得的单位或者个人为扣缴义务人。扣缴义务人向个人支付应税款项时，应当依照个人所得税法规定预扣或代扣税款，按时缴库，并专项记载备查。支付包括现金支付、汇拨支付、转账支付和以有价证券、实物以及其他形式的支付。

税务机关对扣缴义务人按照所扣缴的税款，付给2％的手续费。个人应当凭纳税人识别号实名办税。个人首次取得应税所得或者首次办理纳税申报时，应当向扣缴义务人或者税务机关如实提供纳税人识别号及与纳税有关的信息。个人上述信息发生变化的，应当报告扣缴义务人或者税务机关。没有中国公民身份证号码的个人，应当在首次发生纳税义务时，按照税务机关规定报选与纳税有关的信息，由税务机关赋予其纳税人识别号。国务院税务主管部门可以指定掌握所得信息并对所得取得过程有控制权的单位为扣缴义务人。

2. 有下列情形之一的，纳税人应当依法办理纳税申报。

（1）取得综合所得需要办理汇算清缴。

需要办理汇算清缴的情形包括：

① 在两处或者两处以上取得综合所得，且综合所得年收入额减去专项扣除的余额超过6万元；

② 取得劳务报酬所得、稿酬所得、特许权使用费所得中一项或者多项所得，且综合所得年收入额减去专项扣除的余额超过6万元；

③ 纳税年度内预缴税额低于应纳税额的。

纳税人需要退税的，应当办理汇算清缴，申报退税。申报退税应当提供本人在中国境内开设的银行账户。

（2）取得应税所得没有扣缴义务人。

（3）取得应税所得，扣缴义务人未扣缴税款。

（4）取得境外所得。

（5）因移居境外注销中国户籍。

（6）非居民个人在中国境内从两处以上取得工资、薪金所得。

（7）国务院规定的其他情形。

3. 居民个人取得工资、薪金所得时，可以向扣缴义务人提供专项附加扣除有关信息，由扣缴义务人扣缴税款时办理专项附加扣除。纳税人同时从两处以上取得工资、薪金所得，并由扣缴义务人办理专项附加扣除的，对同一专项附加扣除项目，纳税人只能选择从其中一处扣除。

居民个人取得劳务报酬所得、稿酬所得、特许权使用费所得，应当在汇算清缴时向税务机关提供有关信息，办理专项附加扣除。

暂不能确定纳税人为居民个人或者非居民个人的，应当按照非居民个人缴纳税款，年度终了确定纳税人为居民个人的，按照规定办理汇算清缴。

4. 对年收入超过国务院税务主管部门规定数额的个体工商户、个人独资企业、合伙企业，税务机关不得采取定期定额、事先核定应税所得率等方式征收个人所得税。

5. 纳税人可以委托扣缴义务人或者其他单位和个人办理汇算清缴。

纳税人发现扣缴义务人提供或者扣缴申报的个人信息、所得、扣缴税款等与实际情况不符的，有权要求扣缴义务人修改。扣缴义务人拒绝修改的，纳税人可以报告税务机关，税务机关应当及时处理。

扣缴义务人发现纳税人提供的信息与实际情况不符的，可以要求纳税人修改，纳税人拒绝修改的，扣缴义务人应当报告税务机关，税务机关应当及时处理。

6. 纳税人有下列情形之一的，税务机关可以不予办理退税。

（1）纳税申报或者提供的汇算清缴信息，经税务机关核实为虚假信息，并拒不改正的。

（2）法定汇算清缴期结束后申报退税的。

对不予办理退税的，税务机关应当及时告知纳税人。

二、纳税期限

1. 居民个人取得综合所得，按年计算个人所得税；有扣缴义务人的，由扣缴义务人按月或者按次预扣预缴税款；需要办理汇算清缴的，应当在取得所得的次年 3 月 1 日至 6 月 30 日内办理汇算清缴。预扣预缴办法由国务院税务主管部门制定。

2. 非居民个人取得工资、薪金所得，劳务报酬所得，稿酬所得和特许权使用费所得，有扣缴义务人的，由扣缴义务人按月或者按次代扣代缴税款，不办理汇算清缴。

3. 纳税人取得经营所得，按年计算个人所得税，由纳税人在月度或者季度终了后十五日内向税务机关报送纳税申报表，并预缴税款；在取得所得的次年 3 月 31 日前办理汇算清缴。

4. 纳税人取得利息、股息、红利所得，财产租赁所得，财产转让所得和偶然所得，按月或者按次计算个人所得税，有扣缴义务人的，由扣缴义务人按月或者按次代扣代缴税款。

5. 纳税人取得应税所得没有扣缴义务人的，应当在取得所得的次月十五日内向税务机关报送纳税申报表，并缴纳税款。

6. 纳税人取得应税所得，扣缴义务人未扣缴税款的，纳税人应当在取得所得的次年 6 月 30 日前，缴纳税款；税务机关通知限期缴纳的，纳税人应当按照期限缴纳税款。

7. 居民个人从中国境外取得所得的，应当在取得所得的次年 3 月 1 日至 6 月 30 日内申报纳税。

8. 非居民个人在中国境内从两处以上取得工资、薪金所得的，应当在取得所得的次月十五日内申报纳税。

9. 纳税人因移居境外注销中国户籍的，应当在注销中国户籍前办理税款清算。

10. 扣缴义务人每月或者每次预扣、代扣的税款，应当在次月十五日内缴入国库，并向税务机关报送扣缴个人所得税申报表。

税款所属期： 年 月 日 至 年 月 日

扣缴义务人编码：□□□□□□□□□□□□□□□

扣缴义务人所属行业：□一般行业 □特定行业月份申报

金额单位：人民币元（列至角分）

表6-6 扣缴个人所得税报告表

序号	姓名	身份证件类型	身份证件号码	所得项目	所得期间	收入额	免税项目	税前扣除项目								减除费用	准予扣除的捐赠额	应纳税所得额	税率%	速算扣除数	应纳税额	减免税额	应扣缴税额	已扣缴税额	应补（退）税额	备注
								基本养老保险费	基本医疗保险费	失业保险费	住房公积金	财产原值	允许扣除的税费	其他	合计											
1	2	3	4	5	6	7	8	9	10	11	12	13	14	15	16	17	18	19	20	21	22	23	24	25	26	27
合计																										

谨声明：此扣缴有关报告表是根据《中华人民共和国个人所得税法》及其实施条例和国家有关税收法律、法规规定填写的，是真实的、完整的、可靠的。

法定代表人（负责人）签字： 年 月 日

扣缴义务人公章：

扣缴义务人
经办人：

填表日期： 年 月 日

代理机构（人）盖章：

代理机构人
经办人：
经办人职业证件号码：

代理申报日期： 年 月 日

主管税务机关受理专用章：
受理人：

受理日期： 年 月 日

表 6-7 个人所得税纳税申报表
（适用于年所得 12 万元以上的纳税人申报）

所得年份： 年　　　　　填表日期： 年 月 日　　　　　金额单位： 人民币元（列至角分）

纳税人姓名		国籍（地区）		身份证件类型		身份证件号码	
任职、受雇单位		任职受雇单位税务代码		任职受雇单位所属行业		职务	职业
在华天数		境内有效联系地址		境内有效联系地址邮编		联系电话	
此行由取得经营所得的纳税人填写		经营单位纳税人识别号			经营单位纳税人名称		

所得项目	年所得额			应纳税所得额	应纳税额	已缴（扣）税额	抵扣税额	减免税额	应补税额	应退税额	备注
	境内	境外	合计								
1. 工资、薪金所得											
2. 个体工商户的生产、经营所得											
3. 对企事业单位的承包经营、承担经营所得											
4. 劳务报酬所得											
5. 稿酬所得											
6. 特许权使用费所得											
7. 利息、股息、红利所得											
8. 财产租赁所得											
9. 财产转让所得											
其中:股票转让所得											
个人房屋转让所得											
10. 偶然所得											
11. 其他所得											
合　　计											

我声明,此纳税申报表是根据《中华人民共和国个人所得税法》及有关法律、法规的规定填报的,我保证它是真实的、可靠的、完整的。

纳税人（签字）：　　　　　　　　　　　　　　　　　联系电话：

代理人（签字）：

税务机关受理人：　　　　　　　　　　　　　　　　受理申报税务机关名称（盖章）：

税务机关受理时间： 年 月 日

各项所得的计算，以人民币为单位。所得为人民币以外货币的，按照办理纳税申报或扣缴申报的上一月最后一日人民币汇率中间价，折合成人民币计算应纳税所得额。年度终了后办理汇算清缴的，对已经按月、按季或者按次预缴税款的人民币以外货币所得，不再重新折算；对应当补缴税款的所得部分，按照上一纳税年度最后一日人民币汇率中间价，折合成人民币计算应纳税所得额。

三、个人所得税纳税申报表

个人所得税申报需报送《扣缴个人所得税报告表》及《个人所得税纳税申报表》（适用于年所得 12 万元以上），见表 6-6 和表 6-7。

本项目主要法律法规依据：

《个人所得税法》

《个人所得税法修正案草案（征求意见稿）》

实战演练

一、判断题

1. 凡向个人支付应纳税所得的单位和个人，不论是向本单位人员支付，还是向其他人员支付，均应在支付时代扣代缴其应纳的个人所得税。（　　　）

2. 对于居民纳税人而言，如果既有境内所得，又有境外所得，应将境内外所得合并计算应纳税额，在我国缴纳个人所得税。（　　　）

3. 个人领取的原提存的住房公积金、医疗保险金、基本养老保险金，免征个人所得税。（　　　）

4. 两个或两个以上个人共同取得同一项所得的，应先就其全部收入减除费用计算征收个人所得税，然后将其税后所得在各纳税人之间分配。（　　　）

5. 对个人独资企业和合伙企业生产经营所得，按查账征税法征收的，投资者及其家庭发生的生活费用允许在税前扣除。（　　　）

6. 个人所得用于各种公益救济性捐赠，均按捐赠额在纳税人申报的应纳税所得额 30％以内的部分从应纳税所得额中扣除。（　　　）

7. 同一作品在报刊上连载取得的收入，应当以每次连载取得的收入为一次计征个人所得税。（　　　）

8. 个体工商户生产经营所得的个人所得税税率为 25％的比例税率。（　　　）

9. 个人取得应纳税所得，没有扣缴义务人的或者扣缴义务人未按规定扣缴税款的，均应自行申报缴纳个人所得税。（　　　）

10. 在中国境内有两处或者两处以上任职、受雇单位的个人，应选择并固定向其中一处单位所在地主管税务机关申报个人所得税。（　　　）

二、单项选择题

1. 下列所得一次收入畸高可以实行加成征收的是（　　　）。

A. 稿酬所得　　　　　　　　　　　　B. 劳务报酬所得

C. 偶然所得　　　　　　　　　　　　D. 利息、股息、红利所得

2. 居民王某 2019 年出租自有居住用房，租期一年，全年租金收入为 36 000 元。计算其全年应纳的个人所得税为（　　　）元。

A. 5 280　　　　　　B. 5 760　　　　　　C. 8 640　　　　　　D. 2 640

3. 某外国人 2015 年 1 月 12 日来华工作，2016 年 2 月 15 日回国，2016 年 3 月 15 日返回中国，2016 年 11 月 15 日至 2016 年 11 月 30 日期间，因工作需要去了日本和新加坡，后于 2017 年 7 月离华回国。该纳税人（　　）。

A. 2015 年度为居民纳税人，2016 年度为非居民纳税人

B. 2016 年度为居民纳税人，2017 年度为非居民纳税人

C. 2016 年度和 2017 年度均为非居民纳税人

D. 2015 年度和 2016 年度均为居民纳税人

4. 对于劳务报酬所得，若同一事项连续取得收入的，其收入"次"数的确定方法是（　　）。

A. 以取得收入时为一次

B. 以一个月内取得的收入为一次

C. 以一个季度内取得的收入为一次

D. 以事项完成后取得的所有收入合并为一次

5. 自行申报缴纳个人所得税的个体工商户，应向（　　）主管税务机关申报。

A. 收入来源地　　　　　　　　　　B. 实际经营所在地

C. 税务机关指定地　　　　　　　　D. 个人户籍所在地

6. 年所得 12 万元以上的纳税人，在纳税年度终了后（　　）个月内向主管税务机关办理纳税申报。

A. 7　　　　　　B. 15　　　　　　C. 30　　　　　　D. 3

7. 某作家的一部小说，第一次出版获稿酬 12 000 元，后因出版社加印又得稿酬 3 000 元，则该作家出版该小说的稿酬收入应缴所得税总额为（　　）元。

A. 1 344　　　　　　B. 1 680　　　　　　C. 1 652　　　　　　D. 1 988

8. 下列应税项目中，不适用代扣代缴方式的是（　　）。

A. 工资薪金所得　　　　　　　　　B. 稿酬所得

C. 个体户生产经营所得　　　　　　D. 劳务报酬所得

9. 某演员一次表演收入 30 000 元，其应纳的个人所得税额为（　　）元。

A. 5 200　　　　　　B. 6 000　　　　　　C. 4 800　　　　　　D. 5 600

10. 个体工商户的生产经营所得和对企事业单位的承包经营、承租经营所得，适用（　　）的超额累进税率。

A. 5％～35％　　　B. 5％～45％　　　C. 5％～25％　　　D. 5％～55％

11. 稿酬所得适用比例税率，税率为 20％，并按应纳税额减征（　　）。

A. 10％　　　　　　B. 20％　　　　　　C. 30％　　　　　　D. 40％

12. 下列所得在计算个人所得税时，不扣除任何费用的是（　　）。

A. 稿酬所得　　　　B. 工资所得　　　　C. 劳务报酬所得　　　　D. 偶然所得

13. 下列个人所得在计算应纳税所得额时每月减除费用 3 500 元的有（　　）。

A. 财产租赁所得　　　　　　　　　B. 财产转让所得

C. 企事业单位的承包、承租经营所得　　D. 劳务报酬所得

14. 某中外合资企业外方经理每月从该企业获得薪金收入 25 000 元。在计算应纳税所得额时，应当减除的费用是（　　）。

A. 800 元   B. 3 200 元   C. 5 000 元   D. 4 800 元

15. 某人 2016 年将自有房屋出租，租期 1 年。该人每月取得租金 2 500 元，全年租金收入 30 000 元，此人全年应纳个人所得税为（   ）元。

A. 5 840   B. 4 800   C. 4 080   D. 2 040

三、多项选择题

1. 下列纳税人中，工资、薪金所得适用附加费用扣除标准的有（   ）。

A. 境外任职或受雇的中国公民   B. 内地中外合资企业任职的华侨

C. 内地国外常设机构工作的中方人员   D. 内地无住所、居住不满 1 年的外籍人员

2. 下列项目中，直接以每次收入额为应纳税所得额计算缴纳个人所得税的有（   ）。

A. 稿酬所得   B. 利息、股息、红利所得

C. 偶然所得   D. 特许权使用费所得

3. 个人取得的下列所得，免征个人所得税的有（   ）。

A. 按国家统一规定发给的津贴

B. 个人转让自用 8 年的家庭唯一生活用房的所得

C. 本单位发给的先进个人奖金

D. 离退休人员工资

4. 下列劳务报酬所得中，不适用加成征收的是（   ）。

A. 设计费 32 000 元   B. 咨询费 5 500 元

C. 中介费 22 000 元   D. 演出出场费 26 000 元

5. 下列属于稿酬所得项目的是（   ）。

A. 将译文在学术刊物上发表取得的所得   B. 集体编写并正式出版的教材取得的报酬

C. 受托翻译论文的报酬   D. 在报纸上发表文章的报酬

6. 下列所得适用超额累进税率的有（   ）。

A. 工资、薪金所得   B. 个体工商户生产、经营所得

C. 对企事业单位的承包、承租经营所得   D. 财产转让所得

7. 下列各项所得中，应当缴纳个人所得税的有（   ）。

A. 个人的贷款利息   B. 个人取得的企业债券利息

C. 个人取得的国库券利息   D. 个人取得的股息

8. 下列情况中，应由纳税人自行申报纳税的有（   ）。

A. 年所得 12 万元以上的

B. 从中国境内两处或者两处以上取得工资、薪金所得的

C. 从中国境外取得所得的

D. 取得应税所得，没有扣缴义务人的

9. 对个人所得征收个人所得税时，以每次收入额为应纳税所得额的有（   ）。

A. 利息、股息、红利所得   B. 稿酬所得

C. 财产转让所得   D. 偶然所得

10. 下列各项所得应征个人所得税的是（   ）。

A. 保险赔款   B. 国家民政部门付给个人的生活困难补助

C. 劳务报酬所得   D. 稿酬所得

11. 下列个人所得适用 20% 比例税率的有（   ）。

A. 财产租赁所得   B. 财产转让所得

C. 对企事业单位的承包、承租经营所得   D. 稿酬所得

12. 在确定应纳税所得额时，不得扣除任何费用的项目有（　　）。

A. 股息、利息所得   B. 财产转让所得   C. 偶然所得   D. 工资薪金所得

13. 个人所得税的纳税人一般分为居民纳税人和非居民纳税人两类。国际上通常采用的划分标准是（　　）。

A. 收入来源地标准   B. 住所标准   C. 居住时间标准   D. 国籍标准

14. 个人所得税法列举的居民纳税人条件是（　　）。

A. 在中国境内有住所   B. 在中国境内无住所，但住满 183 天

C. 在中国境内无住所，但住满 365 天   D. 在中国境内无住所，又不居住

四、业务题

1. 某歌星 2019 年 1 月参加一场演出，取得出场费 80 000 元，按规定将收入的 10% 上交其单位，并通过民政局将此出场费中的 20 000 元捐赠给"希望工程"，又将其中的 3 000 元直接捐赠给一位生活有困难的亲友。试计算该歌星应缴纳的个人所得税是多少？

2. 王某为 A 公司职员，A 公司派其到 B 公司工作，在 B 公司工作期间，A 公司每月支付王某工资 8 000 元，B 公司每月支付王某工资 6 800 元。分别计算 A 公司、B 公司代扣代缴的个人所得税税额及王某自行申报纳税应补缴的税款，并作出 A 公司代扣代缴的个人所得税的账务处理。

3. 高级工程师王某月工资收入 6 000 元，1～11 月份已按规定缴纳个人所得税，12 月份另有四笔收入：一是领取了 12 个月的奖金 8 400 元；二是一次取得建筑工程设计费 40 000 元，从中拿出 10 000 元通过民政局向灾区捐赠；三是取得了投资股利 5 000 元；四是取得省人民政府颁发的科技奖 20 000 元。试计算王某 12 月份应缴纳的个人所得税。

4. 有一位中国公民，1～12 月从中国境内取得工资薪金收入 80 400 元，取得稿酬收入 2 000 元；当年还从 A 国取得特许权使用费收入 8 000 元，从 B 国取得投资股利收入 3 000 元，劳务报酬收入 2 000 元，该纳税人已按 A、B 两国税法规定分别缴纳了个人所得税 1 400 元和 700 元。试计算该纳税人应纳个人所得税税额。

5. 某公司为其雇员甲负担个人所得税，10 月份支付给甲的工资为 6 400 元，同月该公司还支付给新来的雇员乙工资 5 800 元，但说明不为乙负担个人所得税款，公司还需代扣代缴税款。试计算该公司为甲负担多少个人所得税，为乙代扣代缴多少个人所得税，并分别作账务处理。

6. 中国公民张某是一个外商投资企业的中方雇员，2019 年收入情况如下：

（1）1～12 月每月取得由雇佣单位支付的工资 8 000 元；

（2）1～12 月每月取得由派遣单位支付的工资 6 500 元；

（3）4 月在某杂志社发表文章，取得稿费收入 1 000 元；

（4）6 月为某公司翻译外文资料，取得收入 30 000 元；

（5）1 月将自有住房一套出租，每月租金 3 000 元，租期半年；

（6）7 月将上述自有住房出售，售价 40 万元，原价 32 万元，支付转让过程的税费共 1.5 万元；

（7）8 月取得国债利息收入 4 285 元；

（8）10 月取得银行的定期存款利息收入 500 元；

（9）将一项专利权转让给某境外公司，转让收入 250 000 元，已在该国缴纳个人所得税 36 000 元，相关凭证合法齐全。

要求：

（1）分析 2019 年取得的 9 项收入，指出哪些需要缴纳个人所得税。

（2）需缴纳个人所得税的收入，计算支付单位应扣缴的个人所得税。

（3）张某是否应自行申报纳税？

项目七
其他税种计算申报与核算

知识目标

1. 了解资源税、土地增值税、城镇土地使用税、耕地占用税、房产税、契税、车船税、印花税、环境保护税、城市维护建设税、教育费附加的概念、纳税人、计税依据等相关内容；

2. 熟悉相关税种的纳税期限及申报；

3. 掌握相关税种的应纳税额计算和会计核算。

能力目标

1. 能根据相关规定计算资源税、土地增值税、房产税、城镇土地使用税、印花税、环境保护税、城市维护建设税和车船税应纳税额；

2. 能熟练填制资源税、土地增值税、房产税、城镇土地使用税、印花税、环境保护税、城市维护建设税和车船税纳税申报表，正确进行纳税申报；

3. 能根据相关业务进行资源税、土地增值税、房产税、城镇土地使用税、印花税、环境保护税、城市维护建设税和车船税的会计处理。

素质目标

1. 培养学生合理配置自己的财产的习惯。

2. 培养学生爱护环境的良好行为习惯。

情境导入

辽宁美联化妆品有限公司拥有自己的房产和车辆，2016 年度该如何缴纳房产税、土地使用税及车船税等？

任务一 资源税计算申报与核算

一、资源税概述

1. 资源税的概念

资源税是以自然资源为课税对象、为了调节资源的级差收入并体现国有资源有偿使用而征收的一种税。为了体现国家的权力、促进合理开发利用资源、调节资源级差收入而缴纳资源税。

2. 资源税的纳税人

资源税的纳税人是指在中华人民共和国境内开采应税资源的矿产品或者生产盐的单位和个人。所谓单位，包括国有企业、集体企业、私营企业、股份制企业、外商投资企业、外国企业以及其他企业和事业单位、社会团体、国家机关、部队以及其他单位；所谓个人，包括个体工商户以及其他个人。但中外合作开采石油、天然气的，按规定只征收矿区使用费，暂不征收资源税。

3. 资源税扣缴义务人

为了加强管理，避免漏税，税法规定收购未税矿产品的独立矿山、联合企业以及其他收购未税矿产品的单位为资源税扣缴义务人。

4. 资源税的征收范围

资源税采取"普遍征收"的原则。因此，凡是在中华人民共和国境内开采应税资源的均是资源税的征收范围。从理论上讲，资源税的征收范围应包括自然界存在的一切自然资源，如矿产资源、土地资源、动植物资源、海淡水资源、太阳能资源等。但由于我国的资源税开征较晚，资源的计量和资源税的计量无法解决，因此目前资源税的征收范围只包括矿产品、盐等，具体的征收范围如下。

（1）原油　指开采的天然原油，不包括人造石油。

（2）天然气　指专门开采或与原油同时开采的天然气，暂不包括煤矿生产的天然气。

（3）煤炭　指原煤，不包括洗煤及煤炭制品。

（4）黑色金属矿（铁及其合金）原矿和有色金属矿原矿　指开采后自用、销售的，用于直接入炉冶炼或作为主产品先入选精矿、制造人工矿，最终再入炉冶炼的金属矿原矿。

（5）其他非金属原矿　指上列矿产品和井矿盐以外的非金属矿原矿。

（6）盐　包括各种原盐，原盐指固体盐和液体盐。固体盐是指海盐原盐、湖盐原盐和井矿盐；液体盐是指卤水。

（7）伴生矿、伴采矿、伴选矿。

5. 资源税的优惠政策

下列情况可以减免资源税。

① 开采原油过程中用于加热、修井的原油可享受免税。

② 纳税人开采或者生产应税产品过程中，因意外事故、自然灾害等人力不可抗拒的原因受重大损失，需要减免税的，可由省、自治区、直辖市政府酌情给予减免税照顾。

二、资源税应纳税额计算

1. 资源税的确认、计量

资源税是按照从价定率或者从量定额的办法，分别以应税产品的销售额乘以纳税人具体适用的比例税率或者以应税产品的销售数量乘以纳税人具体适用的定额税率计算。其计算公式为：

$$应纳资源税税额＝销售额×适用的比例税率$$

$$或＝课税数量×单位税额（定额税率）$$

销售额和课税数量规定如下。

（1）销售额的规定与缴纳增值税时销售额的规定相同。

（2）当纳税人申报的应税矿产品的销售额明显偏低并且无正当理由的、有视同销售行为发生无销售额的，按下列顺序确定销售额：

① 按纳税人最近时期同类产品的平均销售价格确定；

② 按其他纳税人最近时期同类产品的平均销售价格确定；

③ 按组成计税价格确定,组成计税价格为:

$$组成计税价格＝成本×(1＋成本利润率)÷(1－税率)$$

(3) 纳税人开采或者生产应税产品销售的,以销售数量为课税数量。

(4) 纳税人开采或者生产应税产品自用的,以自用数量为课税数量。

(5) 原油中的稠油、高凝油与稀油不能分清或不易划分的,一律按原油的数量课税。

(6) 纳税人开采或者生产不同税目应税产品,应分别计算不同税目应税产品的课税数量。

(7) 纳税人不能准确提供应税产品的销量或移送使用数量的,以应税产品的产量或主管税务机关确定的折算比例换算成的数量作为课税数量。对于连续加工前无法正确计算原煤移送使用量的煤炭,按加工产品的综合收回率,将加工产品实际销售数量和自用数量折算成原煤数量作为课税数量。金属和非金属矿产品,因无法准确掌握移送使用原矿数量的,其精矿按选矿比折算成原矿数量作为课税数量。纳税人以自产的液体盐加工成固体盐的,按固体盐税额纳税,以加工的固体盐数量为课税数量。纳税人以外购的液体盐加工成固体盐的,其加工固体盐所耗用液体盐的已纳税额准予抵扣。

2. 资源税的税率

资源税调节级差收益的税收调节,是通过对因资源赋存状况、开采条件、资源本身优劣、地理位置等客观存在的差别而产生的资源级差收益,实施差别比例税率和单位税额标准进行的。所以其税率形式分为比例税率和定额税率,其具体税目、税率见表 7-1。

表 7-1　资源税税目、税率表

税目	子目	征税对象	税率
一、原油	天然原油	原油	5%～10%
二、天然气	专门开采或与原油同时开采		5%～10%
三、煤炭		原煤	2%～10%
四、金属矿	铁矿	精矿	1%～6%
	金矿	金锭	1%～4%
	铜矿	精矿	2%～8%
	铝土矿	原矿	3%～9%
	铝锌矿	精矿	2%～6%
	镍矿	精矿	2%～6%
	锡矿	精矿	2%～6%
	其他金属矿	原矿或精矿	不超20%
五、非金属矿	石墨	精矿	3%～10%
	硅藻土	精矿	1%～6%
	高岭土	原矿	1%～6%
	萤石	精矿	1%～6%
	石灰石	原矿	1%～6%
	硫铁矿	精矿	1%～6%
	磷矿	原矿	3%～8%
	氯化钾	精矿	3%～8%
	硫酸钾	精矿	6%～12%

税目	子目	征税对象	税率
五、非金属矿	井矿盐	氯化钠初级产品	1%～6%
	湖盐	氯化钠初级产品	1%～6%
	地下卤水盐	氯化钠初级产品	3%～15%
	煤层气	原矿	1%～2%
	黏土、砂石	原矿　每吨或每立方米	0.1元或5元
	其他非金属矿	原矿或精矿	不超20%
	海盐	氯化钠初级产品	1%～5%

3. 资源税纳税义务发生时间

资源税的确认以资源税纳税义务发生时间为标准。《资源税暂行条例》中对资源税纳税义务发生的时间作了明确的规定。

（1）纳税人销售应税产品，其纳税义务发生时间具体规定如下。

① 纳税人采取分期收款结算方式。其纳税义务发生时间为销售合同规定的收款日期当天。

② 纳税人采取预收货款结算方式。其纳税义务发生时间为发出应税产品的当天。

③ 纳税人采取其他结算方式的。其纳税义务发生时间为收讫销售款或者取得索取销售款凭据的当天。

（2）纳税人自产自用应税产品的纳税义务发生时间，为移送使用应税产品的当天。

（3）由扣缴人代扣代缴资源税税款的，其纳税义务发生时间为支付货款的当天。

三、资源税会计核算

按照应税资源的用途，资源税的账务处理分为以下几种情况。

1. 直接销售资源产品的应纳资源税

我国地域辽阔，各地资源结构和开发条件存在着很大的差异，资源赋存条件好、品位高、开采条件优越的企业，成本低，收益高；反之，成本高，收益低。征收资源税一方面可以实现国有资源的有偿开采，另一方面可以调节这种级差收入。因此，纳税人缴纳的资源税应作为收益的扣减。计算出应纳资源税时，借记"税金及附加"科目，贷记"应交税费——应交资源税"科目。缴纳税款时，借记"应交税费——应交资源税"科目，贷记"银行存款"等科目。

【例7-1】 某油田2016年2月销售原油1 000吨，取得收入2 000 000元（不含增值税）。该油田适用的税率为8%，计算该油田2月份应纳的资源税并做账务处理。

应纳资源税税额＝2 000 000×8%＝160 000（元）

增值税销项税额＝2 000 000×13%＝260 000（元），会计处理如下：

取得收入：

借：银行存款（或库存现金等）　　　　　　　　2 260 000

　　贷：主营业务收入　　　　　　　　　　　　　　　2 000 000

　　　　应交税费——应交增值税（销项税额）　　　　260 000

计提资源税时：

借：税金及附加　　　　　　　　　　　　　　　　1 600 000

　　贷：应交税费——应交资源税　　　　　　　　　　　160 000

2. 自用资源产品的应纳资源税

企业自采自用或自产自用资源产品的资源税应作为所生产产品成本的一部分。因为资源税作为一种价内税，包含在产品生产的原材料成本之中，所以计算应纳资源税时，应借记"生产成本"科目，贷记"应交税费——应交资源税"科目。

【例 7-2】 某铜矿企业 2019 年 6 月销售铜矿石精矿 2 000 000 元，开出增值税专用发票注明税额 260 000 元，适用的资源税税率为 5%。计算本月应纳资源税并作账务处理。

（1）取得收入：

借：银行存款　　　　　　　　　　　　　　　　　2 260 000

　　贷：主营业务收入　　　　　　　　　　　　　　　2 000 000

　　　　应交税费——应交增值税（销项税额）　　　　　260 000

（2）月末计提资源税：

借：税金及附加　　　　　　　　　　　　　　　　　100 000

　　贷：应交税费——应交资源税　　　　　　　　　　　100 000

四、纳税期限、纳税地点

1. 纳税期限

资源税的纳税期限为 1 日、3 日、5 日、10 日、15 日或 1 个月，具体的纳税期限由主管税务机关根据纳税人应纳税款的大小分别核定。不能按固定期限计算缴纳的，可按次纳税。

纳税人以 1 个月为一期纳税的，自期满之日起 10 日内申报纳税；以 1 日、3 日、5 日、10 日、15 日为一期纳税的，自期满之日起 5 日内预缴税款，于次月 1 日起 10 日内申报纳税并结清上月的税款。

2. 纳税地点

① 纳税人应纳的资源税，应当向应税产品的开采或者生产所在地主管税务机关缴纳。

② 凡跨省开采的矿山或油田，其下属生产单位与核算单位不在同一省、自治区、直辖市的，对其开采的矿产品，一律在开采地纳税。

③ 如果纳税人在本省、自治区、直辖市范围内开采或者生产应税产品，其纳税地点需要调整的，由所在地省、自治区、直辖市税务机关决定。

④ 扣缴义务人代扣代缴的资源税，也应当向收购地主管税务机关缴纳。

五、资源税纳税申报

1. 纳税申报方式

资源税纳税申报主要涉及两个方面：纳税单位应税资源纳税申报和收购应税资源单位代扣代缴申报。

2. 纳税申报表填制

（1）资源税纳税申报表　资源税纳税申报适用地方税费综合申报表。

（2）资源税扣缴报告表　资源税扣缴报告表填报内容与资源税纳税申报表基本相同。其中：产品名称、课税单位、销售额、课税数量、单位税额均按收购未税矿产品具体情况填写，免税项目栏要求填报收购未列举征税的产品。

资源税作为税金及附加列示于利润表中，与营业成本一起抵减营业收入后计算营业利润。应交的资源税作为应交税费的一部分，与其他应交税费一起列示于资产负债表中。

任务二 土地增值税计算申报与核算

一、土地增值税概述

土地增值税是对转让国有土地使用权、地上建筑物及其附着物并取得收入的单位和个人就其转让房地产所取得的增值额征收的一种税。征收土地增值税的目的有三：一是适应改革开放新形势，进一步完善税制，增强国家对房地产开发和房地产市场的调控力度；二是抑制炒买炒卖土地投机获取暴利的行为；三是规范国家参与土地增值收益的分配方式，增加国家财政收入。

1. 土地增值税的纳税人

土地增值税的纳税人是指转让国有土地使用权、地上的建筑物及其附着物（以下简称转让房地产）并取得收入的单位和个人。区分土地增值税的纳税人与非纳税人关键看其是否因转让房地产的行为而取得了收益，只有以出售或者其他方式有偿转让房地产而取得收益的单位和个人，才是土地增值税的纳税人。

2. 土地增值税的计税依据

土地增值税的计税依据是纳税人转让房地产所取得的增值额。

（1）增值额 增值额是指纳税人转让房地产所取得的收入减除规定的扣除项目金额后的余额。如果纳税人转让房地产取得的收入减除规定的扣除项目金额后没有余额，则不需要缴纳土地增值税。增值额的计算公式是：

增值额＝转让房地产取得的收入－扣除项目金额

纳税人有下列情形之一的，土地增值税按照房地产评估价格计算征收。

① 隐瞒、虚报房地产成交价格的。是指纳税人不报或有意低报转让土地使用权、地上建筑物及其附着物价款的行为。对于这种情形，应由评估机构参照同类房地产的市场交易价格进行评估。税务机关根据评估价格确定转让房地产的收入。

② 提供扣除项目金额不实的。是指纳税人在纳税申报时不据实提供扣除项目金额的行为。对于这种情形，应由评估机构按照房屋重置成本价乘以成新度折扣率计算的房屋成本价和取得土地使用权时的基准地价进行评估。税务机关根据评估价格确定扣除项目金额。

③ 转让房地产的成交价格低于房地产评估价格，又无正当理由的。是指纳税人申报的转让房地产的实际成交价格低于房地产评估机构评定的交易价，纳税人又不能提供凭证或无正当理由的行为。对于这种情形，应由税务机关参照房地产评估价格确定转让房地产的收入。

（2）转让房地产取得的收入 纳税人转让房地产取得的收入包括转让房地产的全部价款及有关的经济收益。从收入的形式来看，包括货币收入、实物收入和其他收入。

（3）扣除项目 土地增值税的扣除项目包括以下几方面。

① 取得土地使用权所支付的金额。是指纳税人为取得土地使用权所支付的地价款和按照国家统一规定缴纳的有关费用。凡是通过行政划拨方式无偿取得土地使用权的企业和单位，以转让土地使用权时按规定补交的出让金及有关费用，作为取得土地使用权所支付的金额。

② 房地产开发成本。是指纳税人房地产开发项目实际发生的成本，包括土地征用及拆迁补偿费、前期工程费、建筑安装工程费、基础设施费、公共配套设施费、开发间接费用等。

③ 房地产开发费用。是指与房地产开发项目有关的销售费用、管理费用、财务费用。

这三项费用作为期间费用，直接计入当期损益，不按成本核算对象进行分摊，因此，房地产开发费用的扣除，不按照纳税人实际发生的期间费用扣除，而是按税法规定的标准进行扣除。

纳税人能够按转让房地产项目计算分摊利息支出并能提供金融机构的贷款证明的，其允许扣除的房地产开发费用为：

$$允许扣除的房地产开发费用＝利息＋（取得土地使用权所支付的金额＋$$
$$房地产开发成本）×5\%以内$$

纳税人不能按转让房地产项目计算分摊利息支出或不能提供金融机构贷款证明的，其允许扣除的房地产开发费用为：

允许扣除的房地产开发费用＝（取得土地使用权所支付的金额＋房地产开发成本）×10%以内

上述计算扣除的具体比例，由各省、自治区、直辖市人民政府规定。

④ 其他扣除项目。财政部规定，对从事房地产开发的纳税人，可以按取得土地使用权所支付的金额和房地产开发成本的金额之和，加计20%的扣除。

⑤ 与转让房地产有关的税金。是指在转让房地产时缴纳的城市维护建设税、印花税、教育费附加。

⑥ 旧房及建筑物的评估价格。是指在转让已使用的房屋及建筑物时，由政府批准设立的房地产评估机构评定的重置成本价乘以成新度折扣率后的价格。评估价格须经当地税务机关确认。

3. 应纳税额计算

在纳税人转让房地产的增值额确定后，按照规定的四级超率累进税率，以增值额中属于每一税率级别部分的金额，乘以该级的税率，再将由此而得出的每一级的应纳税额相加，得到的总数就是纳税人应缴纳的土地增值税税额。计算公式为：

$$增值率＝增值额÷扣除项目金额×100\%$$
$$应纳税额＝\sum（每级距的土地增值额×适用的税率）$$

为了简化土地增值税的计算，一般可采用速算扣除法计算。速算扣除法的计算公式是：

$$应纳税额＝增值额×适用税率－扣除项目金额×速算扣除系数$$

土地增值税使用四级超率累进税率，具体税率见表7-2。

表7-2　土地增值税税率表

级数	增值额占扣除项目金额比例	适用税率/%	速算扣除系数/%
1	50%（含）以下的部分	30	0
2	50%～100%的部分	40	5
3	100%～200%的部分	50	15
4	200%以上的部分	60	35

注：上述四级超率累进税率，每级增值额未超过扣除项目金额的比例，均包括该比例数本身。

二、税收优惠政策

① 纳税人建造普通标准住宅出售，增值额未超过扣除项目金额 20％的，免征土地增值税。

② 因国家建设需要依法征用、收回的房地产，免征土地增值税。

③ 因城市实施规划、国家建设的需要而搬迁，由纳税人自行转让原房地产的，比照有关规定免征土地增值税。

④ 个人因工作调动或改善居住条件而转让原自用住房，经向税务机关申报核准，凡居住满 5 年或 5 年以上的，免予征收土地增值税；居住满 3 年未满 5 年的，减半征收土地增值税；居住未满 3 年的，按规定计算征收土地增值税。

三、土地增值税会计核算

1. 主营房地产业务的企业土地增值税的会计核算

主营房地产业务的企业，是指企业的经营业务中房地产业务是企业的主要经营业务，其经营收入在企业的经营收入中占有较大比重，并且直接影响企业的经济效益。主营房地产业务的企业既有房地产开发企业，也有对外经济合作企业、股份制企业和外商投资房地产企业等。

由于土地增值税是在转让房地产的流转环节纳税，并且是为了取得当期营业收入而支付的费用，因此，借记"税金及附加"科目，贷记"应交税费——应交土地增值税"科目。实际缴纳土地增值税时，借记"应交税费——应交土地增值税"科目，贷记"银行存款"等科目。

（1）现货房地产销售 在现货房地产销售情况下，采用一次性收款、房地产移交使用、发票账单提交买主、钱货两清的，应于房地产已经移交和发票账单提交时作为销售实现，借记"银行存款"等科目，贷记"主营业务收入"等科目。同时计算应负担的土地增值税，借记"税金及附加"科目，贷记"应交税费——应交土地增值税"科目。

在现货房地产销售情况下，采取赊销、分期收款方式销售房地产的，应以合同规定的收款时间作为销售实现，分次结转收入，同时计算应负担的土地增值税。会计核算同上。

【例 7-3】 某房地产开发公司开发销售楼盘（普通住宅）一栋，取得收入 16 000 万元。公司为取得土地使用权支付 6 000 万元，开发土地、建房及配套设施等支出 2 500 万元，支付开发费用 1 200 万元（其中：利息支出 600 万元，未超过规定标准），支付转让房地产有关的税金 660 万元（假设不考虑其他税费）。税额及会计处理如下：

应纳税额计算：

① 取得土地使用权费用：6 000 万元

② 房地产开发成本：2 500 万元

③ 房地产开发费用＝600＋（6 000＋2 500）×5％＝1 025（万元）

④ 转让房地产的相关税费：660 万元

⑤ 其他扣除费用＝（6 000＋2 500）×20％＝1 700（万元）

扣除项目金额合计＝6 000＋2 500＋1 025＋660＋1 700＝11 885（万元）

增值额＝16 000－11 885＝4 115（万元）

增值额占扣除项目金额的比例：4 115÷11 885×100％＝34.62％

该比例未超过 50％，故适用税率为 30％，速算扣除系数为 0。

应纳税额＝4 115×30％－0＝1 234.5（万元）

收入实现时：

借：银行存款	160 000 000	
贷：主营业务收入		160 000 000

计提土地增值税：

借：税金及附加	12 345 000	
贷：应交税费——应交土地增值税		12 345 000

缴纳税款时：

借：应交税费——应交土地增值税	12 345 000	
贷：银行存款		12 345 000

（2）商品房预售　在商品房预售的情况下，商品房交付使用前采取一次性收款或分次分款的，收到购房款，借记"银行存款"科目，贷记"预收账款"科目；按规定预交税款时，借记"应交税费——应交土地增值税"科目，贷记"银行存款"等科目；待该商品房交付使用后，开具发票结算账单交给买主时，收入实现，借记"应收账款"科目，贷记"主营业务收入"等科目；同时将"预收账款"转入"应收账款"科目，并计算由实现的营业收入负担的土地增值税，借记"税金及附加"科目，贷记"应交税费——应交土地增值税"科目。按照税法的规定，该项目全部竣工，须结算后进行清算，企业收到退回多交的土地增值税时，借记"银行存款"等科目，贷记"应交税费——应交土地增值税"科目。补缴土地增值税时，则作相反的会计分录。

【例 7-4】　某市房地产开发公司 2019 年 6 月开发的楼盘取得预售许可证后，开始预售，当月取得预售商品房收入 1 200 元，并存入银行。按规定土地增值税预征率为预收款的 1.5％，请计算当月预缴的土地增值税，并作会计处理。

预售商品房款应预缴土地增值税＝1 200×1.5％＝18（万元）

收到预售商品房款时：

借：银行存款	12 000 000	
贷：预收账款		12 000 000

计提应预缴的土地增值税时：

借：税金及附加	180 000	
贷：应交税费——应交土地增值税		180 000

预缴土地增值税时：

借：应交税费——应交土地增值税	180 000	
贷：银行存款		180 000

【例 7-5】　承【例 7-4】。假设该楼盘 2020 年 12 月全部竣工，并办理了决算，税务部门对公司的所有税费进行了清算。公司共取得预售商品房收入 8 000 万元，已预缴土地增值税 120 万元，清算应补缴土地增值税 20 万元。相关的会计处理如下：

计提清算应补缴的土地增值税记入"税金及附加"：

借：税金及附加	200 000	
贷：应交税费——应交土地增值税		200 000

补缴土地增值税时：

借：应交税费——应交土地增值税	200 000	
贷：银行存款		200 000

2. 兼营房地产业务的企业土地增值税的会计核算

兼营房地产业务的企业，是指兼营或附带经营房地产业务的企业。兼营房地产业务的企业转让房地产取得收入时，应按规定计算出应缴纳的土地增值税，借记"税金及附加"科目，贷记"应交税费——应交土地增值税"科目。

企业实际缴纳土地增值税时，借记"应交税费——应交土地增值税"科目，贷记"银行存款"等科目。

3. 销售旧房的会计核算

旧房是企业已使用过的房屋，一般在"固定资产"账户中反映。销售旧房时，首先将旧房从"固定资产"科目转入"固定资产清理"科目，借记"固定资产清理""累计折旧"科目，贷记"固定资产"科目。取得收入时，借记"银行存款""应收账款"等科目；应交纳的土地增值税，借记"固定资产清理"科目，贷记"应交税费——应交土地增值税"科目。

【例 7-6】　某工业企业因迁到新厂区，将旧车间出售，取得收入 80 万元。该车间账面原值 30 万元，已提折旧 14 万元，评估价值（重置完全价值乘成新率）40 万元，缴纳城市维护建设税 1 750 元、教育费附加 750 元，共计 2 500 元，发生其他清理费用 8 000 元，假设不考虑其他的税费。计算应纳土地增值税额，并作相关会计处理。

（1）计算应纳土地增值税：

扣除项目金额＝400 000＋2 500＝402 500（元）

增值额＝800 000－402 500＝397 500（元）

增值额占扣除项目金额的比例＝397 500÷402 500＝98.76%

应纳税额＝397 500×40%－402 500×5%＝138 875（元）

（2）会计处理如下：

旧车间转入清理：

借：固定资产清理	160 000
累计折旧	140 000
贷：固定资产	300 000

取得转让收入：

借：银行存款	800 000
贷：固定资产清理	800 000

计提土地增值税等：

借：固定资产清理	141 375
贷：应交税费——应交土地增值税	138 875
——应交城市维护建设税	1 750
——应交教育费附加	750

支付清理费用时：

借：固定资产清理	8 000
贷：银行存款	8 000

结转出售收益时：

借：固定资产清理	490 625
贷：营业外收入	490 625

四、土地增值税纳税申报

纳税人应当自转让房地产合同签订之日起 7 日内，向房地产所在地主管税务机关办理纳税申报，并向税务机关提交房屋及建筑物产权、土地使用权证书，土地转让、房屋买卖合同，房地产评估报告及其他与转让房地产有关的资料。纳税人因经常发生房地产转让而难以每次转让后申报的，经税务机关审核同意后，可以定期进行纳税申报，具体期限由税务机关根据情况确定。房地产所在地是指房地产的坐落地。纳税人转让的房地产坐落在两个或两个以上地区的，应按房地产所在地分别申报缴纳土地增值税。

任务三　城镇土地使用税计算申报与核算

城镇土地使用税是对城市、县城、建制镇和工矿区范围内使用土地的单位和个人，按实际占用土地面积所征收的一种税，是一种资源税性质的税种，有利于合理使用城镇土地，用经济手段加强对土地的控制和管理，变土地的无偿使用为有偿使用。我国境内城市、县城、建制镇范围内使用土地的单位和个人是城镇土地使用税的纳税人。拥有土地使用权的纳税人不在土地所在地的，由该土地的代管人或实际使用人纳税；土地使用权未确定或权属纠纷未解决的，由实际使用人纳税；土地使用权为多方共有的，由共有各方分别纳税。

一、城镇土地使用税的计算

1．计税依据

城镇土地使用税的征税对象是城市、县城、建制镇和工矿区内国家所有和集体所有的土地。以纳税人实际占用的土地面积为计税依据。土地面积计量标准为每平方米，按下列办法确定。

① 由省、自治区、直辖市人民政府确定的单位组织测定土地面积的，以测定的面积为准。

② 尚未组织测量，但纳税人持有政府部门核发的土地使用证书的，以证书确认的土地面积为准。

③ 尚未核发土地使用证书的，应由纳税人据实申报土地面积，据以纳税，待核发土地使用证以后再作调整。

2．税率

城镇土地使用税采用定额税率，即采用有幅度的差别税额，按大、中、小城市和县城、建制镇、工矿区分别规定每平方米土地使用税年应纳税额。城镇土地使用税税率见表 7-3。

表 7-3　城镇土地使用税税率表

级别	人口	每平方米税额/元
大城市	50 万以上	1.5～30
中等城市	20 万～50 万	1.2～24
小城市	20 万以下	0.9～18
县城、建制镇、工矿区	—	0.6～12

各省、自治区、直辖市人民政府可根据市政建设情况和经济繁荣程度在规定幅度内，确定所辖地区的适用税额幅度。经济落后地区土地使用税的适用税额标准可适当降低，但降低额不得超过上述规定最低税额的 30%；经济发达地区的适用税额标准可以适当提高，但须报财政部批准。

3. 应纳税额的计算

城镇土地使用税的应纳税额可以通过纳税人实际占用的土地面积乘以该土地所在地段适用税额求得，其计算公式为：

$$全年应纳税额＝实际占用应税土地面积（平方米）×适用税额$$

【例 7-7】　辽宁美联化妆品有限公司坐落于某中等城市，占用土地 20 000 平方米，其中企业自办的托幼机构占用土地 1 000 平方米，当地政府核定的交土地使用税税额每平方米 4 元，计算该企业当年应纳的土地使用税税额。

全年应纳土地使用税税额＝（20 000－1 000）×4＝76 000（元）

二、城镇土地使用税的优惠政策

下列土地免征城镇土地使用税。

（1）国家机关、人民团体、军队自用的土地。

（2）由国家财政部门拨付事业经费的单位自用土地。

（3）宗教寺庙、公园、名胜古迹自用的土地。

（4）市政街道、广场、绿化地带等公共用地。

（5）直接用于农、林、牧、渔业的生产用地。

（6）经批准开山填海整治的土地和改造的废弃土地，从使用之月起免交土地使用税 5 年至 10 年。

（7）非营利性医疗机构、疾病控制机构和妇幼保健机构自用的土地，自 2000 年 7 月起免征城镇土地使用税。对营利性医疗机构自用的土地自取得执照之日起免征城镇土地使用税 3 年。

（8）企业办学校、医院、托儿所、幼儿园，其用地能与企业其他用地明确区分的，免征城镇土地使用税。

（9）免税单位无偿使用纳税单位的土地。如公安、海关等单位使用铁路、民航等单位的土地免税；但纳税单位无偿使用免税单位的土地，纳税单位应依法缴纳城镇土地使用税。

（10）部分特殊行业用地暂免征收土地使用税的规定：①高校后勤实体用地；②企业的铁路专用线及公路等用地；③企业厂区以外的公共绿化用地和向社会开放的公园用地；④港口的码头用地；⑤盐场的盐滩和盐矿的矿井用地；⑥水利设施管护用地；⑦机场飞行区。

（11）下列土地由省级地方税务局确定减免土地使用税：①个人所有的居住房屋及院落用地；②单位职工家属的宿舍用地；③集体和个人办的学校、医院、托儿所及幼儿园用地；④基建项目在建期间使用的土地以及城镇集贸市场用地等。

三、城镇土地使用税的缴纳

（1）纳税期限　城镇土地使用税实行按年计算、分期缴纳的征收方法，具体纳税期限由省、自治区、直辖市人民政府确定。

（2）纳税义务发生时间

① 纳税人购置新建商品房，自房屋交付使用之次月起，缴纳土地使用税。

② 纳税人购置存量房，自办理房屋权属转移、变更登记手续，房地产权属登记机关签发房屋权属证书之次月起，缴纳土地使用税。

③ 纳税人出租出借房产，自交付出租、出借房产之次月起，缴纳土地使用税。

④ 纳税人新征用的耕地，自批准征用之日起满 1 年时开始缴纳土地使用税。

⑤ 纳税人新征用的非耕地，自批准征用之次月起缴纳土地使用税。

⑥ 纳税人以出让或转让方式有偿取得土地使用权的，应由受让方从合同约定交付土地时间的次月起缴纳土地使用税；合同未约定交付时间的，由受让方从合同签订的次月起缴纳土地使用税。

（3）纳税地点　城镇土地使用税的纳税地点为土地所在地，由土地所在地地方税务机关征收。纳税人使用的土地不属于同一省、自治区、直辖市管辖的，由纳税人分别向土地所在地的税务机关申报缴纳；在同一省、自治区、直辖市管辖范围内，纳税人跨地区使用土地，其纳税地点由各省、自治区、直辖市税务机关确定。

（4）纳税申报　城镇土地使用税适用地方税费综合申报表。

四、城镇土地使用税的核算

城镇土地使用税的会计核算应设置"应交税费——应交城镇土地使用税"科目。该科目贷方登记本期应缴纳的城镇土地使用税税额；借方登记企业实际缴纳的城镇土地使用税；期末贷方余额表示企业应交而未交的城镇土地使用税税额。

核算时，企业按规定计算应交城镇土地使用税，借记"税金及附加"科目，贷记"应交税费——应交城镇土地使用税"科目；缴纳土地使用税时，借记"应交税费——应交城镇土地使用税"科目，贷记"银行存款"科目。

【例 7-8】 根据【例 7-7】资料，进行会计处理。

（1）计提城镇土地使用税时：

借：税金及附加——城镇土地使用税　　　　　　76 000

　　贷：应交税费——应交城镇土地使用税　　　　　　　76 000

（2）缴纳城镇土地使用税时

借：应交税费——应交城镇土地使用税　　　　　76 000

　　贷：银行存款　　　　　　　　　　　　　　　　　76 000

任务四　耕地占用税计算申报与核算

一、耕地占用税概述

耕地占用税是对占用耕地建房或从事其他非农业建设的单位和个人，按其实际占用的耕地面积，一次性定额征收的一种税。

耕地占用税从税种的征税对象来讲是资源税类，从 1987 年 4 月 1 日起开征。自 2008 年

1月1日起施行新的《中华人民共和国耕地占用税暂行条例》，1987年4月1日国务院发布的《中华人民共和国耕地占用税暂行条例》同时废止。

1. 征税范围

耕地占用税的征税对象为占用耕地建房或从事其他非农业建设行为，具体包括以下。

① 占用耕地，是指用于种植农作物的土地。

② 占用林地、牧草地、农田水利用地、养殖水面以及渔业水域滩涂等其他农用地，建房或者从事非农业建设的。

建设直接为农业生产服务的生产设施占用前款规定的农用地的，不征收耕地占用税。

2. 纳税人

凡是在我国境内占用耕地建房或从事其他非农业建设的单位和个人，都是耕地占用税的纳税人。所谓单位，包括国有企业、集体企业、私营企业、股份制企业、外商投资企业、外国企业以及其他企业和事业单位、社会团体、国家机关、部队以及其他单位；所谓个人，包括个体工商户以及其他个人。

3. 计税依据

耕地占用税以纳税人实际占用的耕地面积为计税依据，按照规定的适用税额一次性征收。耕地面积的计量（税）单位为平方米（1亩＝666.67平方米），耕地占用面积依据土地管理部门批准占用耕地的文件。实际工作中出现批少占多、批非占耕、不批先用等情况，在征收耕地占用税时，必须核定纳税人实际占用耕地面积计税。

4. 耕地占用税的税额规定

① 人均耕地不超过1亩的地区（以县级行政区域为单位，下同），每平方米为10元至50元。

② 人均耕地超过1亩但不超过2亩的地区，每平方米为8元至40元。

③ 人均耕地超过2亩但不超过3亩的地区，每平方米为6元至30元。

④ 人均耕地超过3亩的地区，每平方米为5元至25元。

⑤ 经济特区、经济技术开发区和经济发达且人均耕地特别少的地区，适用税额可以适当提高，但是提高的部分最高不得超过前款③规定的当地适用税额的50%。

⑥ 占用基本农田的，适用税额应当在前款③及前款⑤规定的当地适用税额的基础上提高50%。

⑦ 纳税人临时占用耕地，应当依照耕地占用税暂行条例规定缴纳耕地占用税。纳税人在批准临时占用耕地的期限内恢复所占用耕地原状的，全额退还已经缴纳的耕地占用税。

国务院财政、税务主管部门根据人均耕地面积和经济发展情况确定各省、自治区、直辖市的平均税额。各地适用税额，由省、自治区、直辖市人民政府在规定的税额幅度内，根据本地区情况核定。各省、自治区、直辖市人民政府核定的适用税额的平均水平，不得低于前款②规定的平均税额。

5. 耕地占用税减免税规定

① 军事设施占用耕地，免征耕地占用税。

② 学校、幼儿园、养老院、医院占用耕地，免征耕地占用税。

③ 铁路线路、公路线路、飞机场跑道、停机坪、港口、航道占用耕地，减按每平方米2元的税额征收耕地占用税。

根据实际需要，国务院财政、税务主管部门商国务院有关部门并报国务院批准后，可以对前款规定的情形免征或者减征耕地占用税。

④ 农村居民占用耕地新建住宅，按照当地适用税额减半征收耕地占用税。农村烈士家属、残疾军人、鳏寡孤独以及革命老根据地、少数民族聚居区和边远贫困山区生活困难的村居民，在规定用地标准以内新建住宅缴纳耕地占用税确有困难的，经所在地乡（镇）人民政府审核，报经县级人民政府批准后，可以免征或者减征耕地占用税。

依照耕地占用税暂行条例规定免征或者减征耕地占用税后，纳税人改变原占地用途，不再属于免征或者减征耕地占用税情形的，应当按照当地适用税额补缴耕地占用税。

二、耕地占用税应纳税额计算及征收

1. 应纳税额的计算

应纳税额的计算公式为：

$$应纳税额＝应税耕地实际占用面积（平方米）×单位税额$$

2. 税款征收

耕地占用税由地方税务机关负责征收。土地管理部门在通知单位或者个人办理占用耕地手续时，应当同时通知耕地所在地同级地方税务机关。获准占用耕地的单位或者个人应当在收到土地管理部门的通知之日起 30 日内缴纳耕地占用税。土地管理部门凭耕地占用税完税凭证或者免税凭证和其他有关文件发放建设用地批准书。

三、耕地占用税会计核算

企业缴纳的耕地占用税不需要通过"应交税费"科目核算，缴纳时，借记"在建工程"等科目，贷记"银行存款"等科目。待工程完工后，再借记"固定资产"科目，贷记"在建工程"科目。

【例7-9】 2019 年 2 月，辽宁美联化妆品有限公司经当地政府土地部门的批准征用耕地 100 亩，用于厂房扩建用地。当地耕地占用税单位税额为 25 元/平方米。计算应纳的耕地占用税并做会计处理。

$$应纳税额＝100×666.67×25＝1\,666\,675（元）$$

会计处理如下：

借：在建工程　　　　　　　　　　　　　1 666 675

　贷：银行存款　　　　　　　　　　　　　　　1 666 675

【例7-10】 2019 年 5 月，某房地产开发企业经过土地管理部门组织的竞拍，获得建房规划用地 30 000 平方米，用于房地产开发。该地块属于耕地，当地政府规定的耕地占用税单位税额为 25 元/平方米。计算应纳的耕地占用税并做会计处理。

$$应纳税额＝30\,000×25＝750\,000（元）$$

会计处理如下：

借：开发成本　　　　　　　　　　　　　　750 000

　贷：银行存款　　　　　　　　　　　　　　　750 000

四、耕地占用税纳税申报

耕地占用税纳税申报适用地方税费综合申报表。

任务五　房产税计算申报与核算

房产税是以房产为征税对象，依据房产价值或房产租金收入向房产所有人或经营人征收的一种税。房产税是一种财产性质的税种，目的是运用税收杠杆加强对房产的管理，提高房产使用效率，合理调节房产所有人和经营人的收入。房产的产权所有人是房产税的纳税人，产权属于国家的，由经营管理单位缴纳；产权属于集体和个人所有的，由集体和个人缴纳；产权出典的，由承典人缴纳；产权所有人、承典人不在房产所在地的，或者产权未确定及租典纠纷未解决的，由房产代管人或使用人缴纳。

一、房产税的计算

1. 计税依据

房产税的征税对象是城市、县城、建制镇和工矿区的房产，不包括农村的房产，其计税依据为房产的计税价值或房产的租金收入。按房产的计税价值征税的，称为从价计征；按房产的租金收入计征的，称为从租计征。

（1）从价计征　从价计征的计税依据是房产原值减除一定比例后的余值。房产原值是"固定资产"账户中记载的房屋原价；减除一定比例是省、自治区、直辖市人民政府确定的10%～30%的扣除比例。

（2）从租计征　从租计征的计税依据为房产租金收入，即房屋产权所有人出租房产使用权所得的报酬，包括货币收入和实物收入。

2. 税率

我国房产税采用的是比例税率，由于房产税的计税依据分为从价计征和从租计征两种形式，所以房产税的税率也有两种：采用从价计征的，税率为1.2%；采用从租计征的，税率为12%。从2001年1月1日起，对个人按市场价格出租的居民住房，用于居住的，可暂减按4%的税率征收房产税。

3. 应纳税额的计算

（1）从价计征　从价计征是按房产原值减除一定比例后的余值计征，其计算公式为：

$$应纳税额＝应税房产原值×(1-扣除比例)×1.2\%$$

（2）从租计征　从租计征是按房产的租金收入计征，其计算公式为：

$$应纳税额＝租金收入×12\%$$

【例7-11】 辽宁美联化妆品有限公司2019年12月31日房屋原始价值为1000万元。2017年3月底公司将其中的200万元房产出租给外单位使用，租期2年，每年收取租金10万元。当地政府规定，从价计征房产税的，扣除比例为20%。房产税按年计算，分半年缴纳。计算该公司2016年上半年应纳房产税税额。

① 从价计征部分房产应缴纳的税额：

应纳房产税税额＝800×(1-20%)×1.2%÷2+200×(1-20%)×1.2%÷4=4.32（万元）

② 从租计征部分房产应缴纳的税额：

$$应纳房产税税额＝10÷4×12\%＝0.30（万元）$$

③ 上半年应纳房产税税额＝4.32＋0.30＝4.62（万元）

二、房产税优惠政策

目前，房产税的税收优惠政策主要有以下几项。

① 国家机关、人民团体、军队自用的房产免税。但上述免税单位的出租房屋以及非自身业务使用的生产、经营用房，不属于免税范围。

② 由国家财政部门拨付经费的单位，其自身业务范围内使用的房产免税。

③ 宗教寺庙、公园、名胜古迹自用的房产免税。

④ 个人所有非营业用的房产免税。

⑤ 经财政部批准免税的其他房产。

三、房产税的缴纳

1. 纳税期限

房产税实行按年计算、分期缴纳的征税方法，具体纳税期限由各省、自治区、直辖市人民政府确定。各地一般按季度或半年征收一次，在季度或半年内规定某一月份征收。

2. 纳税义务发生时间

① 纳税人将原有房产用于生产经营的，从生产经营之月起，计征房产税。

② 纳税人自行新建房屋用于生产经营的，自建成之次月起，计征房产税。

③ 纳税人委托施工企业建设的房屋，从办理验收手续之次月起，计征房产税。对于在办理验收手续前已使用或出租、出借的新建房屋，应从使用或出租、出借的当月起，按规定计征房产税。

④ 纳税人购置新建商品房，自房屋权属交付使用之次月起，计征房产税。

⑤ 纳税人购置存量房，自办理房屋权属转移、变更登记手续，房地产权属登记机关签发房屋权属证书之次月起，计征房产税。

⑥ 纳税人出租、出借房产，自交付出租、出借房产之次月起，计征房产税。

⑦ 纳税人是房地产开发企业的，其自用、出租、出借本企业建造的商品房，自房屋使用或者交付之次月起，计征房产税。

3. 纳税地点

房产税的纳税地点为房产所在地。房产不在同一地方的纳税人，应按房产的坐落地点分别向房产所在地的税务机关纳税。

4. 纳税申报

纳税人应按照条例的要求，将现有房屋的坐落地点、结构、面积、原值、出租收入等情况，如实向房屋所在地税务机关办理纳税申报，房产税纳税申报适用地方税费综合申报表。

四、房产税的核算

房产税的会计核算应设置"应交税费——应交房产税"科目。该科目贷方登记本期应缴纳的房产税税额；借方登记企业实际缴纳的房产税税额；期末贷方余额表示企业应交而未交的房产税税额。

核算时，企业按规定计算应交的房产税，借记"税金及附加"科目，贷记"应交税费——应交房产税"科目；缴纳房产税时，借记"应交税费——应交房产税"科目，贷记

"银行存款"科目。

【例7-12】 根据【例7-11】资料，进行会计处理。

计提房产税时：

借：税金及附加——房产税　　　　　　　　　46 200

　　贷：应交税费——应交房产税　　　　　　　　　　46 200

实际缴纳上半年房产税时：

借：应交税费——应交房产税　　　　　　　　　46 200

　　贷：银行存款　　　　　　　　　　　　　　　　　46 200

任务六　契税计算申报与核算

一、契税概述

契税指在我国境内土地使用权、房屋所有权的权属转移过程中，向取得土地使用权和房屋所有权的单位和个人征收的一种税。

契税属不动产财产税性质，它是对土地使用权和房屋所有权权属的受让（购买）方征收的一种地方性财产税，目前，由地方税务部门征收。

1. 征税范围

契税的征税对象是发生土地使用权和房屋所有权权属转移的土地和房屋。具体包括以下几方面。

（1）国有土地使用权出让　是指土地使用者向国家交付土地使用权出让费用，国家将国有土地使用权在一定年限内让与土地使用者的行为。

（2）土地使用权转让　是指土地使用者以出售、赠与、交换或者其他方式将土地使用权转移给其他单位和个人的行为。但不包括农村集体土地承包经营权的转移。

（3）房屋买卖　是指出卖者向购买者过渡房屋所有权的交易行为。以下几种特殊情况，视同买卖房屋：

① 以房产作投资或作股权转让；

② 以房产抵债或实物交换房屋；

③ 买房拆料或翻建新房，应照章征收契税。

（4）房屋赠与　房屋的受赠人要按规定缴纳契税。

2. 纳税人

契税的纳税人是在转移土地、房屋权属过程中，承受土地使用权或房屋所有权的单位和个人。由购买者纳税是契税区别于其他税种的特点。承受是指以受让、购买、受赠、交换等方式取得土地、房屋权属的行为。

3. 计税依据

契税的计税依据为不动产的价格。由于土地、房屋权属转移方式不同，定价方法不同，具体的计税依据视不同情况而定。

① 国有土地使用权出让、土地使用权出售、房屋买卖，计税依据为成交价格，包括承

受者应付的货币、实物、无形资产或其他经济利益。

② 土地使用权赠与、房屋赠与，计税依据由征收机关参照土地使用权和房屋买卖市场价格核定。

③ 土地使用权交换、房屋交换，计税依据为所交换的土地使用权、房屋的价格差额。交换价格相等时，免征契税；交换价格不等时，由多交付货币、实物、无形资产或其他价格利益的一方按价差缴纳契税。

④ 以划拨方式取得土地使用权的，经批准转让房地产时，应由房地产转让者补缴契税。其计税依据为补缴的土地使用权出让费用或土地收益。

对成交价格明显低于市场价格并且无正当理由的，或者所交换土地使用权、房屋的价格的差额明显不合理并且无正当理由的，征收机关可以参照市场价格核定计税依据。

4. 税率

契税实行3%～5%的幅度比例税率。具体适用税率，由各省、自治区、直辖市人民政府根据本地区的实际情况在规定幅度内确定。

5. 契税优惠政策

① 国家机关、事业单位、社会团体、军事单位承受土地、房屋用于办公、教学、医疗、科研和军事设施的，免征契税。

② 城镇职工按规定第一次购买公有住房的，免征契税。

③ 因不可抗力灭失住房而重新购买住房的，酌情减免契税。

④ 土地、房屋被县级以上人民政府征用、占用后，重新承受土地、房屋权属的，由省级人民政府确定是否减免契税。

⑤ 承受荒山、荒沟、荒丘、荒滩土地使用权，并用于农、林、牧、渔业生产的，免征契税。

⑥ 经外交部确认，依照我国有关法律规定以及我国缔结或参加的双边和多边条约或协定的规定应当予以免税的外国驻华使馆、领事馆、联合国驻华机构及其外交代表、领事官员和其他外交人员承受土地、房屋权属的，经外交部确认，可以免征契税。

二、应纳税额计算及征收

1. 应纳税额计算

计算契税应纳税额的基本计算公式为：

$$应纳税额＝计税依据×适用税率$$

2. 税款征收

契税纳税义务发生时向是纳税人签订土地、房屋权属转移合同的当天，或者纳税人取得其他具有土地、房屋权属转移合同性质的凭证的当天。

纳税人应当自纳税义务发生之日起10日内，向土地、房屋所在地的契税征收机关办理纳税申报，并在契税征收机关核定的期限内缴纳税款。

纳税人出具契税完税凭证和其他规定的文件材料后，土地和房产管理部门才能办理有关土地、房屋的权属变更登记手续。

契税在土地、房屋所在地的征收机关缴纳。

三、契税会计核算

缴纳契税不需通过"应交税费"科目核算，缴纳契税时，属于受让土地使用权的，就应缴纳的契税借记"在建工程"科目，贷记"银行存款"科目等；属于购买房屋和受赠房屋的，就应缴纳的契税借记"固定资产"科目，贷记"银行存款"科目等。

【例7-13】 辽宁美联化妆品有限公司购置一套住房，用于引进高级人才居住使用。该住房的成交价格为80万元，当地的住房交易的契税税率为3%，作出缴纳契税的会计处理。

借：固定资产（800 000×3%）　　　　　　　　24 000
　　贷：银行存款　　　　　　　　　　　　　　　　24 000

四、契税纳税申报

契税纳税申报也适用地方税费综合申报表。

任务七　车船税计算申报与核算

车船税是指在我国境内的车辆、船舶的所有人或者管理人按照规定缴纳的一种税。在我国境内，车辆、船舶的所有人或者管理人是车船税的纳税人。车船所有人是指在我国境内拥有车船的单位和个人；管理人是指对车船具有管理使用权，但不具有所有权的单位。

一、车船税的计算

1. 计税依据

车船税的征税对象是依法应当在我国车船管理部门登记的车辆和船舶。车辆包括机动车辆和非机动车辆；船舶包括机动船舶和非机动船舶。其计税依据具体规定如下。

（1）车船税实行从量计税的办法，分别选择了三种单位的计税标准，即辆、净吨位和自重吨位：

① 采用以辆为计税标准的车辆有载客汽车、摩托车；

② 采用以净吨位为计税标准的是船舶；

③ 采用以自重吨位为计税标准的有载货汽车、专项作业车、三轮汽车和低速货车。

（2）车辆自重尾数在0.5吨以下（含0.5吨）的，按照0.5吨计算；超过0.5吨的，按照1吨计算。船舶净吨位尾数在0.5吨以下（含0.5吨）的不予计算，超过0.5吨的按照1吨计算。1吨以下的小型车船，一律按照1吨计算。

（3）拖船按照发动机功率每2马力折合净吨位1吨计征车船税。

（4）客货两用汽车按照载货汽车的计税单位和税额标准计征车船税。

（5）所涉及的核定载客人数、自重、净吨位、马力等计税标准，以车船管理部门核发的车船登记证书或者行驶证书相应项目所载数额为准。纳税人未到车船管理部门办理登记手续的，上述计税标准以车船出厂合格证明或者进口凭证相应项目所在数额为准；不能提供车船出厂合格证明或者进口凭证的，由税务机关根据车船自身状况并参照同类车船核定。

2. 税目与税率

车船税实行定额税率，即对征税的车船规定单位固定税额。由于车辆与船舶的行驶情况不同，车船税的税额也有所不同，见表7-4。

表 7-4　车船税税目税额表

税目	计税单位	每年税额/元	备注
载客汽车	每辆	60～660	包括电车
载货汽车、专项作业车	按自重每吨	16～120	包括半牵引车、挂车
三轮汽车、低速货车	按自重每吨	24～120	
摩托车	每辆	36～180	
船舶	按净吨位每吨	3～6	拖船和非机动驳船分别按船舶税额的50%计算

国务院财政部门、税务主管部门可以根据实际情况，划分子税目，并明确车辆的子税目税额幅度和船舶的具体适用税额。车辆的具体适用税额由省、自治区、直辖市人民政府在规定的税额幅度内确定。

3. 应纳税额的计算

车船税应根据不同类型的车船和其适用的计税标准分别计算。

(1) 载客汽车和摩托车　应纳税额＝应纳税车辆数量×单位税额

(2) 载货汽车、三轮汽车和低速货车及船舶　应纳税额＝应纳税车船的自重或净吨位数量×单位税额

【例 7-14】　某运输公司拥有载货汽车 40 辆（每辆车自重吨位数 10 吨），单位税额为 80元/自重吨；拥有载客汽车 10 辆，其中核定载客人数 30 人的 6 辆，核定载客人数 10 人的 4辆，大型客车单位税额为 600 元/辆，中型客车单位税额为 500 元/辆，小型客车单位税额为 400 元/辆。计算该公司全年应纳车船税税额。

全年应纳车船税额＝40×10×80＋6×600＋4×500＝37 600（元）

二、车船税优惠政策

下列车船免征车船税。

① 非机动车船（不包括非机动驳船）。

② 拖拉机。拖拉机是指在农业（农业机械）部门登记为拖拉机的车辆。

③ 捕捞、养殖渔船。

④ 军队、武警专用的车船。

⑤ 警用车船。

⑥ 依照我国有关法律和我国缔结或参加的国际条约的规定应当予以免税的外国驻华使馆、领事馆和国际组织驻华机构及其有关人员的车船。此外，省、自治区、直辖市人民政府可以根据当地实际情况，对城市、农村公共交通车船给予定期减税、免税。

三、车船税的缴纳

1. 纳税期限

车船税按年申报缴纳。纳税年度，自公历 1 月 1 日至 12 月 31 日。具体纳税期限由省、自治区、直辖市人民政府确定。

2. 纳税义务发生时间

车船的纳税义务发生时间，为车船管理部门核发的车船登记证书或者行驶证书所载日期的当月。纳税人未到车船管理部门办理登记手续的，以车船购置发票所载开具时间的当月作

为车船税的纳税义务发生时间。对未办理车船登记手续且无法提供车船购置发票的，由主管税务机关核定纳税义务发生时间。

3. 纳税地点

车船税由地方税务机关负责征收。纳税地点，由省、自治区、直辖市人民政府根据当地实际情况确定。跨省、自治区、直辖市使用的车船，纳税地点为车船的登记地。

4. 纳税申报

① 车船的所有人或管理人未缴纳车船税的，使用人应当代为缴纳车船税。

② 从事机动车交通事故责任强制保险业务的保险机构为机动车车船税的扣缴义务人，应当依法代收代缴车船税。

③ 机动车车船税的扣缴义务人代收代缴车船税时，纳税人不得拒绝。由扣缴义务人代收代缴机动车车船税的，纳税人应当在购买机动车交通事故责任强制保险的同时缴纳车船税。

④ 扣缴义务人在代收车船税时，应当在机动车交通事故责任强制保险的保险单上注明已收税款的信息，作为纳税人完税的证明。

⑤ 在一个纳税年度内，已完税的车船被盗抢、报废、灭失的，纳税人可以凭有关管理机关出具的证明和完税证明，向纳税所在地的主管税务机关申请退还自被盗抢、报废、灭失月份起至该纳税年度终了期间的税款。已办理退税的被盗抢车船，失而复得的，纳税人应当从公安机关出具相关证明的当月起计算缴纳车船税。

⑥ 纳税人应按照规定及时办理纳税申报，并如实填写纳税申报表。车船税纳税申报适用地方税费综合申报表。

四、车船税的核算

车船税的会计核算应设置"应交税费——应交车船税"科目。该科目贷方登记本期应缴纳的车船税税额；借方登记企业实际缴纳的车船税税额；期末贷方余额表示企业应交而未交的车船税税额。核算时，企业按规定计算应交的车船税，借记"税金及附加"科目，贷记"应交税费——应交车船税"科目；缴纳车船税时，借记"应交税费——应交车船税"科目，贷记"银行存款"科目。

【例 7-15】　根据【例 7-14】资料，进行会计处理。

计算缴纳车船税时：

借：税金及附加——车船税　　　　　　　　　　　　37 600

　　贷：应交税费——应交车船税　　　　　　　　　　　　37 600

实际缴纳车船税时：

借：应交税费——应交车船税　　　　　　　　　　　37 600

　　贷：银行存款　　　　　　　　　　　　　　　　　　37 600

任务八　印花税计算缴纳与核算

印花税是对经济活动和经济交往中书立、使用、领受具有法律效力的凭证的单位和个人征收的一种税。印花税是一种具有行为税性质的税种，具有覆盖面广、税率低、税负轻以及实行"三自"纳税办法（纳税人自行计算应纳税额、自行购买印花税票并贴花、自行盖章注销或画销）等特点。凡在中国境内书立、使用、领受印花税法所列举的应税凭证的单位和个人是印花税的纳税人。按书立、使用、领受应税凭证的不同，分为立合同人、立据人、立账簿人、领受人和使用人五种。

一、印花税的计算

1. 计税依据

印花税的征税对象是税法列举的各种应税凭证，即合同或具有合同性质的凭证；产权转移书据；营业账簿；权利许可证照；财政部确定的其他应税凭证。列入税目的就要征税，未列入税目的就不征税。计税依据是应税凭证的计税金额或应税凭证的件数，具体如下。

① 购销合同的计税依据为购销金额。

② 加工承揽合同的计税依据为加工或承揽收入的金额。

③ 建设工程勘察设计合同的计税依据为收取的费用。

④ 建筑安装工程承包合同的计税依据为承包金额。

⑤ 财产租赁合同的计税依据为租赁金额；经计算，税额不足1元的，按1元贴花。

⑥ 货物运输合同的计税依据为运输费用，但不包括装卸费用、保险费。

⑦ 仓储保管合同的计税依据为仓储保管费用。

⑧ 借款合同的计税依据为借款金额。

⑨ 财产保险合同的计税依据为保险费，不包括所保财产的金额。

⑩ 技术合同的计税依据为合同所载金额、报酬或使用费。

⑪ 产权转移书据的计税依据为合同所载金额。

⑫ 营业账簿税目中记载金额的账簿的计税依据为"实收资本"与"资本公积"两项的合计金额。其他账簿的计税依据为应税凭证件数。

⑬ 权利许可证照的计税依据为应税凭证件数。

同一凭证，载有两个或以上经济事项而适用不同税目税率的，如分别记载金额的，应分别计算应纳税额，相加后按合计税额贴花；如未分别记载金额的，按税率高的计税贴花。

2. 税率

印花税的税率设计，遵循税负从轻、共同负担的原则。所以，税率比较低，凭证的当事人均应就其所持凭证依法纳税。印花税采用比例税率和定额税率两种形式。在印花税的13个税目中，"权利许可证照"税目、"营业账簿"税目中的其他账簿，适用定额税率，均为按件贴花，税额为5元；其他税目，均采用比例税率。印花税税目税率见表7-5。

表7-5　印花税税目税率表

税目	范围	税率	纳税人	说明
1. 购销合同	包括供应、预购、采购、购销结合及协作、调剂、补偿、易货等合同	按购销金额万分之三贴花	立合同人	
2. 加工承揽合同	包括加工、定做、修缮、修理、印刷、广告、测绘、测试等合同	按加工或承揽收入万分之五贴花	立合同人	
3. 建设工程勘察设计合同	包括勘察、设计合同	按收取费用万分之五贴花	立合同人	

税目	范围	税率	纳税人	说明
4. 建筑安装工程承包合同	包括建筑、安装工程承包合同	按承包金额万分之三贴花	立合同人	
5. 财产租赁合同	包括租赁房屋、船舶、飞机、机动车辆、机械、器具、设备等合同	按租赁金额千分之一贴花。税额不足 1 元的按 1 元贴花	立合同人	
6. 货物运输合同	包括民用航空运输、铁路运输、海上运输、内河运输、公路运输和联运合同	按运输费用万分之五贴花	立合同人	单据作为合同使用的,按合同贴花
7. 仓储保管合同	包括仓储、保管合同	按仓储保管费用千分之一贴花	立合同人	仓单或栈单作为合同使用的,按合同贴花
8. 借款合同	银行和其他金融组织与借款人(不包括银行业拆借)所签订的借款合同	按借款金额万分之零点五贴花	立合同人	单据作为合同使用的,按合同贴花
9. 财产保险合同	包括财产、责任、保证、信用等保险合同	按保费收入千分之一贴花	立合同人	单据作为合同使用的,按合同贴花
10. 技术合同	包括技术开发、转让、咨询、服务等合同	按所载金额万分之三贴花	立合同人	
11. 产权转移书据	包括财产所有权和版权、商标使用权、专利权、专有技术使用权等转移数据	按所载金额万分之五贴花(目前,股权转移书据按千分之四贴花)	立据人	
12. 营业账簿	生产经营用账册	记载金额的账簿,按实收资本和资本公积的合计金额万分之五减半贴花。其他账簿免税	立账簿人	以后年度资金总额增加的,增加部分按规定贴花
13. 权利、许可证照	包括政府部门发给的房屋产权证、工商营业执照、商标注册证、专利证、土地使用证	按件贴花 5 元	领受人	

注：因证券交易税暂未开征，现行 A 股、B 股股权转让，以证券市场当日实际成交价格计算的金额，由卖出方按 1‰(2008 年 9 月 19 日起)的税率缴纳印花税。

3. 应纳税额的计算

根据应税凭证的性质，印花税的计算可采用从价定率计算和从量定额计算两种方法，其计算公式为：

$$应纳税额＝应税凭证计税金额×适用税率$$
$$或＝应税凭证件数×适用税额$$

【例 7-16】 辽宁美联化妆品有限公司 2019 年 3 月开业，当年发生以下有关业务事项：领受房屋产权证、工商营业执照、土地使用证各 1 件；订立商品购销合同一份，合同金额为 100 万元；订立借款合同一份，所载金额为 100 万元；企业记载资金的账簿，"实收资本"为 500 万元，"资本公积"为 100 万元；其他账簿 20 本。计算该企业当年应缴纳的印花税税额。

(1) 企业领受权利许可证照应纳税额

$$应纳税额＝3×5＝15　(元)$$

（2）企业订立购销合同应纳税额

$$应纳税额＝1\,000\,000×0.3‰＝300（元）$$

（3）企业订立借款合同应纳税额

$$应纳税额＝1\,000\,000×0.05‰＝50（元）$$

（4）企业记载资金的账簿应纳税额

$$应纳税额＝(5\,000\,000＋1\,000\,000)×0.5‰×50\%＝1\,500（元）$$

（5）企业其他营业账簿免税

（6）企业当年应纳印花税税额

$$15＋300＋50＋1\,500＝1\,865（元）$$

4. 印花税的税收优惠

下列凭证免征印花税。

① 已缴纳印花税的凭证的副本或抄本。但以副本或者抄本视同正本使用的，则应另贴印花。

② 财产所有者将财产赠给政府、社会福利机构、学校所书立的书据。

③ 国家指定的收购部门与村民委员会、农民个人书立的农副产品收购合同。

④ 无息、贴息贷款合同。

⑤ 外国政府或国际金融组织向我国政府及国家金融机构提供优惠贷款所书立的合同。

⑥ 房地产管理部门与个人签订的用于生活居住的租赁合同。

⑦ 农牧业保险合同。

⑧ 特殊的货运凭证，如：军需物资运输凭证、抢险救灾物资运输凭证、新建铁路的工程临管线运输凭证。

5. 印花税的缴纳

（1）纳税方法 印花税的纳税办法，根据应纳税额的大小、纳税次数的多少，以及税收征收管理的需要，分别采用以下三种纳税方法。

① 自行贴花办法。一般适用于应税凭证较少或同一种纳税次数较少的纳税人，使用范围较为广泛。纳税人书立、领受或者使用印花税法列举的应税凭证的同时，纳税义务即已产生，应当根据应税凭证的性质和适用的税目税率，自行计算应纳税额，自行向当地税务机关购买印花税票，并在应税凭证上一次贴足印花税票并加以注销或画销，纳税义务才算全部履行完毕。这就是印花税的"三自"纳税办法。按比例税率纳税而应纳税额不足1角的免纳印花税，应纳税额在1角以上的，其税额尾数不满5分的不计，满5分的按1角计算缴纳；对财产租赁合同规定了最低1元的应纳税额起点，即税额超过1角但不足1元的，按1元纳税。采用该纳税方法的纳税人，一般无须填写印花税纳税申报表。

② 汇贴或汇缴办法。一般适用于应税税额较大或贴花次数频繁的纳税人。

一份凭证应纳税额超过500元的，应向当地税务机关申请填写缴款书或者完税证，将其中一联粘贴在凭证上或由税务机关在凭证上加注完税标记代替贴花。这就是通常所说的"汇贴"办法。

对同一种凭证需频繁贴花的，纳税人可根据实际情况自行决定是否采用按期汇总缴纳印花税的方式。汇总缴纳的期限最长不得超过一个月。纳税期满后，纳税人应填写《印花税纳税申报表》，向主管税务机关申报纳税。凡汇缴印花税的凭证，应加盖税务机关的汇缴戳记，编号并装订成册后，将已贴印花税票或缴款书的一联粘附册后，盖章注销，保存备查。

③ 委托代征。委托代征是受托单位按税务机关的要求，以税务机关的名义向纳税人征收税款的一种方式。受托单位一般是发放、鉴证、公证应税凭证的政府部门或其他社会组织。税务机关应与代征单位签订代征委托书。纳税人在办理应税凭证相关业务时，由上述受托单位代为征收印花税款，要求纳税人购花并贴花，这主要是为了加强税源控制。

（2）纳税环节　印花税一般在应税凭证书立或领受时贴花。具体是指权利许可证照在领取时贴花，合同在签订时贴花，产权转移书据在立据时贴花，营业账簿在启用时贴花。如果合同是在国外签订，并且不便在国外贴花的，应在将合同带入境时办理贴花纳税手续。

（3）纳税地点　印花税一般实行就地纳税。如果是全国性订货会所签合同应纳的印花税，由纳税人回其所在地办理贴花；对地方主办，不涉及省际关系的订货会、展销会上所签合同的印花税，由省级政府自行确定纳税地点。

（4）纳税申报　印花税的纳税人应按照条例的规定及时办理纳税申报，并如实填写纳税申报表。印花税纳税申报适用地方税费综合申报表。

二、印花税的核算

由于企业缴纳的印花税，不发生应付未付税款的情况，也不需要预计应缴税款数，为了简化会计处理，可以不通过"应交税费"科目核算，缴纳的印花税直接在"税金及附加——印花税"科目中反映。企业购买印花税票时，按实际支付的款项借记"税金及附加——印花税"科目，贷记"银行存款"科目。如果采用汇缴办法的，不购买印花税税票的，也可以通过"应交税费——应交印花税"核算。

【例 7-17】　根据【例 7-16】资料，进行会计处理。

借：税金及附加——印花税　　　　　　　　　　　　1 865
　　贷：银行存款　　　　　　　　　　　　　　　　　1 865
　　　或（应交税费——应交印花税）

任务九　城市维护建设税计算申报与核算

城市维护建设税是国家对缴纳增值税、消费税的单位和个人就其实际缴纳的"两税"税额为计税依据而征收的一种税，是一种具有附加税性质的税种，按"两税"税额附加征收，其本身没有特定的、独立的课税对象，其目的是为了筹集城市公用事业和公共设施的维护、建设资金，加快城市开发建设步伐。负有缴纳"两税"义务的单位与个人是城市维护建设税的纳税人，但不包括外商投资企业和外国企业。

一、城市维护建设税的计算

1. 计税依据

城市维护建设税的计税依据是指纳税人实际缴纳的"两税"税额，但不包括纳税人违反"两税"有关税法而加收的滞纳金和罚款，但纳税人在被查补"两税"和被处以罚款时，应同时对其偷漏的城市维护建设税进行补税、征收滞纳金和罚款。城市维护建设税以"两税"税额为计税依据并同时征收，如果免征或减征"两税"，也就同时免征或减征城市维护建设税。但进口货物时，征收增值税、消费税的同时，不同时征收城市维护建设税，对出口商品退还增值税、消费税时，不退还已缴纳的城市维护建设税，即"进口不征，出口不退"。

2. 税率

城市维护建设税采用比例税率。按纳税人所在地的不同，设置三档差别比例税率（见表 7-6）。

表 7-6　城市维护建设税税率表

纳税人所在地区	税率
市区	7%
县城和镇	5%
市区、县城和镇以外的其他地区	1%

城市维护建设税的适用税率，应当按照纳税人所在地的规定税率执行。但是，对下列两种情况，可按缴纳"两税"所在地的规定税率就地缴纳城建税。

① 由受托方代扣代缴、代收代缴"两税"的单位和个人，其代扣代缴、代收代缴的城市维护建设税按受托方所在地适用税率执行。

② 流动经营等无固定纳税地点的单位和个人，在经营地缴纳"两税"的，其城市维护建设税的缴纳按经营地适用税率执行。

3. 应纳税额的计算

城市维护建设税的应纳税额是按纳税人实际缴纳的"两税"税额计算的，其计算公式为：

应纳税额＝纳税人实际缴纳的增值税、消费税税额×适用税率

【例 7-18】　辽宁美联化妆品有限公司（市区）2019 年 9 月实际缴纳增值税 60 000 元，缴纳消费税 30 000 元。计算该企业应交城市维护建设税。

应纳税额＝（60 000＋30 000）×7%＝6 300（元）

4. 城市维护建设税优惠政策

城市维护建设税原则上不单独减免，但因其具有附加税性质，当主税发生减免时，城市维护建设税也相应发生减免。具体有以下几种情况。

① 随"两税"的减免而减免。

② 随"两税"的退库而退库。

③ 海关对进口产品代征的增值税、消费税，不征收城市维护建设税。

④ 对"两税"实行先征后返、先征后退、即征即退办法的，除另有规定外，对随"两税"附征的城市维护建设税和教育费附加，一律不予退（返）还。

5. 城市维护建设税的缴纳

（1）纳税地点　城市维护建设税以纳税人实际缴纳的增值税、消费税税额为计税依据，分别与"两税"同时缴纳。所以，纳税人缴纳"两税"的地点，就是该纳税人缴纳城市维护建设税的地点。但是属于下列情况的，纳税地点有所不同。

① 代扣代缴、代收代缴"两税"的单位和个人，同时也是城市维护建设税的代扣代缴、代收代缴义务人，其城市维护建设税的纳税地点在代扣代收地。

② 跨省开采的油田，下属生产单位与核算单位不在一个省内的，其生产的原油，在油井所在地缴纳增值税，其应纳税款由核算单位按照各油井的产量和规定税率汇拨各油井所在地缴纳。所以各油井应纳的城市维护建设税，应由核算单位计算，随同增值税一并汇拨油井所在地，由油井在缴纳增值税的同时，一并缴纳城市维护建设税。

③ 对管道局输油部分的收入，由取得收入的各管道局于所在地缴纳增值税。所以，其应纳城市维护建设税，也应由取得收入的各管道局于所在地缴纳增值税时一并缴纳。

④ 对流动经营等无固定纳税地点的单位和个人，应随同"两税"在经营地按适用税率缴纳。

（2）纳税期限　由于城市维护建设税是由纳税人在缴纳"两税"时同时缴纳的，所以其纳税期限分别与"两税"的纳税期限一致。

（3）纳税申报　城市维护建设税与"两税"同时申报缴纳，纳税人应按照有关税法的规定，如实填写税纳税申报表，同样适用地方税费综合申报表。

二、城市维护建设税的核算

城市维护建设税的会计核算应设置"应交税费——应交城市维护建设税"科目。期末计提城市维护建设税时，应借记"税金及附加"科目，贷记本科目；实际缴纳城市维护建设税时，应借记本科目，贷记"银行存款"科目。本科目期末贷方余额反映企业应交而未交的城市维护建设税。

【例7-19】 根据【例7-18】资料，进行会计处理。

（1）计提城市维护建设税时：

借：税金及附加——城市维护建设税　　　　　　　　　6 300
　　贷：应交税费——应交城市维护建设税　　　　　　　　　　　6 300

（2）实际缴纳城市维护建设税时：

借：应交税费——应交城市维护建设税　　　　　　　　6 300
　　贷：银行存款　　　　　　　　　　　　　　　　　　　　　6 300

任务十　教育费附加计算申报与核算

一、教育费附加概述

教育费附加是对缴纳增值税、消费税的单位和个人，就其实际缴纳的税额为计税依据征收的一种附加费。教育费附加是一种目的税（费），其目的是为地方办学而筹集一部分教育经费，所征收的税（费）款专用补助当地教育部门经费不足。现行教育费附加是自1986年7月1日开始征收的。

1. 征收范围和缴纳人

凡缴纳增值税、消费税的单位和个人，除按照《国务院关于筹措农村学校办学经费的通知》的规定缴纳农村教育事业费附加的农业和乡镇企业外，都是教育费附加的缴纳人。

海关对进出口产品征收的增值税、消费税，不附征教育费附加。

2. 计征依据和征收率

教育费附加的计征依据是纳税人实际缴纳的增值税、消费税税额，征收率为3%。

3．计税与征收

教育费附加缴纳额的计算公式如下：

缴纳额＝纳税人实际缴纳的增值税、消费税税额×征收率(3％)

教育费附加分别与增值税、消费税同时缴纳。

由于减免或计算增值税、消费税错误而发生补退税时，同时补退教育费附加。但对出口产品退还增值税和消费税，不退还已纳教育费附加。

教育费附加的征收机关是地方税务局。该费用申报同样适用地方税费综合申报表。

二、教育费附加会计核算

企业计算当期应纳教育费附加，借记"税金及附加"科目，贷记"应交税费——应交教育费附加"科目。

【例 7-20】 辽宁美联化妆品有限公司（市区），2019 年 7 月份生产销售高档化妆品应纳消费税 500 000 元、应纳增值税 1 500 000 元。请计算该公司当月应纳的城市维护建设税和教育费附加，并作出计提应纳税款的会计处理。

销售产品应纳城市维护建设税及教育费附加：

应纳城市维护建设税＝(500 000＋1 500 000)×7％＝140 000（元）

应纳教育费附加＝(500 000＋1 500 000)×3％＝60 000（元）

借：税金及附加　　　　　　　　　　　　　　　200 000
　　贷：应交税费——应交城市维护建设税　　　　　140 000
　　　　　　　　——应交教育费附加　　　　　　　　60 000

任务十一　车辆购置税计算申报与核算

车辆购置税计算申报与核算

任务十二　环境保护税计算申报与核算

环境保护税计算申报与核算

本项目主要法律法规依据：

《资源税暂行条例》

《土地增值税暂行条例》

《城镇土地使用税暂行条例》

《耕地占用税暂行条例》

《房产税暂行条例》

《契税暂行条例》

《车船税暂行条例》

《印花税暂行条例》

《城市维护建设税暂行条例》

《环境保护税法》

实战演练

一、判断题

1. 由受托方代收代缴消费税的，应代收代缴的城市维护建设税按委托方所在地的适用税率计税。（　　　）

2. 发生增值税、消费税、营业税减征时，不减征城市维护建设税。（　　　）

3. 对应税凭证，凡由两方或以上当事人共同订立的，由当事人协商确定其中一方为印花税纳税人。（　　　）

4. 对于多贴印花税票者，可以向当地税务机关申请退税或者抵用。（　　　）

5. 同一应税凭证载有两项经济事项，并分别记载金额的，可按两项金额合计和最低的适用税率，计税贴花。（　　　）

6. 对城市征收城镇土地使用税不包括其郊区的土地。（　　　）

7. 农民在农村开设的商店占地，不缴纳城镇土地使用税。（　　　）

8. 对个人按市场价格出租的居民住房，可暂按其租金收入的4%征收房产税。（　　　）

9. 宗教寺庙附设的营业单位使用的房产，免征房产税。（　　　）

10. 车辆的具体适用税额由省、自治区、直辖市人民政府在规定的税额幅度内确定。（　　　）

11. 纳税人外购液体盐加工成固体盐销售时，耗用液体盐已纳资源税允许扣除。（　　　）

12. 资源税以应税矿产品销售数量或者自用数量为计税数量，如果不能准确确定课税数量的，以销售额为计征依据。（　　　）

13. 港澳台同胞、海外华侨、外国公民不是土地增值税的纳税义务人。（　　　）

14. 扣除项目一定时，土地增值额越大，增值额占扣除项目比率越高，计算土地增值税适用税率越高。（　　　）

15. 某县城利用林场土地兴建度假村等休闲娱乐场所，其经营、办公和生活用地，免征城镇土地使用税。（　　　）

16. 纳税人新征用的非耕地，自批准征用次月起缴纳土地使用税。（　　　）

17. 1吨以下的小型车船，不计征车船税。（　　　）

18. 从事机动车交通事故责任强制保险业务的保险机构，在向纳税人依法代收代缴车船税时，纳税人可以选择向保险机构缴纳，也可以选择向当地地方税务局缴纳。（　　　）

19. 甲公司与乙公司签订一份受托加工合同，甲公司提供价值40万元的辅助材料并收

取加工费 15 万元，乙公司提供价值 100 万元的原材料。甲公司应纳印花税 275 元。（　　）

20. 对于单据代替合同的，如果此项业务既书立合同，又开立单据的，应当就单据及合同同时贴花。（　　）

二、单项选择题

1. 依据我国《资源税暂行条例》及实施细则的规定，下列单位和个人的生产经营行为应缴纳资源税的是（　　）。

A. 冶炼企业进口矿石　　　　　　　　B. 煤炭经销商销售原煤

C. 军事单位开采石油　　　　　　　　D. 中外合作开采天然气

2. 以下关于原油的资源税征税范围的说法中，正确的是（　　）。

A. 原油，是指开采的天然原油，不包括人造石油

B. 原油，是指开采的原油，但是也包括人造石油

C. 原油，包括油页岩

D. 原油是指所有的石油产品

3. 福建省一个独立核算的煤炭企业，下属一个生产单位在江西省。2019 年该企业开采原煤 340 万吨，当年销售原煤 400 万元。已知原煤适用税率 6%，2019 年该企业在本省应缴纳的资源税为（　　）万元。

A. 24　　　　　　　B. 1 120　　　　　　C. 1 360　　　　　　D. 1 400

4. 下列各项中，有关土地增值税征税范围表述正确的是（　　）。

A. 对转让集体土地使用权及地上建筑物和附着物的行为征税

B. 无论是单独转让国有土地使用权，还是将房屋和土地一并转让，只要取得收入，均属于土地增值税的征收范围

C. 对转让房地产未取得收入的行为征税

D. 对房地产的出租行为征税

5. 在土地增值税计算过程中，不准予按实际发生额扣除的项目是（　　）。

A. 支付的土地出让金　　　　　　　　B. 建筑安装工程费

C. 房地产企业管理费用　　　　　　　D. 转让房产交纳的营业税

6. 某独立铁矿山，8 月份开采铁矿石 7 000 吨，销售 4 000 万元，适用的税率 3%，该矿当月应纳资源税为（　　）元。

A. 22 400　　　　　B. 33 600　　　　　C. 56 000　　　　　D. 1 200 000

7. 城镇土地使用税适用的税率属于（　　）。

A. 定额税率　　　　　　　　　　　　B. 幅度比例税率

C. 差别比例税率　　　　　　　　　　D. 地区差别比例税率

8. 建发企业实际占地面积共 31 000 平方米，其中企业子弟学校面积为 3 000 平方米，职工医院占地 1 000 平方米。该企业每年应缴纳的城镇土地使用税为（　　）元。（该企业所处地段适用年税额为 3 元/平方米）

A. 81 000　　　　　B. 84 000　　　　　C. 87 000　　　　　D. 90 000

9. 2019 年蒋某将市区住房出租给柳某居住，取得全年租金收入 2 万元，该房产原值 70 万元，房产税的扣除比例为 20%，则蒋某全年应纳的房产税是（　　）元。

A. 4 800　　　　　　B. 3 840　　　　　C. 2 400　　　　　D. 800

10. 按照规定应缴纳契税的纳税人是（　　）。

A. 出让土地使用权的国土资源管理局　　B. 销售别墅的某房地产公司

C. 承受土地、房屋用于医疗、科研的医院　D. 购买花园别墅的用户

11. 契税的纳税义务发生时间是（　　）。

A. 签订土地、房屋权属转移合同或合同性质凭证的当天

B. 签订土地、房屋权属转移合同或合同性质凭证的 7 日内

C. 签订土地、房屋权属转移合同或合同性质凭证的 10 日内

D. 签订土地、房屋权属转移合同或合同性质凭证的 30 日内

12. 下列项目中，属于车船税的扣缴义务人的是（　　）。

A. 办理交强险业务的保险机构　　　　　B. 机动车的生产厂家

C. 车辆船舶的所有人　　　　　　　　　D. 车辆船舶的管理人

13. 下列各项中，不属于车船税征税范围的是（　　）。

A. 三轮车　　　　　B. 火车　　　　　C. 摩托车　　　　　D. 养殖渔船

14. 某运输公司拥有 10 辆机动载货汽车用于运输业务，每辆自重吨位 10 吨，其中 5 辆带有挂车，挂车的自重吨位为 5 吨。当地核定的机动载货汽车单位税额为每吨 20 元。该单位每年应该缴纳的车船税为（　　）元。

A. 2 500　　　　　B. 2 350　　　　　C. 2 000　　　　　D. 1 750

15. 企业的车船如果跨省使用，应在（　　）缴纳车船税。

A. 车船登记地　　　B. 机构所在地　　　C. 车船购买地　　　D. 车船使用地

16. 下列各项中，可以不征收印花税的项目有（　　）。

A. 委托加工合同　　B. 审计合同　　　C. 技术开发合同　　D. 出版印刷合同

17. 甲公司与乙公司签订了一项以货易货合同，按合同规定，甲公司向乙公司提供 50 吨钢材，每吨 0.6 万元；乙公司则向甲公司提供价值 40 万元的设备。则甲、乙两个公司合计应纳印花税为（　　）元。

A. 90　　　　　　　B. 420　　　　　　C. 210　　　　　　D. 30

18. 某公司受托加工制作广告牌，双方签订的加工承揽合同中分别注明加工费 40 000 元，委托方提供价值 60 000 元的主要材料，受托方提供价值 3 000 元的辅助材料。该公司此项合同应缴纳印花税（　　）元。

A. 20　　　　　　　B. 21.5　　　　　C. 38　　　　　　D. 39

19. 某城市一家卷烟厂委托某县城一家卷烟厂加工一批雪茄烟，委托方提供原材料 40 000 元（不含增值税），支付加工费 5 000 元（不含增值税），雪茄烟消费税税率为 25%。这批雪茄烟无同类产品市场价格。受托方代收代缴的城市维护建设税为（　　）元。

A. 59.5　　　　　　B. 750　　　　　　C. 1 050　　　　　D. 1 500

20. 房地产开发企业在确定土地增值税扣除项目时，涉及的税金有（　　）。

A. 增值税、印花税　　　　　　　　　　B. 企业所得税、城市维护建设税

C. 消费税、城市维护建设税　　　　　　D. 印花税、城市维护建设税、房产税

21. 下列情况应缴纳城市维护建设税的是（　　）。

A. 外贸单位进口货物　　　　　　　　　B. 外贸单位出口货物

C. 内资企业销售免征增值税货物　　　　D. 旅行社取得营业收入

22. 纳税人所在地在县城的，其适用的城市维护建设税的税率是（　　）。

A. 1%　　　　　　　B. 3%　　　　　　C. 5%　　　　　　D. 7%

23. 对于获准汇总缴纳印花税的纳税人，其汇总缴纳的期限，最长不得超过（   ）。

A. 1 个月　　　　　　B. 2 个月　　　　　　C. 3 个月　　　　　　D. 半个月

24. 市区某公司委托县城内一家加工厂加工材料，加工后收回产品时，加工厂为该公司代扣代缴消费税 10 万元，那么应代扣代缴城市维护建设税（   ）元。

A. 5 000　　　　　　B. 7 000　　　　　　C. 3 000　　　　　　D. 1 000

25. 甲公司向乙公司：租入 2 辆载重汽车，签订的合同规定，汽车总价值为 20 万元，租期 2 个月，租金为 1.28 万元，则甲公司应纳印花税额为（   ）元。

A. 3.2　　　　　　　B. 12.8　　　　　　C. 60　　　　　　　D. 240

26. 经济落后地区土地使用税的适用税额标准降低幅度为（   ）。

A. 10%　　　　　　 B. 20%　　　　　　 C. 30%　　　　　　 D. 40%

27. 某企业占用土地面积 1 万平方米，经税务部门核定，该土地税额为每平方米 5 元，则该企业全年应缴纳土地使用税（   ）万元。

A. 5　　　　　　　　B. 7.5　　　　　　　C. 6.25　　　　　　D. 60

28. 按照房产租金收入计算房产税所适用的税率是（   ）。

A. 12%　　　　　　 B. 10%　　　　　　 C. 2%　　　　　　　D. 1.2%

29. 我国不征收房产税的地方是（   ）。

A. 城市的市区　　　B. 县城　　　　　　C. 农村　　　　　　D. 城市的郊区

30. 下列项目中以"净吨位"为计税单位的是（   ）元。

A. 载客汽车　　　　B. 摩托车　　　　　C. 船舶　　　　　　D. 载货汽车

三、多项选择题

1. 对出口产品退还（   ）的，不退还已缴纳的城市维护建设税。

A. 增值税　　　　　B. 关税　　　　　　C. 营业税　　　　　D. 消费税

2. 城市维护建设税的计税依据有（   ）。

A. 纳税人缴纳的增值税额　　　　　　B. 纳税人缴纳的营业税额
C. 纳税人缴纳的消费税额　　　　　　D. 纳税人缴纳的所得税额

3. 财产所有人将财产赠给（   ）所书立的书据，免纳印花税。

A. 乡镇企业　　　　B. 国有独资企业　　C. 社会福利单位　　D. 政府

4. 适用于印花税定额税率的有（   ）。

A. 借款合同　　　　B. 产权转移书据　　C. 其他账簿　　　　D. 权利许可证照

5. 记载资金的账簿，印花税计税依据是（   ）的合计数。

A. 实收资本　　　　B. 注册资本　　　　C. 资本公积　　　　D. 盈余公积

6. 城镇土地使用税的纳税人包括（   ）。

A. 土地的实际使用人　　　　　　　　B. 土地的代管人
C. 拥有土地使用权的单位和个人　　　D. 土地使用权共有的各方

7. 下列项目中，税法明确规定免征城镇土地使用税的有（   ）。

A. 市妇联办公楼用地　　　　　　　　B. 寺庙开办的旅店用地
C. 街道绿化地带用地　　　　　　　　D. 个人居住房屋用地

8. 房产税的纳税人有（   ）。

A. 产权所有人　　　B. 承典人　　　　　C. 房产使用人　　　D. 经营管理人

9. 房产税的计税依据有（   ）。

A. 房产净值　　　　B. 房产的租金收入　C. 房产余值　　　　D. 房产的计税价值

10. 车船税的免税项目有 （　　）。

A. 军队自用的车船　　　　　　　　B. 消防车船

C. 游船　　　　　　　　　　　　　D. 行政单位自用的车船

11. 中外合作开采 （　　） 应税资源，按照现行规定只征收矿区使用费，暂不征收资源税。

A. 原煤　　　　　　B. 石油　　　　　　C. 盐　　　　　　D. 天然气

12. 纳税人销售应纳资源税的产品，其资源税的纳税义务发生时间是 （　　）。

A. 纳税人采取分期收款结算方式的，其纳税义务发生时间为销售合同规定的收款日期的当天

B. 纳税人采取其他结算方式的，其纳税义务发生时间为收讫销售款或者取得索取销售款凭据的当天

C. 纳税人采取预收货款结算方式的，其纳税义务发生时间为收到预收款的当天

D. 纳税人自产自用应税产品的，其纳税义务发生时间为移送使用应税产品的当天

13. 以下属于土地增值税纳税义务人的有 （　　）。

A. 外商投资企业　　B. 国家机关　　　　C. 个人　　　　　　D. 国有企业

14. 下列各项中，符合资源税有关课税数量规定的有 （　　）。

A. 纳税人开采应税产品销售的，以开采数量为应税数量

B. 纳税人开采应税产品销售的，以生产数量为应税数量

C. 纳税人开采或生产应税产品销售的，以销售数量为应税数量

D. 纳税人开采或生产应税产品自用的，以自用数量为应税数量

15. 城镇土地使用税的缴纳地点规定包括 （　　）。

A. 跨省、自治区、市的应税土地，分别在土地所在地纳税

B. 同一省、自治区、市范围内跨地区的应税土地纳税地点，由省、自治区、市地方税务局确定

C. 由纳税人选择纳税地点

D. 由当地税务所指定纳税地点

16. 按照《房产税暂行条例》的有关规定，以下的表述中不正确的是 （　　）。

A. 房屋出租的，由承租人纳税

B. 房屋产权未确定的，暂不缴纳房产税

C. 产权人不在房屋所在地的，由房屋代管人或使用人纳税

D. 某纳税单位无租使用另一纳税单位的房产，由使用人代为缴纳房产税

17. 下列契税计税依据的确定正确的是 （　　）。

A. 土地使用权转让、房屋买卖，计税依据为成交价格

B. 土地使用权交换，计税依据为交换双方确定的价格

C. 土地使用权赠与、房屋赠与，计税依据由征税机关按市场价格核定

D. 承受的房屋附属设施权属如为单独计价的，按照当地确定的适用税率征收契税；如与房屋统一计价的，按房屋适用税率的50%征税

18. 甲企业将原值28万元的房产评估作价30万元投资乙企业，乙企业办理产权登记后又将该房产以40万元价格售给丙企业，当地契税税率为3%，则下列说法正确的是 （　　）。

A. 丙企业缴纳契税 0.9 万元　　　　　　B. 丙企业缴纳契税 1.2 万元

C. 乙企业缴纳契税 0.9 万元　　　　　　D. 乙企业缴纳契税 0.84 万元

19. 下列项目中，属于车船税纳税人的有（　　　）。

A. 事业单位　　　　　B. 外商投资企业　　　C. 私营企业　　　　D. 个人

20. 下列各项中，符合车船税有关规定的有（　　　）。

A. 乘人汽车，以"辆"为计税依据

B. 载货汽车，以"自重吨位"为计税依据

C. 机动船，以"艘"为计税依据

D. 机动船，以"净吨位"为计税依据

21. 下列各项中，符合印花税有关规定的有（　　　）。

A. 已贴用的印花税票，不得揭下重用

B. 凡多贴印花税票者，不得申请退税或者抵用

C. 应税合同不论是否兑现或是否按期兑现，均应贴花

D. 伪造印花税票的，税务机关可处以伪造印花税票金额 3 倍至 5 倍的罚款

22. 符合城市维护建设税和教育费附加税率规定范围的有（　　　）。

A. 7%　3%　　　　B. 5%　3%　　　　C. 1%　1%　　　　D. 3%　3%

23. 以下情况符合城市维护建设税计征规定的有（　　　）。

A. 对出口产品退还增值税、消费税的，也一并退还已纳城市维护建设税

B. 纳税人享受增值税、消费税、营业税的免征优惠时，也同时免征城市维护建设税

C. 纳税人违反增值税、消费税、营业税有关税法而加收的滞纳金和罚款，也作为城市维护建设税的计税依据

D. 海关对进口产品代征的增值税、消费税，不征收城市维护建设税

四、业务题

1. 某超市与某娱乐中心共同使用一块面积为 1 500 平方米的土地，其中超市实际使用的土地面积占这块土地总面积的 2/3，另外 1/3 归娱乐中心使用。当地每平方米土地使用税年税额为 5 元，税务机关每半年征收一次城镇土地使用税。计算该超市半年应纳城镇土地使用税税额，并作出计提和上缴时的会计处理。

2. 某企业 2019 年有 5 吨位的载货汽车 2 辆，载人中型客车 3 辆。载货汽车每自重吨年税额为 16 元，10 座以下面包车年税额为每辆 420 元。汽车应纳的车船税于车辆年检时缴纳。计算该企业 2019 年度应纳的车船税，并作以银行存款缴纳时的会计处理。

3. 某企业 2019 年拥有房屋原值 700 万元，将其中一部分房产出租，原值 200 万元，年租金收入 12 万元，另有一部分房产用于幼儿园使用，原值 50 万元。当地政府规定，按原值一次减除 25% 后的余值纳税。房产税每半年申报缴纳一次，并从指定的银行存款账户扣缴。计算该企业 2019 年上半年应纳房产税额，并作出计提和申报缴纳时的会计处理。

4. 某企业 2019 年 1 月份更换账簿 4 本；与其他企业订立购销合同 3 件，所载金额共计 200 万元；与银行签订借款合同一份，所载金额 500 万元；订立加工承揽合同一份，内列加工收入 10 万元，受托方提供辅助材料金额 5 万元；订立财产保险合同一份，投保财产金额 1 000 万元，保险费 6 万元；签订安装工程总承包合同一份，承包金额 500 万元，其中 200

万元分包给其他单位，已签订分包合同。请计算该企业应纳的印花税额，并作会计处理。

5. 某市房地产开发公司发生如下业务。

（1）2019 年 3 月，开发的楼盘取得预售许可证后开始预售，当月取得预售商品房收入 500 万元，并存入银行。按规定土地增值税预征率为预收款的 1.5%。计算预缴的土地增值税，并作相应会计处理。

（2）该楼盘 2020 年 8 月全部出售完毕，按规定进行税款的清算，清算委托某税务师事务所进行。公司共取得商品房销售收入 18 000 万元，已预缴土地增值税 235 万元，清算应补缴土地增值税 35 万元。请作出相关的会计处理。

6. 地处市区的某公司 2019 年 6 月应纳增值税 50 000 元。请计算该企业当月应纳的城市维护建设税和教育费附加，并作出相关的会计处理。

参 考 文 献

[1] 朱丹，方飞虎. 税务会计实务 [M]. 杭州：浙江大学出版社，2014.

[2] 王荃. 税费计算与申报 [M]. 北京：高等教育出版社，2014.

[3] 梁伟样. 税务会计 [M]. 北京：高等教育出版社，2016.

[4] 中国注册会计师协会. 税法 [M]. 北京：中国财政经济出版社，2017.

[5] 中国注册会计师协会. 会计 [M]. 北京：中国财政经济出版社，2017.

[6] 盖地. 税务会计学 [M]. 北京：中国人民大学出版社，2017.

[7] 梁文涛. 税务会计实务 [M]. 上海：立信会计出版社，2017.

[8] 梁俊娇. 纳税会计 [M]. 北京：中国人民大学出版社，2016.

[9] 何广涛，王淑媛.《增值税会计处理规定》解读 [J]. 国际商务财会，2017.

[10] 梁文涛，苏杉. 税务会计实务 [M]. 大连：东北财经大学出版社，2018.